『居住福祉をデザインする』正誤表

頁	誤	正
目次 vi	第1章2節　「居住」のサスティナビリティと課題	第1章2節　暮らしのサスティナビリティと課題
目次 vi	第2章　少子高齢社会の暮らしと住まい	第2章　成熟社会の暮らしと住まい
目次 vi	第2章4節　次世代の「生涯型福祉コミュニティ」	第2章4節　次世代の「生涯型福祉コミュニティ」
目次 vi	第2章6節小見出し　高齢者は「街なか志向」	第2章6節小見出し　高齢者は「街なか志向」とマンション
目次 vii	第4章3節小見出し　「第二の価値」と中古住宅市場	第4章3節小見出し　住宅の「第二の価値」と中古住宅市場
目次 vii	第4章4節　多彩なリバースモーゲージ	第4章4節　多彩なリバーシブル・ローン
目次 ix	第6章2節　コンウジングの嚆矢と伝播	第6章2節　コンウジングの嚆矢と伝播

ミネルヴァ書房

新・MINERVA
福祉ライブラリー
14

居住福祉をデザインする

民間制度リバースモーゲージの可能性

倉田 剛 著

ミネルヴァ書房

はじめに

　いまや日本は"100歳社会"とも言える。長命化による医療・介護費など社会保障コストの膨張が財政を圧迫しているのだが，肝心の財源の担い手は減少傾向にあり，日本の社会保障制度の財政的基盤は均衡性を失いつつある。少子化と核家族化の下で高齢者の単独世帯は増加傾向にあり，個々人は，退職後の20年以上の自立生活を覚悟して，その方策を講じなければならない。

　日本の平均的高齢者世帯は，"住まいはあるが現金が足りない"といった家計が少なくない。子育てと住宅資金に，現役世代の収入の大半を投じてしまった世帯には，持家だけが家計の最大資産であり，老後の生活資金の備蓄は乏しい。欧米社会でも同様の事情だが，高齢者が住んでいる住居を生活資金(年金)に転換する持家福祉制度としてリバースモーゲージが普及している。日本にもリバースモーゲージは存在するのだが，欧米社会のような普及にはほど遠い。日本のリバースモーゲージには問題点が多く，また政府の取り組みも消極的である。これまで，政府も，土地神話を前提としながら新築主流の住宅政策を推進してきた。だから建物の平均的寿命は精々40年前後であり，その維持継続性(サスティナビリティ)は脆弱である。こうした住宅事情のわが国においては，高齢者の持家(大概は老朽家屋)を返済原資に設定している欧米型リバースモーゲージの普及は難しい。しかし少子高齢社会の日本では，高齢者世帯の経済的自立は生存権的必要性に迫られているだけに，持家を現金(年金)に転換するノンリコース型のリバースモーゲージの開発は喫緊の課題である。

　本書で取り上げている「リバーシブル・ローン」とは高齢期の"在宅で健康で文化的な生活"の維持継続を支える「高齢者生活資金支援プログラム(以下，民間制度リバースモーゲージ)」の意であり，その研究開発，また普及に向けた啓蒙活動はすでに社会的要請の域にある。「民間制度リバースモーゲージ」は，持家高齢者を対象にした「死後一括返済型持家担保年金融資モデル」，あるいは「不動産担保型終身年金プラン」とも言い換えることができる。日本においても，公

i

的なリバースモーゲージ制度から金融機関やハウスメーカーなどの民間商品もあるのだが，その制約的な利用要件や地域限定などの条件がネックとなっており，また自治体や社会福祉協議会の消極的な姿勢から，リバースモーゲージの存在さえ周知されていない現状である。しかし，日本に民間制度としてリバースモーゲージが普及すれば，高齢者の多様な生活ニーズに対応できるばかりか硬直的な住宅市場にも循環性をもたらし，新たな内需拡大にもつながる。

　本書では，リバースモーゲージの民間制度について，新しい視角から構想を試みている。行政をはじめ，金融・不動産・福祉関連の諸氏，また福祉系の学生諸君にも，本書を参考にしながら日本のリバースモーゲージ市場の確立と育成に取り組んでいただけたら望外の喜びである。

　民間制度リバースモーゲージの研究開発と啓蒙活動を主たる目的とする特定非営利活動法人リバースモーゲージ推進機構には，その研修・セミナーの際のテキストとしても本書が役立つように配慮したつもりである。

　本書の構成は，次の通りである。

　第1章では，2011(平成23)年3月11日の東北3県を襲った東日本大震災の被災地の実態と，その復旧・復興の進行状況から汲み取れる教訓を整理している。「居住」する場所・地域の安全性と持続可能性(サスティナビリティ)，また被災から復旧・復興するサバイバル性についても表に整理した。海に対峙して巨大な防波堤を築き津波に備える防災政策ではなくて，地域に残る津波災害の履歴に基づいた土地利用を優先させ，安直な埋め立て造成を諌める「減災」政策こそが，「居住」のサスティナビリティにつながるものと説いている。また放埓な"使い捨て"消費文化を見直し，コントロール不能な原発に依存する体制から，再生可能エネルギー体制に転向するべきとも説いている。

　第2章では，人口減少と長命化が進行している日本において，変化する家族像，中高年層の拡大，多様化する住み替え需要，また次世代の居住モデルの循環性などについて，新しい視点から構想している。

　第3章では，世界規模の省エネルギー化への傾斜の中で，日本も，福島第一

原発事故を引き金に，これまでのオール電化社会から低エネルギー社会へと時代的変遷が始まっている。相変わらずの新築志向から脱却できない住宅市場と，古色蒼然とした税制措置にも苦言を呈している。また日本の風土や生活文化に基づいたリーズナブルな「アフォーダブル住宅」の構想と，そのモデルの一つとして「25年住宅」を推奨している。

　第4章では，長命化と家族規模（家族力）の縮小から，高齢期の自衛的ライフプランの社会的必要性を論説している。持家率が高い高齢者世帯の場合は，その住居の経済的価値を生活資金に転換する仕組みのリバースモーゲージについて，その居住福祉的価値・効用を簡明に論説している。またリバースモーゲジ市場が確立できない日本の制度環境の問題点を整理しながら，新たに「民間制度リバースモーゲージ」を構想している。

　第5章では，フランス社会では伝統的なリバースモーゲージの「ビアジェ」を取り上げて，現在でも年間数千件の利用者がある，その仕組みと価値・効用，その背景にまで及んで論説している。また日本版ビアジェとも言うべき「不動産型終身年金契約」の構想を解説している。

　第6章では，「協住」のライフスタイルと，そのコミュニティ（コハウジング）の居住福祉的価値・効用に刮目しながら論説している。長寿社会の日本では，「居住」と「生活支援サービス」の確保は，もはや生存権的とさえ言える。厚生労働省と国土交通省共管による「高齢者住まい法」が施行されて，2011年10月から「サービス付き高齢者向け住宅制度」がスタートした。しかし最後まで，"人間らしく自分らしく生活したい"と考えるならば，協住型コミュニティのコハウジングの方が，はるかにクリエイティブでフリーな居住環境である。欧米に普及しているコハウジングの居住福祉性は，成熟社会の日本にも必要となる生活文化（ライフスタイル）であり，これからの日本は「協住する時代」を迎えるものと明言している。

居住福祉をデザインする
―― 民間制度リバースモーゲージの可能性 ――

目　次

はじめに

第1章　東日本大震災から学ぶ居住の要件 ―――――― *1*

1　東日本大震災から学ぶ教訓　*1*

防災より減災　*1*

2　「居住」のサスティナビリティと課題　*4*

居住環境の安全・安定性　*4*／震災と住宅地　*5*／通勤通学の安全・安定性　*8*／「オール電化住宅」の危うさ　*9*／「自衛的居住権」　*12*／被災地と可動住宅「トレーラー・ハウス」　*13*

3　居住のバックアップの構想　*17*

「セカンダリー・ハウス」　*17*

4　被災地こそ「ムービング・ホーム」　*19*

「ムービング・ホーム」は中古住宅のサバイバル　*19*／空き家の「ムービング・ホーム」　*21*／「ムービング・ホーム」は過疎地も救済する　*22*／アメリカの「ムービング・ホーム」　*23*／「日本版ムービング・ホーム」　*23*

5　被災地に「アカデミック・ビレッジ」　*25*

第2章　少子高齢社会の暮らしと住まい ―――――― *29*

1　家族の縮小と長命化の問題点　*29*

人口減少と暮らしの変化　*29*／パラサイト・シングル　*32*／パラサイト・ライフスタイルの問題点　*34*／パラサイト・シングルとリバースモーゲージ　*35*

2　暮らしの変化(流動化・集住化・共用化)　*37*

3　暮らしとアクセシビリティ　*40*

4　次世代の「生涯型福祉型コミュニティ」　*42*

コンティニューイング・ライフ・コミュニティ　*45*

5　住まいの「交換」と内需拡大　*47*

高齢者居宅交換支援制度　*47*

6　高齢者の住み替え需要とマンション　*51*

地価変動は住み替えベクトル　*52*／高齢者は「街なか志向」　*53*／マンション

とリバースモーゲージ　53／最近のマンション市場の動向　55／マンションの資産価値と担保力　55／ローカル・マンションの住み替え需要　57

第3章　バリアブルな「住まい」——————————— 61

1　長命なヒトと短命なイエ　62

ヒトとイエの「ライフ・サイクル」　62／アメリカ人のシニア・ライフ　64

2　住まいの持続可能性(サスティナビリティ)　66

「ガッティング」が支えるサスティナビリティ　66／適正技術×適正規模 ⇒［サスティナビリティ］　67／木造和風住宅のサスティナビリティ　72／「エコロジカル・ハウス」のすすめ　75／「25年住宅」の構想　77／「協同組合型25年住宅」の構想　81／「スモール・エネルギー・ハウス(SEH)」　83／アメリカの住宅市場の変化　86

3　日本の住宅税制の後進性　91

カビ臭い住宅税制　91／住宅税制への提言　94／「エコロジカル・ハウス」の税制支援　94

第4章　持家福祉のリバーシブル・ローン——————————— 97

1　少子高齢社会の問題点　97

収縮する家族　97／家族と介護　98／高齢者の住み替え需要　100／増え続ける「空き家」　103

2　リバーシブル・ローンと社会的背景　105

リバーシブル・ローン・エネルギー　105／人口オーナスとリバーシブル・ローン　106／リバースモーゲージ　107

3　住宅の資産価値と効用の解明　111

住宅の価値・効用　111／「第二の価値」と中古住宅市場　113／「第三の価値・効用」とリバーシブル・ローン　114／「現存性価値」　116／現存性価値は「居住福祉性」　117／生存権的居住用資産と応益税　118／マンションとリバースモーゲージ　120

vii

4　多彩なリバースモーゲージ　*122*

リバースモーゲージ・ローン　*122*／ドメスティック・リバースモーゲージ　*123*

5　日本のリバースモーゲージの問題点　*127*

長命な日本人と短命なイエとリバースモーゲージ　*127*／日本のリバースモーゲージの制限性　*128*

6　日本のリバースモーゲージの課題　*131*

7　リバースモーゲージと信託　*135*

不動産信託型リバースモーゲージ　*136*／信託商品「リバースモーゲージ信託」　*138*

8　民間制度リバースモーゲージ　*139*

NPO法人と民間制度リバースモーゲージ　*140*／特定非営利活動法人リバースモーゲージ推進機構　*142*／生涯型リバーシブル・ローン（年金予約付住宅）　*143*／「介護家族コミュニティ」とリバースモーゲージ　*144*／介護家族コミュニティの立地条件　*147*

第5章　不動産型終身年金契約────────*151*

1　フランスの住宅事情と国際比較　*152*

平均的住宅寿命　*154*／中古住宅の流通シェア　*156*

2　フランス人の暮らしと住まい　*157*

セカンド・ハウス　*159*／建物の規制と既存性の価値　*160*／高齢化と雇用問題　*161*

3　個人終身年金プラン「ビアジェ」　*163*

ビアジェの射幸性　*165*／ビアジェが定着している理由　*166*

4　日本版ビアジェ「不動産型終身年金契約」　*169*

東日本大震災の被災地と「日本版ビアジェ」　*171*

第6章　協住する時代 ——————————— 175

1　「協住」の価値効用　*175*

コハウジングの社会的必要性　*175*／コハウジングは「終の棲家」　*178*／コハウジングとマンション　*182*／コハウジングとマンションの相違点　*188*／コハウジングの「居住福祉性」　*193*

2　コハウジングの嚆矢と伝搬　*196*

イギリスのコハウジング　*197*／日本のコハウジング　*198*／日本版コハウジングの構想　*200*

あとがき　*203*

参考資料・文献　*205*

索　引　*207*

第1章
東日本大震災から学ぶ居住の要件

　東日本大震災から学ぶ教訓は重い。住居を失った被災者の多くが，次の住居のローンを二重に抱えることになる。仕事も失った被災者には，その日一日をどう生きるかが問題であり，先行きの見通しは皆目見当もつかない。せめて流出した住居の残債がなければ……，そう考える人は少なくないはずである。喉元過ぎれば熱さを忘れるのがヒトの常だが，東日本大震災の残した傷跡が癒えることはない。改めて，暮らしの場所についても考え直す機会である。肝心の住む場所(土地)だが，住みたい土地を見つけたら定期借地権で借地する方法も考えてみるといい。土地を買わなくても，住みたい場所に地代負担で暮らせる「定借住宅」ならば申し分はない。借地したことで生じる土地代の資金的余裕は，教育費や生活の余裕資金に回せばいい。借地にイエを建てる選択ならば，大震災が起きた場合でも失うのはイエだけである。そのイエも，残債が少なければずいぶんと気が楽になる。極端な話だが，イエの地盤が陥没したり液状化したりしても借地であれば負担感も軽いし，別の場所に住み替えることも難しくない。

1　東日本大震災から学ぶ教訓

▼防災より減災

　東日本大震災による福島第一原発事故を契機に，日本は，これまでの野放図な消費文化を見直そうとする気運が起きつつある。日本の社会経済の構造は，石化資源から食糧まで，その大半を海外に依存している。福島第一原発の設計施工はアメリカの手によるものだが，原子力安全委員会の存在は形骸であり，

東京電力も想定外の事故として，原発のコントロールにも手をこまねいている醜態である。原発事故による放射能物質拡散による被害は甚大であり，その修複はほぼ不可能と受け止められている。原発による電力がもっとも安定的でコストが安いと謳って，「オール電化生活」の推進を進めてきたのだが，その後の情報開示で次々に明るみに出る事実では，再生可能エネルギーに向かうべきところを，近視眼的視点による情報操作で，日本を誤った方向に誘導してきた政府や電力会社の責任は限りなく重い。

　3月11日の東日本大震災は，私たちに日本列島の抱えている自然の脅威を体験させて，その再発も確信させた。また安全で安定的な電力を軽費で生み出すはずの原子力発電所が，実は人の力では制御できないエネルギー・モンスターであること，また，その廃棄物の安全処理は絶望的なことも改めて学習した。大自然に対する感謝や畏敬の念をいつの間にか失ってしまったヒトは，地震発生の想定においても短視的な利益を優先させて深慮を欠いた。その結果が福島原発事故にもつながり，薄れつつあった放射能汚染の記憶を再び呼び戻すことにまで至った。また東北3県にまたがる被災地が復旧・復興するまでに費やす時間とエネルギーは，想像をはるかに超えるものとなるはずである。被爆国である日本の立場は，原子力発電リスクに対しても，"臭いものには蓋"的な安直な姿勢・選択ではなくて，人間社会と自然環境のサスティナビリティを共存させながら，「ネオ・エネルギー時代」を拓くための先鞭をつけて世界に示さなければならない。

　大震災を受けて政府は，国の防災体制の在り方を定める災害対策基本法（災対法）の抜本的改正に取り組んだ。災対法は1959（昭和34）年の伊勢湾台風の際に策定され，1995（平成7）年の阪神・淡路大震災後の改正では，国の初動対応を強化した。今回は，次に予測されている広域災害に備えて，国の役割をさらに強化して「減災社会」につなげようとしている。しかし福島第一原発事故による放射能汚染の被害（風評も）への賠償や普及・復興に向けた明確な指針が示されていない。福島第一原発事故に因る周辺地域へのダメージは壊滅的であり，地域住民の生存権的な生活基盤を永久的に奪うものとなった。そもそも国は，国

民に対して,「健康で文化的な最低限度の生活を営むことの権利」を憲法上に明文化して保障している。然るに,理由はともあれ,国策的な原子力発電の推進が,結果として,原発周辺地域の住民の生活基盤のすべてを奪い去ったことは確かである。まず,「居住」のサスティナビリティを論じる以前に,国が国民に対して,「居住・移転の自由」を侵害すると懸念される政策はすべて誤りであることを認めて,再び繰り返さないことを約束することが,今後の「居住」のサスティナビリティにつながる大前提となることも言を要さない。

　国民生活においては,地域の自然環境に関心を持ち,環境と共生・順応するエコロジカルなライフスタイルが,インフラ面での利便性以上に,家族や暮らしの安全性と継続性(サスティナビリティ)につながっていくことに,人々は気づき始めている。居住のサスティナビリティには,その自然環境との共生・共存の維持継続が不可欠要件であることを,東日本大震災は実証している。

　フランスの人文地理学者オギュスタン・ベルク氏は,和辻哲郎の『風土』(1935〔昭和10〕年)をベースにしながら風土論を展開してきた。彼は,読売新聞の取材に,「被災地の宮城県山元町の津波被害現場を訪れて,戦後の日本社会が技術を過信し,歴史を忘れたと語り,津波は日本では繰り返し起こり,人々は高台に家を建てるなどの歴史を重ねてきたはずであり,そうした風土性を失っている」,また,「都市が無秩序に広がるスプロール化に歯止めをかけて,コンパクトに集まって暮らすべきだ」と答えている。

　この先,震災地のサスティナブルな復興への指針として,「居住(暮らし)」の,山野・河川・海との連関性や共存性に着目した「環境共生的価値(サスティナビリティ)」の確立が望ましい。"まず隗から始めよ"であり,「社会資本化に向けた法体系」の整備と「住宅市場に創造と再生の循環性システム」の織り込みが,当面の両輪的課題として挙げられる。

2　暮らしのサスティナビリティと課題

▼居住環境の安全・安定性

　これまで，日本列島の地理地形の条件や地盤地層などに関わる情報に関心を持つことは日常的ではなかった。しかし東日本大震災以降は，過去の震災による津波の被害履歴や先人たちの経験則にも耳を傾ける機会が急に増えてきた。人の想定した条件に基づいたマニュアルよりも，被災履歴をより重視する謙虚さの大切さも学ぶことになった。人が海岸を埋め立てて造ってきた街は，地震によって地盤が液状化したりして建造物やインフラが沈下した。そもそも街の基盤である地理地形に対する安全性や安定性の基準を定めるためのリスクの想定根拠があいまいで確信性を欠いたものであったことが露呈したことになる。その建設計画を審査し使用を許可された造成地(宅地)における個々の被害に対する賠償責任の所在はどこにあるのだろうか。これから先，大きな問題となって，被災した各地で噴出する事態は必至である。

　岩手，宮城両県で2万人以上の死者・行方不明者を出した明治三陸地震(1896〔明治29〕年)以降，大津波に襲われた高地に移転した地域が両県で30か所あったが，このうち21か所は東日本大震災の大津波で被災したことが，内閣府の調査で明らかになった。従来の市街地から遠く離れない中途半端な移転であったことが，被災する原因となっている。家族を安全な場所に住まわせることを，より重く考えていたならば思い切った移転を実行するべきであったと悔やまれる。家族との暮らしは非交換価値だからである。

　津波の被災地となった沿岸部では，漁業関係者が住み，漁業関連の事業を営んできた。しかし，津波によって，そのすべてを奪われてしまった被災者は，再びそこに居住することを制限されて，減災のために高台に移り住むよう勧告されている。しかし，その不便さを訴えて，高台への住み替えに賛同しない被災者が少なくないらしい。この場合は，生活上の利便性と生命の安全性の二律背反性，また個々人の権利主張とインフラなど，公的サービスを供給する立場

の行政との間に，私権と公益権とが衝突もする事態も想定される。まず，被災リスクのある場所には住まない。被災履歴を調べて自然災害のリスクを確認する。次に，万一災害時に避難したりする場所として，後述するセカンダリー・ハウス(secondary house)を用意しておくと安心である。すなわち，備えあれば憂いなしであり，セカンダリー・ハウスが居住のバックアップとなるからである。

居住環境としては，自然条件の他に，社会的環境として原子力発電所のような建造物がもたらす環境リスクもある。また軍事基地なども，騒音や事故発生，地域全体の土地利用上の障害なども，やはり環境リスクとなる。

地域の自治体の危機対応能力も，地域住民にとって必要な確認ポイントとなる。予測不可能な災害発生に備えて，平時から防災体制を整備しておくことの重要性については説明を要さない。また電気・ガス・水道等の公共公益設備や，電話・インターネットなどの通信設備，圏内外と結ぶ輸送・交通設備等はライフラインであり，災害時における持続継続性能も確認し整備しておかなければならない。

地表の電柱を撤去して地下に埋設する都市計画手法が，その美観上からも普及してきている。しかし被災地から学ぶ教訓としては，地下埋設の上下水道は液状化などによる地盤沈下で簡単に破壊されてしまい，その復旧も地表に比べて時間も費用もかかる。平時の美観も軽視できない要素ではあるが，災害・緊急時にあって，「壊れ難い(耐性)」，「復旧が容易(サバイバル性能)」といった要素はより優先的に選択行されなければならない。

▼震災と住宅地

これまでの自然災害では，被災者は復旧までの期間を仮設住宅に起居して待った。しかし東日本大震災の場合は，その被災の規模が想定外の甚大さであり，また原発事故の併発もあって，被災地での生活再建をあきらめて他の場所に移住する被災者も時間の経過化と共に次第に増えてきている。町村まるごとの移動さえも具体的に検討されている。その背景には，復旧・復興に先立って掲げ

られるべき政府の復興基本方針が不明確であり，また場当たり的で目先の処理に追われている自治体への失望もあるが，それより何より，収束の目処がまったく立っていない原発事故による放射能物質の汚染・拡散問題が，原発周辺地域の居住を絶望的にしているからである。また2011年(平成23) 8月末の台風12号による，四国や和歌山・奈良の水害も，想定外の規模である。次々に襲いかかる自然災害を前にして，われわれは，「自然災害大国ニッポン」を自覚し，オール電化生活の基盤的危うさに震撼し，そして個々人自らの自衛的居住(サバイバル・ライフ)の生存権的な必要性にも緊張感を禁じ得ないでいる。

政府の打ち出した復興住宅3万戸計画(約3,200億円)は，あまりにも短視的であり問題も多い。雇用のない地域での生活再建は非現実的であり，失敗するからである。復興住宅の新築計画を打ち出す前に，全国に点在する空き家の有効利用も掲げて，そのために必要となる生活支援措置も併設する政策が検討されるべきである。被災地からの人口流出が止まらないのは，仮設住宅で待っていても生活再建に欠かせない雇用の確保・安定性が危ういからである。被災地の大半が，居住と就業場所が近接していた沿岸部であり，生活基盤である"住む家と稼ぐ職場"の両方を同時に失っているからである。入居率も高くない仮設住宅の建設に，いまだに追われている自治体も少なくないが，仮設住宅・復興住宅の建設は雇用先の復旧・再建と同軸的に取り組むべきである。

また大震災は，ヒトが居住できる場所について明確に諭している。過去に，それが数百年前であっても，津波による被害を受けた地域は，何度でも被災することを。また，東日本大震災の場合は，家屋が流失，倒壊し，土地が冠水，陥没して，水産加工関連の企業が全滅した。震災地の復旧・復興の目処が立たない背景には，高台への町ぐるみの移動であり，企業の存続が危ぶまれているからである。したがって住宅地の要件としては，まず確実な安全性(自然環境・社会環境)の確保，次に就業場所(雇用)との接続性であり，この2つは両輪的である。居住地の自然環境要件はナチュラル・ハザードからの安全性であり，社会的環境要件はインフラの低リスク性であり，原子力発電所などは不適格要素であり，地域の医療サービスや自治体のサバイバル能力(リスク管理，設備，対応)

第1章　東日本大震災から学ぶ居住の要件

表1-1　居住の要件

自然環境	有形無形の恩恵 自然災害からの安全性
社会環境	雇用の安定性と発展性 インフラの安全性と充実 自治体の行政能力 雇用との接続性

出所：住宅資産研究所作成。

写真1-1　海岸線の住宅地とマンション

出所：筆者撮影。

などが重要な要件となってくる。震災後，太平洋沿岸部の住宅取引（売買・賃貸）件数の大幅な減少が以上の点を明確に実証している。「居住」の要件については，表1-1のように整理することができる。

　写真1-1は，静岡県沼津市の海岸線に沿った住宅地であり，海と山に挟まれた狭小な平地に建てられた戸建住宅とマンションである。この裏山は静岡県から「急傾斜地崩壊危険地域」と指定されており，切り盛りなどの作業は一切禁じられている危険な場所である。また沼津市から，高波や津波の危険を表示した看板が立てられている。また，この地域は大地震の場合は高さ10メートル以

上の津波が10分以内に到達すると想定されている。写真右側のマンション（鉄筋コンクリート造・10階建）は，避難建物となるはずであるが，普段は，防犯上からもゲートが設けられていて居住者以外の出入りは困難である。津波が夜間に襲うとしたら，高齢者が，単独で，数分の内に，この屋上にまで駆け上がって避難できるかどうか，大いに疑問である。

▼通勤通学の安全・安定性

大震災では，出先から自宅に戻ることができなくて，外出先で一夜を明かす羽目になった「帰宅難民」のリスクが問題視された。地震の発生した時，職場や学校にいた人たちは，帰宅する足（交通手段）を失ってしまい，ホテルやビルの中で不安な一夜を過ごした。電話も集中的な回線接続で不通状態になり家族との連絡も思うようにできない事態であった。震災地から遠く離れた都心で目にしたパニック状態は，通信や交通機能が簡単にマヒ状態に陥る，その復旧（リカバリー）にも相当時間を要するなど，大都市のインフラの脆弱性に日本中が震撼した。

企業は，さっそく勤務地の分散化や営業体制を見直して通勤・移動の距離を短縮させ，在宅勤務へと切り替えたりした。原発事故による節電体制に対応させて，平日を休業して週末に操業する企業は自動車関連に多い。

また通学児童の場合は，その通学移動の安全性の確保は，大人以上に深刻な問題となる。将来的には，アメリカにあるような「ホーム・スクーリング」の設置も視野に入れておく必要がある。すなわち，学校に通うのではなくて，家庭で，親が教師となって子供に授業する方式であり，遠隔地で，交通手段の不便な地域では普及している。情報技術で支えられる仕組みを検討するべきである。

京都大学防災研究所の牧紀男准教授は，東日本大震災を，「高度成長期・バブル期を経て大きく変化する日本の建築を，商品として購入するのではなく，また専門家任せにするのではなく，生産活動に自らも責任を持ち」，「所有するのではなく必要に応じて移動し利用するシステムを持つ定常状態の建築へと再生する転機とするべき」と論じている。同氏は，持家というシステムが日本に

おいて適当な住宅の所有形態なのか，再検討する必要があるとしている。災害に見舞われた人々は生活拠点そのものを移動せざるを得ない，災害に見舞われれば移動するということをあらかじめ建築のプログラムに組み込んでおけば災害後の移動を当然と受け入れられるとも書いている。

東日本大震災の発生から8か月後の2011(平成23)年11月25日，政府の地震調査委員会は，東日本の太平洋沖を震源とする地震の発生確率について，三陸沖北部から房総沖の日本海溝付近で，マグニチュード(M) 8以上の規模の地震が今後30年で30%と予測し，東日本大震災に匹敵するような大津波が生じるとも予測している。

表1-2には，「居住」のサスティナビリティ(持続可能性)について，その課題，災害時・被災時に直面した際の「持ちこたえ度(耐性)」，あるいは「復活性(サバイバリズム)」について，簡略に整理しておいた。

▼「オール電化住宅」の危うさ

東京・目白に，最初のオール電化の住宅が建てられたのは，関東大震災の前々年の1921(大正10)年の春であった。主婦の家庭内の労働を減らして，単身者世帯や高齢者世帯の暮らしを支援するのが「オール電化住宅」といった位置づけである。戸建住宅の場合，2007(平成19)年度から，優秀なオール電化住宅を表彰する制度「ハウス・オブ・ザ・イヤー・エレクトリック」が創設された。こうした取り組みが功を奏して，東京電力管内では「オール電化住宅」が2008(平成20)年以降，急速に普及して，3年間で原子力発電プラント2基分にあたる約200万kWの電力消費が増加するに至った。

電気は他のエネルギーに比べて他のタイプのエネルギーへの転換が容易であり，安全性も高く，室内を汚さない点などでも優位である。しかし常識的な視点からしても，「オール電化」の居住環境の不安定性は理解できる。居住に必要な機能や生活サービスのすべてが電力によって賄われているからである。何らかの理由で停電すれば，何も機能しない空間になってしまう。予備電源として蓄電池を保有している，あるいは緊急時用の発電装置を用意してあるにしても

表1-2　東日本大震災から学ぶ「居住のサスティナビリティ」

居住のサスティナビリティ(課題)
居住環境の安全性
地理地形と地盤の情報開示(過去の災害履歴)
土地利用計画(環境リスク・原発等)の官民共同の再検討
自治体・コミュニティの対応能力の確保
インフラ(電気・上下水道・交通・通信)の維持継続性能の確保
緊急避難・疎開先の安全性・居住性能の確保
便利とリスク,不便とセーフティの背反性の確認と選択
移動の安全安定性
帰宅難民のリスク(勤務先・学校・安否確認)回避
災害時・停電時の移動(帰路)代替手段の確保
就業体制(在宅勤務・拠点の分散化)の見直し
ホーム・スクール,ネット・スクールの体制化
住宅の資産性
住宅(デザイン・性能・機能)のエネルギー依存性の低減
負債化リスク(住宅ローンの残債等)の回避・軽減
「処分・変更」のバリアブル性能の価値・効用の評価
被災リスクの回避
居住バックアップの「セカンダリー・ホーム」の体制化
家計の維持継続性
所得の安定・継続性の確保
経済的自立性の確立(自給自足モデル・自己投資等の検討)
ダブル・ワーク(複業)の実践・体制化
ワーク・ライフ・バランス(WLB)の見直し
住宅費の家計比率の見直し
＊アフォーダブル・バリアブル住宅：Affordable,Variable Home＝「25年住宅」
＊セカンダリー・ホーム：Secondary Home(拙稿「居住の要件」『不動産鑑定』住宅新報社2011年6月号参照).
居住のサバイバリズム(居住サバイバルの補強・強化)
経済的耐性
経済的負担の軽減(自己資金率の改善)
借地(定期借地権)活用の体制化
アフォーダブル住宅の啓蒙・普及〈住まいの"ユニクロ化"〉
災害緊急時耐性(居住のバックアップ・モデルの啓蒙・普及)
〈暮らしの分散化・2地域居住：セカンダリー・ホーム〉
低エネルギー耐性
高耐候性の低エネルギー型住宅モデルの啓蒙・普及

「25年住宅」の啓蒙・普及
"使い放題・使い捨て"の生活文化からの離脱
ロハス（LOHAS）の啓蒙・普及
サバイバル的耐性
「暮らしと環境（居住と福祉と環境）」の初等教育体制の確立
　＊ロハス（LOHAS）：Lifestyles of Healthy and Sustainability

出所：住宅資産研究所作成。

一時的である。燃料がなければクルマは走行できない，飛行機も飛行できないのと同じ理屈である。日常の生活には絶対的に必要な居住空間が，電気の供給がなければ，照明器具は使えない，食事は作れない，給水・給湯も止まる，といった場所になる。「オール電化」を謳った住宅の場合は，可能な限り電気製品や電気設備を揃えている。

　家電市場の急速な発展と相まって，掃除洗濯から炊事，歯磨きから全身マッサージまで，生活の大半を電気製品が代用できるまでに成熟している。しかし福島第一原発事故から，電力システムの抜本的な見直しが始まる。電気エネルギーに依存してきた居住環境や日常生活にも，新しい視点や価値観の見直しが始まる。2004（平成16）年の政府試算によると原発による発電コスト（5.3円/kW）は他の電源に比べたら最も安かったのだが，原発稼働率を8割に落せば発電コストは高まり，また今回の事故による追加費用を加算すると4割高（7.7円/kW）になる。原発から出る使用済み核燃料の再利用については日本では処理できずに，1970年代から90年代にかけて国外の再処理工場に送られてきている。世界では，長い期間，きわめて高い放射能を持つ使用済み核燃料から，核物質を取り出して再利用する取り組みが進められてきたが，福島第一原発の事故をきっかけに，そのあり方をめぐり論議が起き始めている。1986（昭和61）年のチェルノブイリ原発事故で汚染されたポレーショ国立放射線生態学保護区は，現在も居住は禁止されていて，立ち入りにも許可が必要であり，この先300年間は人が住めないとされている。放埓な消費の行き着く先は，生活や経済の自立性の喪失であり，冒涜ともいうべき環境破壊であった。

　千葉県柏市の「柏の葉キャンパスシティ」では，太陽光など再生可能エネルギ

ーを"地産地消"して災害に強い街づくりを目指している。電力不足が懸念されることから環境に配慮した次世代型都市「スマートシティ」の開発に向けた企業の取り組みが活発化している。

▼「自衛的居住権」

　朝日・テレ朝系の共同世論調査(「朝日新聞」2011〔平成23〕年9月10日付)によると、福島県民の3人に1人が「できれば移り住みたい」と考えている。中学生以下の子供のいる家庭では、半数強が移住を望んでいる。言わずもがな、原発事故に因る「放射性物質」への恐怖・不安が原因の「非自主的移住」であり、「生存権的移住」とも言うべき選択である。

　福島の原発周辺地域からの移住は、放射能物質による生命の危険を感じて取る民法上の緊急避難に相当し、自衛的な回避行為であり、憲法に保障されている居住・移住の自由権を侵害された結果の移住である。然るに、避難勧告発令前に自主避難(自発的移住)した411世帯に対して損害補償しないといった見解を東京電力側が示していたが加害者意識の欠落した勘違いも甚だしい強権的な態度である。その後、政府は東電側に適切な賠償を行うよう指導している。風評に基因する損害にも賠償責任を認めているが、実際の損害(実損)を予測して避難する行為は、損害予防的行為であるから賠償対象にならないとする判断が正当化されている事例が少なくない。

　電源開発(Jパワー)が青森県大間町に建設中の大間原子力発電所に対して、建設凍結を求める声が、大間原発と最短距離が約23キロの位置にある北海道函館市から上がっている。函館市は、少なくとも半径30キロ圏内の自治体の同意なしに建設を再開しないように求めている。一方、青森側では大間原発の建設再開の機運が高まりつつある。これに対して、函館市側は、「生命・自由及び幸福追求の尊重」などを謳う「人格権」の侵害だとして訴訟も辞さない構えである。

　1970年代に、アメリカに生まれた、自然環境の保護を目的にした取り組みのスキームとして「ミティゲーション(Mitigation)」があり、その対応を、①回避、②矯正、③最小化、④軽減、⑤代償、の5段階的に整理している。日本の場合

は，最初から最終手段である「代償」ありき，として開発が進められてきている節がある。原発を造る地域への資金供与が，すでに代償であり，予防的避難の家族の場合は，実害(被害)がないわけだから賠償責任も存在しないとするのが東電側のスタンスである。原発を受け入れている住民側も，操業の安全性を自ら監視する取り決めが必要であった。原発事故による被害は，放射性物質による被害(風評被害も)，電力供給不安などと，その影響は広範であり自然災害以上にリスクが深刻だからである。

福島県は，2011(平成23)年10月9日，東電福島第一原発事故に伴う県民健康管理調査の一環として，18歳以下(4月1日現在)の子供全員を対象に甲状腺検査を始めた。約36万人を生涯にわたってチェックする世界に例のない規模の調査となる。唯一の被爆国の日本が，東日本に起きた地震を引き金にして再び放射能汚染の危機を自ら招いたからである。

被災地の復旧・復興に向けた政府の明解な方針がいまだに見えない。東日本大震災がもたらした傷跡はあまりにも甚大であり，多くの点で現政府の行政能力を超えた想定外な事態ばかりである。その中でも被災者の日々の生活の場が定まらない。応急的な避難所や仮設住宅から安定的で安心できる場所が一向に定まらない。憲法22条に明記されている「居住の自由」の権利についても，東日本大震災から学ぶ点であるが，改めて「個人の生命，自由及び幸福追求に対する権利(同13条)」を被（かぶ）せた，緊急時における「自衛的居住権」とする法的概念の確立の必要性である。

・被災地に戻るか(復旧)，戻らないか(移住)？
・居住の権利は誰が保障するのか？
・原発(エネルギー)と生存権(ヒトの生命)
・新しい居住モデルの検討(傾斜地の活用)

▼被災地と可動住宅「トレーラー・ハウス」

被災地で建築制限されている地域の仮設住宅として，可動住宅のトレーラー・ハウスの検討を行政に進言したい。復興後も，セカンダリー・ハウスとし

て引き続き使用できるような支援体制が整っていれば，購入希望者はあるはずである。これまで，被災地の仮設住宅といえばプレハブ式住宅がワンパターンであったが，被災地の条件や災害の種類に応じたバリエーションを設けて，長期にわたる避難生活にも応分の配慮が必要である。トレーラー・ハウスならば，2年間限定の仮設住宅だけではなくて，その個別・独立性から次の復興住宅にも継続利用できる。連棟式仮設住宅の建設用地として，一団の平坦地を見つけることはかなり難しい。その点，トレーラー・ハウスならば，平坦な一団の用地が不要，都合で移動できる，居住性能・機能も優れている，プライバシーも護られる，などの点で，避難生活の長期化にも対応できる(写真1-2～4)。トレーラー・ハウスは，日本でも「随時かつ任意に移動できる」限りは建築基準法上の建築物には該当しない，また民法上では「住居」として扱われる，などの点も災害地には好都合である[4]。

　歌手でありアウトドア派でもある清水国明氏は，東日本大震災の被災地を訪問して仮設建物にはトレーラー・ハウスが相応しいと気づき，産業技術総合研究所や民間企業と連携しながら，被災地(宮城県気仙沼市)にトレーラー・ハウスの配備を進めている[5]。

　2005(平成17)年8月，アメリカの南東部(ルイジアナ州，ミシシッピ州，フロリダ州など)を襲った大型ハリケーン・カトリーナによる被害も甚大であった。その際にも，トレーラー・ハウスが仮設住宅として利用されている。アメリカの場合は，洪水，ハリケーン，地震，原子力災害などの発生に対応する連邦機関(FEMA)が，トレーラー・ハウスを保有・管理していて，必要に応じて被災地に配備する。日本の仮設住宅(店舗も)は，プレハブ式パネルの組立建物であり，部材は安価であるが組立・解体には専門職が必要となることから，短期間に用意することが難しい。使用後の仮設用プレハブ住宅は，その工賃の負担がネックとなって海外でも引き取り手が少ない。仮設住宅の場合，現地に搬入して，組み立てては解体する，次の使用までの保管の問題(場所・管理費用)もある。自然災害が毎年のように繰り返されている日本では，トレーラー・ハウスも仮設住宅のバリエーションとするべきである。写真1-5は津波で流された岩手県

第1章 東日本大震災から学ぶ居住の要件

写真1-2　トレーラー・ハウス（高知）
出所：筆者撮影。

写真1-3　トレーラー・ハウス（テキサス州）
出所：筆者撮影。

写真1-4　トレーラー・ハウス・パーク（テキサス州）
出所：筆者撮影。

写真1-5 「ヘヤーサロン・エポック」
出所:「毎日新聞」2011年8月1日付。

　山田町大沢の理容室が,被災後の7月31日にトレーラー・ハウスを使って営業を再開した様子である。
　震災以降の現象として,キャンピング・カーを購入する人が増えている。大手販売店では,4～6月の販売台数が前年同期に比べて5割前後上回っている。車内に寝泊まりできて,トイレや発電機を備えている車両ならば,災害時の"避難所(車)"として利用できる点が注目されている。オプションとして太陽光発電装置等も用意されている。キャンピング・カーは,小規模住宅であるトレーラー・ハウスとは異なって,レジャー目的のカーモデルだが,移動性能とコンパクト性,そして緊急時のサバイバル・カーとしても日本人受けしそうな商品である
　1900年代中頃,米国マサチューセッツ工科大学の都市計画部門において新しい視点を打ち出していたリンチ,ケヴィン(Lynch, Kevin)は,著書の中で,「トレーラー・ハウス」を次のように書いている。「"動く家"は,小家族にとって多くの本質的な利点を持っている。まず小型で維持が容易であり費用がかからな

い。容易に買えるし転売もできる。買い手はどの値段で何が手に入るかを正確に知っている。何よりも，家族に行くどんな場所にでも持っていける家である」。[6]

3　居住のバックアップの構想

▼「セカンダリー・ハウス」

　後の祭りだと叱られそうだが，もし津波が届かない場所に住んでいたら，あるいは，普段，住んでいる家（イエ）とは"地形・敷地条件が異なった場所"に，もう1つ別のイエがあったら，そこには緊急時用の水や食料・薬・寝具や燃料などが備蓄されていたら，などと，つい考えてしまう。少なくとも避難所ではなくて，自分のイエ（生活空間）で，自分の生活ペースで過ごせたら，復旧までの長期的な避難生活も凌げるはずである。避難所での生活は劣悪な生活環境であり，高齢者は精神的ショックや医療介護サービスの不足などから"せん妄・認知症"も進行するし，亡くなった透析患者は少なくない。

　東日本大震災のような"想定外"の天災に備えた避難・疎開を想定しながらだが，自宅以外の場所に，イエ（セカンダリー・ハウス）[7]を持つ，あるいはコミュニティの有志で生活施設（セカンダリー・コミュニティ・ハウス）をシェアするといった"居住のバックアップ"はハイブリッドなスタイルであり，生活の安全性や安定性を高めるばかりか，自然環境と共生するスローな暮らし方まで体験できる。筆者の提言する「セカンダリー・コミュニティ・ハウス（Secondary Community House；SCH）」は，既に日本各地でおなじみの公的なコミュニティ・センターとはまったく別の構想であり，次のような内容である。

　(1)　コミュニティ・メンバーの有志を出資者として「セカンダリー・コミュニティ・ハウス建設協同組合」を設立して，SCHの企画から建設・運営・管理に当たる。

　(2)　SCHの主たる目的（用途）は，まずサバイバル・コミュニティであり，緊急時には生活物資の備蓄・避難の場所となる。しかし普段は，メンバーの多目

的な用途に供する，日常的でオープンな共同の施設(シェアハウス)である。

(3) 自然災害や環境トラブルなどを回避できる安全・安心な地域・場所に建設する。この構想では、「定期借権付きの土地」の利用を推奨する。官地の借地なども視野に入れて検討する。また地方自治体でも、自衛的緊急用施設であるSCHの設立趣意を鑑みて、市街化調整区域内でも建設できる特例の新設を検討されたい。

(4) SCHの建設プランとしては、廃材・古材の再利用と、メンバーによるセルフビルド方式で「リサイクル・ハウス」、あるいはムービング・ハウス方式[8]で「サバイバル・ハウス」を推奨したい。また建設資金は、原則として組合員による出資金で賄うが、メンバーからの現物供与や労力資金[9](スウェット・エクイティ)なども想定する。

これまで、経済成長だけを"錦の御旗"に掲げてきた日本人は、"生活(居住)のクォリティ(Quality Of Life)"は二の次にして、万事に有効性や効率性を優先させてきた節がある。しかし「居住」のサスティナビリティとは、実は場所(地域)の安全性や安心感と一体のものであった。このことは、今なお収束の目処もつかない福島第1原発事故によって実証されている。また物質的な豊かさばかりを追い求める唯物的欲望は、経済発展のエネルギーとしては必要ではあるが、その発展・膨張には際限がなくて、終(つい)にはヒトの手によるコントロールを遙かに超えてしまうリスクも、やはり原発事故が実証している点である。また東北沿岸部の津波被災地の場合でも、住宅が高台にあったならば、その復旧・復興への取り組みもずいぶん違ったものになったはずである。地理地形に大規模な手を加えない、自然の摂理を勘案した土地利用計画で、適正なテクノロジーを以って形象した居住環境であったならば、自然の猛威に遭遇したとしても、そのサスティナビリティは護られたに違いない。生存的必要性から構想する"居住のバックアップ"は、自然条件や生活条件が異なった場所に、セカンダリーな居住の拠点をさらにもう1か所(いくつでも可だが)構えるといったハイブリッドな生活スタイルでもあり、人口減少や地方の過疎化が問題視されている日本では、官民業一体となって議論の俎上に載せる価値がある。政府には、東日本

大震災をターニング・ポイントにして，自然環境と協調・均衡する新しい国土利用大綱を改めて掲げながら，アフォーダブルでサスティナビリティに優れた「環境共生住宅」を推奨する政策展開を構想してほしい。また個々人にも，自然環境の負担が軽いエコロジカルな価値観やスローなライフスタイルに目覚めてほしい。これまで通りの日本社会が続くならば，世界に誇れる日本古来の質実剛健な気風や生活文化は衰耗してしまい，次の世代を担う人的資源の可能性までも損なわれそうな気がしてならない。

4　被災地こそ「ムービング・ホーム」

▼「ムービング・ホーム」は中古住宅のサバイバル

　少子化と長寿化が進行する日本社会は，この先，「定住社会」から「住み替え社会」へと移行する。社会的入院や高齢施設入所なども，広義では"住み替え"の一種である。「暮らし方」や「住まい」にもこれまでと違って，"軽費性"と"簡便性"，そして"可動性"が必要になってくる。

　住宅市場と自動車市場とは政策的にも同時性があるし連関性も強い。少子高齢化で縮小社会なのに自動車道は延び続けているし，世帯数は減少しているのに新築住宅が主流である。政策や企業戦略に時系列的なズレが明白である。ならば現状を逆手に取って，"イエ"を"クルマ"のように"移動・可動化"させる「ムービング・ホーム(Moving Home)」をパラドックス思考で検討してみよう。

　「住宅」すなわち「建築物」とは，「土地に定着する工作物のうち，屋根及び柱若しくは壁を有するものをいい，建築設備を含むもの」と建築基準法に定義されている。また民法上では「土地と土地に固定しているもの」が「不動産」である。要するに不動産である住宅は土地に定着していて移動できない。しかしアメリカ人は，「住宅」をあれこれ手段を講じながら移動させてしまう。「不動産」を「可動産」に転換させてしまえば，中古住宅が次の新天地で生き延びる(サバイバル)すなわちサスティナビリティが延伸されていく。この移動作業は，既存の戸建住宅を固定基礎から切り離して大型トレーラーや船舶に載せて別の場所に

　　　　曳き家（日本）　　　　　　　ムービング・ホーム（米国）
　　　　　　　写真 1-6　移動する家
出所：Website。

搬送する「ムービング・ホーム」と言われている。

　日本にも，伝統的な「曳き家」工法が存在するし，明治時代から現在にまで「曳き家」の請負を承継してきている企業もある。しかしアメリカのムービング・ホームは，日本の「曳き家」とはまったく別格の大掛かりな移送である。またムービング・ホームを請け負う企業は，解体予定の住宅を自らも買い取って，別の場所まで移動させて展示・販売している。ムービング・ホームは，既存の住宅を"取毀・廃棄"から救い，中古住宅商品として"サバイバル（蘇生）"させている（写真1-6の右参照）。

　"スクラップ＆ビルド"が伝統的な日本では，中古住宅の売買取引であっても，建物を取り毀して更地状態に戻し土地の売買取引に転化させるケースは珍しくない。この場合なら取り毀す予定の家を貰い受けて，他の場所で再利用する手法がムービング・ホームである。取り毀すための工事費と廃棄処分費は次の何も生み出さない。ただ企業会計ならば資産除去債務として負債勘定に計上されるくらいである。しかし，その住宅をムービング・ホームにするならば，解体されて運ばれて，次の土地で再築されて住宅としてサバイバルする。循環型・低炭素型プロジェクトとしても高く評価できるからエコポイントの対象にも該当する。政府は，ムービング・ホームを環境負荷低減モデルとして融資や課税面で支援するべきである。

▼空き家の「ムービング・ホーム」

　東北地方一の製造品出荷額を誇っている福島県から企業離れが止まらない。福島県の2010(平成22)年の製造品出荷額は5兆円近く，沿岸部のいわき市には日産自動車，福島市や郡山市がある中通地方にもアサヒビールや三菱電機など大手企業の工場がある。国の2011(平成23)年第3次補正予算では，福島研の企業誘致のために1,700億円が計上されている。福島県は県内外の企業の誘致に対しては，総額の4分の3にも及ぶ手厚い補助金を用意して取り組んでいる。ここで立ちはだかる問題は原発事故による影響を受けている住宅問題である。住宅数が圧倒的に不足している現状に行政の担当者は混迷している。そこで提言だが，新しく住宅を建設するのではなくて，全国的な空き家増加に着目して，まず近隣から空き家を移動させる方法(ムービング・ホーム)を真剣に検討するべきである。既存の資源・資産(既存住宅)を有効的に活用する方法について，大震災を機に産官学で連携しながら取り組むべきである。住宅のサスティナビリティ(持続可能性)も高まり，市場に循環性も生じて，多方面に内需を生み出す効果も期待できる。現に，積雪の多い青森市では，「放置危険空き家」の把握を苦慮している。積雪で空き家が倒壊して近隣に被害を及ぼしているからである。岩手県横手市では，2012(平成24)年1月から空き家の適正管理条例を施行している。倒壊の危険がある空き家の所有者に対応を要請して，勧告・命令に従わない場合は所有者を公表するとしている。こうした事態を受け止めた内閣府は，緊急避難措置として災害対策法を適用し，市町村長の判断で立ち入って対処するよう求めている。

　岩手県釜石市にスチールハウス工法の建物が，東日本大震災の被災者が入居できる復興住宅に採用されている。スチールハウス工法の工期が短い点が評価された結果だろうが，弱点が塩害である。米国ハワイ州ではシロアリによる蟻害を恐れることから，スチールハウスが建てられているが欠点は木造住宅に比べて高価な点である。空き家の木造住宅の移動と再利用を検討すべき時である。[10]

▼「ムービン・グホーム」は過疎地も救済する

　日本中のあちこちに，人口流出が村落の自立的存続を限界的にしてしまう過疎化が起きている。そこで提言したい。村落に点在している家を移動(ムービング・ホーム)させて１か所に集める。過疎地の中でのムービング・ホームなら「曳き家」工法の方が適当かもしれない。そこで各戸が軒を連ねながら協住型コミュニティ，すなわち「コハウジング(Cohousing)」をつくるプロジェクトは如何であろう。高齢者世帯が戸々で暮らすことは加齢との戦いであり，第一，不経済だし不安でもある。高齢者世帯が"協住化(collective living)"すると，相互扶助的な連帯感や安息感も育まれるから心身共に健康的で快適に暮すことができる。若い世代にも参画してもらうと理想的だ。多世代混住型の居住環境ならば，それぞれの役割分担で好バランスなコミュニティが画餅ではなくなる。過疎地の場合ならば，子供のいる家族でも，子供の教育についてはアメリカで普及しているホーム・スクーリング(Home Schooling)方式を採用したら問題はない。カンボジアのインターネット・ヴィレッジ・モトマン(Internet Village Motoman)方式なども参考になる。自治体側にしてもインフラ整備や福祉サービス提供などの効率面を考えれば，居宅が集中・共同化する「コハウジング」は歓迎すべきコミュニティである。

　また他所から古家(持家)を運び込んで住みつくプランも面白い。退職したら自然が豊かな地域に住みたいと考える人は少なくない。廃屋や空き家を賃借するのが一般的だが，空き地を借地して自分の古家を運んでくるムービング・ホームが面白い。

　ムービング・ホームによる「サバイバル・ホーム(Survival Home)」は，原則"新築住宅"となる。未使用の部材だけで建てた場合だけを"新築"とする取り決めは見当たらない。建物関連法においても，その場所(土地)に新たに構築(建築)する行為が"新築"であり，その建物を"新築建物"として扱っている。ならばサバイバル・ホームにも新築住宅対象の優遇税制も適用される理屈である。

▼アメリカの「ムービング・ホーム」

　アメリカでは，「お買い得な家の探し方」などの類の本はポピュラーである。マイホームは彼らの最大の関心事だからだ。アメリカの若い世代は持家志向が旺盛である。住宅資金が不十分であっても，まずアフォーダブルな家を探して購入しようと努力する。購入したら自分の手で家の付加価値を高めていく。また，その家を元手にアッパークラスの家に買い替えていく。何度も買い替えながら，次第に持家の資産価値を高めていく"マイホーム双六"は伝統的である。こうしたアメリカ社会では，取り壊す家であっても引き取り手も買い手も見つけられる。それは"ムービング・ホーム"が普及しているからでもある。本書で取り上げているムービング・ホームは，既存の建物を引き取って(有償・無償・他)，別の場所にそのまま搬送させて，改めて建築(再築)する手法である(写真1-6の左参照)。アメリカでも，都市計画事業などで既存の施設や住宅を取り壊すケースや個人の居宅の建て替えなどで既存の中古住宅が手に入る機会は少なくない。ウィリアムズ・ロバート[15](Williams, Robert)の『HOUSE To GO. How To Buy a Good Home Cheap』は，まず公報や地方新聞，不動産広告，そして建設関連業者たちから取り壊し予定の物件情報を入手する，次に現地に赴いて綿密な予備調査をすることが程度の良い中古住宅を安く手に入れるための第一歩であり，普段から地域の住宅事情にも精通しておくことを勧めている。

▼「日本版ムービング・ホーム」

　国土交通省は，中古住宅の売買取引の活発化を促すために2013(平成25)年4月から物件表示の指標を公表する。住宅瑕疵保険を利用した物件の情報を集約して改修工事の履歴などを踏まえた価格情報を提示する。中古住宅ストックの評価を簡明にすることで売り手の改修が活発になり良質な中古住宅の供給が増加することを期待した措置らしい。政府の今回の取り組みがアメリカ並みの活発な中古住宅市場の構築を目指しているのならば，まず「不動産」を「可動産」に転化させるムービング・ホームのような斬新な取り組みを支援し促進させなければならない。国土交通省の発する中古住宅情報の中に，「取り壊し予定建物」

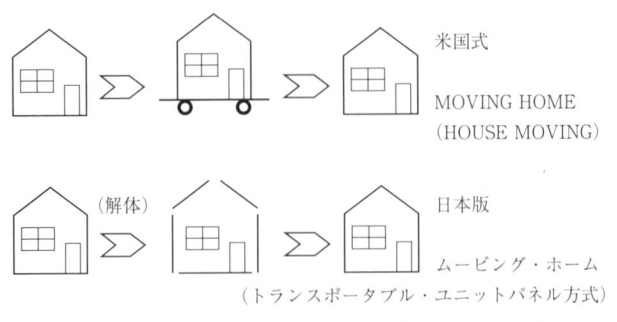

図1-1　サバイバル・ホーム（戸建住宅のリユース）
出所：住宅資産研究所作成。

の情報も併せて公開してほしい。取り毀され廃棄される運命の建物のサバイバルを図ることで既存建物のサスティナビリティを高め，同時に資源の循環性までも高めるからだ。

　日本の場合のムービング・ホームは，アメリカのように既存の建物をそのまま搬送するのは難しい。日本版ムービング・ホームは，最初に現地で建物調査をする。その構造部材に蟻害や腐朽が進行している住宅のサバイバルには慎重な対応が必要になる。建物の，解体，ユニットパネル化，搬送，そして新しい土地で再築(パネルの組立や内外装工事等)と，全工程を技術面とコスト面からの総合的検討で可否を決定することになる。

　アメリカに比べて日本は，道路幅員も狭いし電柱・電線や看板など障害物が多い。日本でムービング・ホームするならば，既存住宅の構造上の主要部分(屋根や壁・床)をコンパクトなサイズに分割し，その裏表に合板を貼り付けた「トランスポータブル・ユニットパネル(Transportable Unit-Panel)」に加工して搬送しやすくする。再築場所ではパネル工法(枠組壁構造)のサバイバル・ホームとする。屋根・壁・床などの断熱性や耐震性を高めたユニットパネル化ならば行政からの支援・補助も視野に入る(図1-1参照)。

　ムービング・ホームの場合は，既存建物の取り毀しを希望している所有者側からその撤去工事を請け負うことも現実的である。またストックヤードさえあれば，ユニットパネルのストックは比較的容易でありランニングコストも軽費

だから，住宅用ユニットパネルの展示即売ビジネスも現実的でありインターネット市場にも適応性が高い。また鉄骨構造やプレハブ構法の住宅ならばムービング・ホームとの相性は悪くない。

5　被災地に「アカデミック・ビレッジ」

　東京商工リサーチの調査によると，大震災の影響を受けた企業の倒産件数は半年間で330件（負債総額6,274億7,500万円）であり，阪神淡路大震災後の３年間の件数をすでに上回っており，負債総額は約３倍である。厚生労働省によると，東日本の高校生の求人数・倍率ともに大震災が影響して，悪化している。首都圏の求人数も，電力供給の先行き不透明感が影響して前年比が大きく低下している。片や，西日本では全府県で就職状況は改善されており，電力事情の違いが反映されている。高校生の就職は地元志向が強いため，震災地の沿岸部にある水産加工関係の企業の廃業が大きく響いている。しかし，地域からの若者の流出は被災地復興には悪循環となっていく。

　そこで，被災地の復興策の一つとして，アカデミック・ビレッジ構想を提言したい。まず被災地に，大学や各種専門学校，また研究機関などを誘致する。被災地に若者や研究者を集めて「アカデミック・ビレッジ（Academic Village）」を構築する。アカデミック・ビレッジとは，"教育・研究"といった知的資源と，"若者"という可能性に優れた人的資源を被災地に集積させて，被災地の自然環境資源と三位合体させる取り組みであり，産官民学一体で取り組む復興プロジェクトの核（コア）とする構想である。またアカデミック・ビレッジは，被災地の各町村部に新しいソーシャルキャピタルを醸成させ，広範なネットワークの拠点となる。アカデミック・ビレッジの副産物とも言うべき"クリエイティブなアカデミック・カルチャー"は，被災地の新たな社会環境的資源となって，地場産業との産学交流のプラットホームを構築し，次世代型の第六次産業育成の土壌を培う養分となる。静岡大学工学部が，震災瓦礫や生ゴミを分解して燃料化する技術の開発に成功した。こうした復興に直結した新技術開発の拠点は

被災地が最適である。

　アカデミック・ビレッジの場所としては，復旧が叶わない被災地を想定しており，その土地は政府が地主から定期借地権で借り上げて，大学や研究機関，またその関連企業などに優遇的サブリースする。アカデミック・ビレッジに集まる学生や研究者が被災地の人口を安定化させ，また流動性も保たれる。学生人口の流動（循環）性は，復興には必要な要素であり，被災地での生活体験がある人材が他の地域に移動することから被災地の情報が広範に伝わり，次の新たな人口流入を招き地場産業の発展にもつながる。また安定的な学生人口は地域経済に生活関連ニーズをもたらし，地域活性化のエネルギー源ともなる。

　また最近の大学事情として，経営上のひっ迫性から学生の獲得に腐心するあまり，学生（親にも）への過剰な迎合（配慮？）となり，大学の本義的目的である「教育・研究」の充実が軽視されている節がある。こうした風潮が，国際競争力ランキング上の日本の順位を大きく後退させている。この際，教育・研究機関は，これまでの大都市集中一辺倒から脱却して，地方分散モデルであるアカデミック・ビレッジの国策的意義と社会的実利性について，改めて次世代的な視座から議論を重ねるべきである。

　「最大の資源は"教育"であり，土地の適正利用も，社会の将来も，決めるのが"教育"である」。

〈注〉
(1) 『災害の住宅誌』鹿島出版会，2011年。
(2) 「朝日新聞」2012年1月25日付。
(3) 個人の人格的利益を保護するための権利。憲法13条後段の幸福追求権から導かれる基本的人権の一つとも理解されていて，本来私法上の権利であり私人間に適用される。
(4) 資料：建設省住指発第170号，平成9年3月31日。
(5) 「読売新聞」2012年1月23日付。
(6) 『敷地計画の技法（Site Planning）』鹿島出版会，1966年。
(7) Secondary Home；日常生活のバックアップ的な住居を表わす筆者の造語。いわゆるセカンドハウス（別荘）とは区別している。
(8) 静岡県建築士会会報誌『建築静岡』2010年6月号参照。および『不動産鑑定』2010年9月号参照。
(9) Sweat Equity. 不動産の占有・権利を取得するのに十分な労働対価の意。本書のSCH

⑽　拙著『少子高齢社会のライフスタイルと住宅』参照。
⑾　欧米やオーストラリアなどで普及しているライフスタイル。拙著『リバースモーゲージと住宅』参照。
⑿　「在宅教育」：自宅ベース教育(Home-based education)。学校に通学せずに家庭を拠点に教育する方式。米国で普及。
⒀　カンボジアの僻地ラタナキリにある太陽光発電を備えた村立学校。インターネットを使ってボストンの医師と交信し診療が受けられる遠隔診療所の設置なども同じ取り組み。
⒁　2010年(平成22)度の新築住宅の支援策：①住宅ローン減税，②住宅ローン金利引下げ，③省エネルギー住宅設備の補助金，④贈与税非課税枠拡大，⑤住宅エコポイント，⑥長期優良住宅の優遇税制等。
⒂　*House To Go. How To Buy a Good Home Cheap*, 1997.

第2章
成熟社会の暮らしと住まい

　日本の社会と経済は，急速に変化している。もっとも変化していないのは，われわれの生活感や価値観かもしれない。大震災は自然界からの警鐘かもしれない。使い捨ての消費文化は，企業には価格競争をもたらし，企業はモノを大量に生産して価格を下げようとする。消費者は使い捨てだから大量に買い込み，大量に消費する，当然，大量の廃棄に結び付く。こうした連鎖は繰り返されて，ますます膨張する方向にある。

　不動産取引市場では，マンション売買などにも新築志向が鮮明である。東日本大震災を契機に耐震性能や被災時の備蓄に優れたマンション（集住型居住）の需要が高まってきており，首都圏には「新築高，中古安」の傾向が確実にみえる。片や，全国的に空き家（戸建）が増加傾向にあり，社会問題化しつつある。こうした人口の減少，家族の縮小，未婚率の上昇，高齢化など後退的な社会現象が，居住環境の集中化を加速させている。日本社会においては，この先，住宅は相続財産ではなくなり，一代限りの償却資産となる時代が始まる。

　本書では，最近の社会や暮らしの変化にも適応できる，また災害にも配慮した自衛的な住まいや暮らしについて，構想をめぐらし，提言する

1　家族の縮小と長命化の問題点

▼人口減少と暮らしの変化

　人口減少は，暮らしにどんな影響を及ぼすだろうか？
　アジア開発銀行（ADB）は，人口増加によって直近30年間で1人当たり国内総生産の伸びが1％程度押し上げられると予測している。消費の拡大はそれに見

合う投資が経済成長を支えてきた構図である。開発途上国も工業化や都市化が進み，自動車が普及して生活の豊かさを増すなかエネルギー需要は拡大することから，成長を持続するための資源の確保が重要な課題となっていく。逆に，人口減少や高齢化はマイナス要因となって働く。企業の生産やサービスの供給力にも陰りが出てくる。深刻な労働力不足もマイナスの圧力となる。成長が鈍化すると，拡大するばかりの社会保障費が財政を圧迫する。高齢化では世界で最速の日本の場合，社会保障費は28.7兆円(2011〔平成23〕年度当初予算)であり，実に政策経費の過半数(53％)に達する。こうした事情からしても，この先の日本では，個々人による，個々人のための，個々人の自立的・自衛的なライフスタイル(暮らし)が社会からの要請となる。

　世界で最も少子高齢化が進行している国が日本である。2010(平成22)年の新成人人口は，前年135万人から6万人減って127万人となり，最も多かった1970(昭和45)年の約半数にまで減少した。日本人の平均寿命は，毎年，確実に延びている。平均寿命をみると，1947(昭和22)年が男50.06歳，女53.96歳，男女差3.90歳であった。しかし，60年後の2007(平成19)年になると，男79.19歳，女85.99歳，男女差6.80歳にまで延命している。この先も長命化が続けば社会的負担も増加の一途だから，世代会計の逆転は確実である。親が80代ならば，平均的には子も50代であり，現役世代だけに親を介護する負担は大きい。直系血族及び兄弟姉妹は互いに扶養の義務が定められている(民法第877条)。法で縛られなくても親子関係なら扶養・介護は当然とされてきた。しかし最近は別の考え方も聞く。「介護と同居に関するアンケート調査」[1]では，自分自身の介護は，「家族よりプロに任せたい」，「施設でもよい」と考える人が多く，年齢層別では若いほど，男女別に見ると男性より女性にこの傾向が強い。また男性の半数近くが「家族・自宅介護」を希望しているのに対し，女性は半数近くが「介護のプロ・施設介護」を希望しており，男性は「家族・自宅介護」派，女性は「プロ任せ・施設介護」派だと言える。介護を担う中心世代が55〜64歳だと予想されていることから，家族の扶養・介護の形態が外部依存型にシフトする傾向はますます強まりそうである。別の資料では，「子に介護の負担をかけたくないから

外部サービスを利用したい」と考える人が遥増している。「子が親の介護するのは当然」とする割合は遥減化傾向(57.3→48.6%)だが,「必ずしもそうでない」とする割合は遥増化(28.7→36.1%)しており,小都市部よりも中都市部の方に強い傾向である。

2010年分データ(図2-1)では,65歳以上の人(高齢者)だけの単独世帯は24.2%であり,4人に1人は「1人きりの世帯で生活している」ことになる。また,子供や孫がおらず,夫婦だけの高齢者世帯は29.9%であり,これらを合わせた「高齢者だけの世帯」は54.1%となり,過半数に達する計算となる。また図2-1では,「単独世帯」「夫婦のみ世帯」「親と未婚の子のみ世帯」はいずれも増加傾向にあり,「三世代世帯」が減少傾向にある。

興味深い傾向として,「高齢者と"未婚の"子世帯」も増加傾向にある点であり,「高齢者と,離婚して出戻り状態の子供・あるいは晩婚化などで結婚待ち,さらには結婚をするつもりの無い中堅層(30～40代,あるいは50代までも?)」という家族構成パターンが増加していることである。問題視されるべき点は,2015(平成25)年になると現在54.1%の「高齢者だけ世帯」が6割に達する勢いであり,行政は,その健康問題(認知症等)や非常時の安全対策などについてもこれまで以上に配慮・支援するべきである。

図2-2は,東日本大震災と阪神・淡路大震災の男女別年齢別の死亡者数の比較である。東日本大震災(2011〔平成23〕年3月11日金曜日14時46分地震発生)の場合は津波による被害が大きかったため溺死による死者が9割以上であり,阪神・淡路大震災(1995〔平成7〕年1月17日火曜日午前5時46分地震発生)では建物の倒壊等による圧死が8割以上と死因は大きく異なっているが,いずれも,60歳以上,あるいは70歳以上の高齢者の生命が多く失われたことが明確である。東日本大震災では高齢者の犠牲者が過半数を占めている背景には,阪神淡路大震災から16年経過して高齢化が進行している点,在宅の高齢者数が増えている点なども無関係ではない。

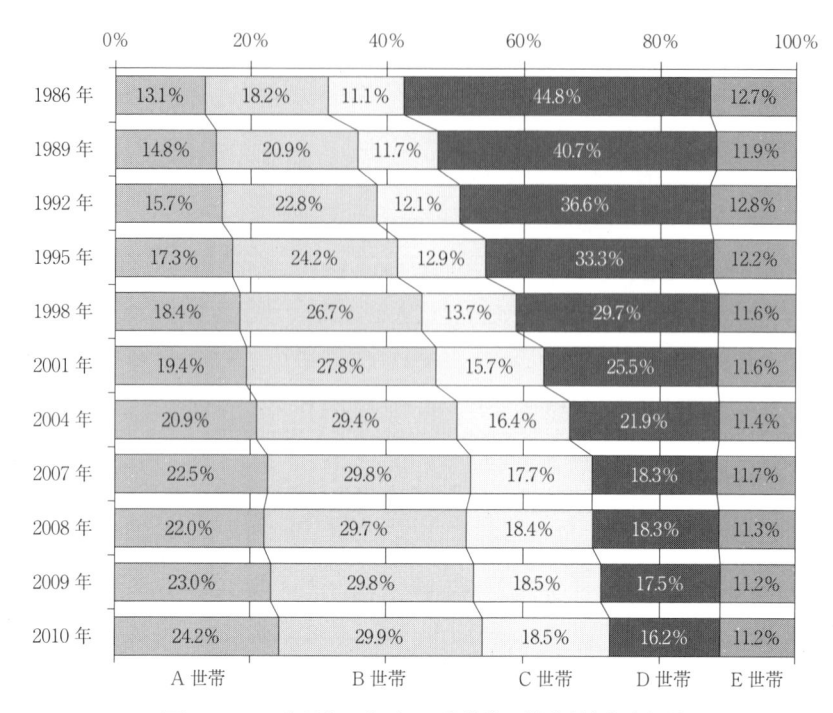

	0%	20%	40%	60%	80%	100%
1986年	13.1%	18.2%	11.1%	44.8%		12.7%
1989年	14.8%	20.9%	11.7%	40.7%		11.9%
1992年	15.7%	22.8%	12.1%	36.6%		12.8%
1995年	17.3%	24.2%	12.9%	33.3%		12.2%
1998年	18.4%	26.7%	13.7%	29.7%		11.6%
2001年	19.4%	27.8%	15.7%	25.5%		11.6%
2004年	20.9%	29.4%	16.4%	21.9%		11.4%
2007年	22.5%	29.8%	17.7%	18.3%		11.7%
2008年	22.0%	29.7%	18.4%	18.3%		11.3%
2009年	23.0%	29.8%	18.5%	17.5%		11.2%
2010年	24.2%	29.9%	18.5%	16.2%		11.2%
	A世帯	B世帯	C世帯	D世帯		E世帯

図2-1　**65歳以上の人がいる世帯数の構成割合年次推移**
注：A＝単独世帯，B＝夫婦のみ世帯，C＝親と未婚の子世帯，D＝三世代世帯，E＝その他。
出所：平成22年度版「国民生活基礎調査の概要」。

▼パラサイト・シングル

　原油価格の値上りは，日本経済に予想以上の抑制効果をもたらした。交通量が減って渋滞も緩和されたのだが，郊外店舗の来客数も減り外食回数まで落ちている。家族旅行にしても，「安・近・短」傾向が定着しつつある。企業の設備投資も落ちている。こうした兆候からしても，景気の後退は明らかである。

　一方，少子化傾向は進行している。出生数が相変わらず減少している。しかし第3子以上の出産は増えている。第3子を出産するかどうかの決断希望は，経済的負担，とりわけ教育費の負担感と関係があるらしい。前章では，子育て世代の家計の住宅費比率を引き下げて，教育費に回すべきだと論じている。

　日本経済全体の低迷と少子化があいまって，平均的家族の暮らしにも変則的

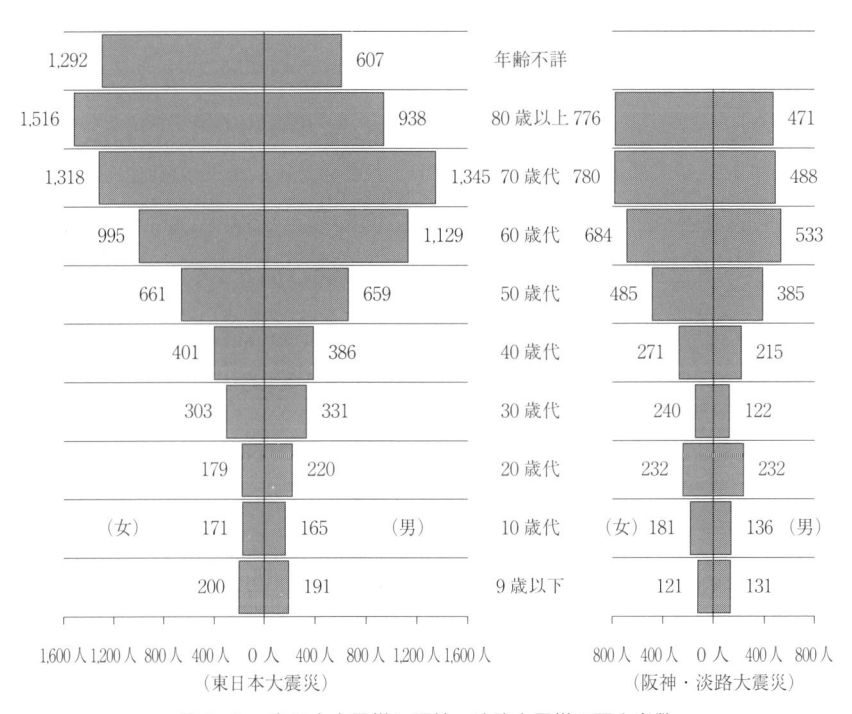

第2章 成熟社会の暮らしと住まい

	東日本大震災		阪神・淡路大震災	
	(女)	(男)	(女)	(男)
年齢不詳	1,292	607		
80歳以上	1,516	938	776	471
70歳代	1,318	1,345	780	488
60歳代	995	1,129	684	533
50歳代	661	659	485	385
40歳代	401	386	271	215
30歳代	303	331	240	122
20歳代	179	220	232	232
10歳代	171	165	181	136
9歳以下	200	191	121	131

図2-2 東日本大震災と阪神・淡路大震災の死亡者数
注：東日本大震災：警察庁資料から内閣府作成。平成23年4月11日現在，検視等を終えている者を掲載（性別不詳128人は図から省略）。阪神淡路大震災：兵庫県資料（性別不詳9人は図から省略）。
出所：『平成23年版防災白書』（同掲載データをもとに当図録で作図）。

なパターンを定着させつつある。その一つが，「パラサイト・シングル(Parasite single)現象」[(2)]である。

　総務省の「国勢調査(2000〔平成12〕年)」によると，若年層のうち，親同居者は1,308万人おり，全体の半数弱が親と同居している。そのうちの7割弱(1,124万人)が未婚者である。要するに若年の半数が親と同居していて，未婚者や女性の同居率が高い。生涯未婚率の方も年々高まっていて，男性の生涯未婚率(12.6％)の方が女性(5.8％)を上回っている。平均初婚年齢も男性29.0歳，女性27.2歳であり，毎年，上昇する傾向が続いている。

　親同居未婚者のいる世帯は，大都市(政令指定都市)が17.3％，人口10万人以下の市・郡でも20.7％であり，必ずしも都市部に集中している現象ではない。ま

たその居住形態をみると，親同居未婚者の85.9％は親の持家に住んでいて，その内，自分専用の部屋をあてがわれているのが91.9％であり，居住条件には恵まれている。親同居の生活の満足度については，男性42.9％に対して女性が64％であり，女性の方が男性以上に居心地良く生活していることが分かる。

　こうした若者のライフスタイルの変化は日本だけの現象ではない。イギリスでは「マミーズ・ボーイ」，フランスでは「カンガルー・ジェネレーション」，ドイツでは「ホテル・マン」などと呼ばれていて，やはりパラサイト・シングルは珍しくないらしい。住宅価格の上昇や家賃の高騰，雇用事情の悪化などから若年層の就業率の低下といった経済的事情があり，また就学事情や少子高齢化する家族像の変化などがある。しかし，筆者の知る限りのことだが，アメリカやカナダ，またオーストラリアなどの若者は，大学に進む頃から親元を離れて自立する。アパートを借りる場合でも，家賃負担を軽減するためのルームシェアはポピュラーである。学生ローンで学費を捻出している学生も珍しくない。学費ローンの返済を肩代わりする条件で大学生に軍への入隊を勧誘しているアメリカ軍の事情は，すでに様々なメディアで報じられている。

　とはいえ，やはりパラサイト・シングル現象は蔓延し始めているとも聞いたりする。過保護・過干渉の親は，どこの国にも存在するようだ。アメリカでは「ヘリコプター・ペアレント」，日本では「モンスター・ペアレント」が流行語となっている。

　アメリカ東部のダニエル・ウェブスター・カレッジ(Daniel Webster College：NH)の学生寮の入口には，新入生(2008〔平成20〕年9月)に向けて，"親はいつも傍にいられない。自立した生活を心掛けよう"と書かれたビラが貼られている。

▼パラサイト・ライフスタイルの問題点

　パラサイト・ライフスタイルの何が問題視されるのか，整理してみよう。結婚しないから世帯数が増えない，世帯数が増えないから住宅需要にも結びつかない(経済が活発化しない)，結婚しないから子供も増えない(人口が増えない)，親の経済的負担が増えている，親の介護力としても不安である，未婚のままでは

将来独居老人になる，等々の点が問題視される。

　これらの現象が，社会経済に与える影響は甚大であり，深刻な禍根を将来に引き継ぐことにもなりかねない。世帯数が増えないことには，経済活動は活発にならない。パラサイト・シングルが，親との同居を解消して結婚したとすると，世帯数は少なくても1.5倍に増える計算である。住宅に対する需要にしても1.5倍に拡大するはずである。パラサイト・ライフスタイルでは，建て替え需要はともかく賃貸需要や新築需要は起こりにくい。

　またパラサイト・ライフスタイルは，未婚率を高める効果はあっても結婚を促す要因にはなりにくい。特に娘と母親の親密な関係は心地良いだけに結婚願望を削ぐことにもなりかねない。親が要介護状態になったときに，娘(息子)が未婚ならば，一人で親を介護しながら，経済的にも自立していかなければならない。さらに自分の老後となると，身辺の世話や介護を引き受けてくれる家族もいない。それに平均的な単独世帯では，その消費も少ないし，社会的コストの負担力も僅少であり，逆に社会保障に依存した世帯になってしまう可能性が高い。

▼パラサイト・シングルとリバースモーゲージ

　パラサイト・ライフスタイルならば，住宅取得の必要性は低いから，住宅市場の需要は縮小してしまい，住宅価格も引き下げられる。その結果，高齢者の持家の評価額が減少するから，高齢者の持家を担保にするリバースモーゲージ(Reverse mortgage)市場の規模も縮小化する。したがって高齢者の生活支援金(借入金)は僅かなものになり，高齢期のライフ・セーフティネットにはなり得ない。

　パラサイト・シングルが，老親の医療費や介護費用を調達するのに，長期生活資金貸付制度(リバースモーゲージ・ローン)の利用を考えたとする。まず，リバースモーゲージ・ローンの利用者(契約者)は住宅の所有者である老親となる。次に，その配偶者の同居は認めても，子の同居は認めていない規約がある。したがって，子は親との同居(パラサイト)を解消して別に暮らさなければ，現行のリバースモーゲージを利用することができない。

しかし，これから先もパラサイト・シングルが増えても減りはしない社会ならば，こうした事態に対する何らかの現実的対応策が必要となってくる。

　その対応策の一つは，子の同居を認める向きの改正であり，今一つは，子の方が親から自立して世帯を別にするインセンティブの用意が考えられる。パラサイト・シングルに詳しい山田昌弘氏は，未婚子の同居に対する何らかの負担（課税など）を解決方法として提言している。筆者の考えるところでは，子が結婚して親と同居し，その介護に当たるケースに対しては，リバースモーゲージなども柔軟に対応させて，バラエティに富んだ支援策を講じるべきと進言したい。例えば介護者側の休養に対するヘルパー派遣やショートステイなどサポート・サービスの充実であり，その軽費化である。現行の介護保険下では，制約が多すぎて介護者の心身的ケアに対する配慮は十分ではない。また予防的な効果が見込める生活支援などでも財源不足を理由にして適用範囲を狭めてきているが，少子化，高齢化，長寿化といった社会構造の変化に逆行した施策であり，早急に改正すべき点である。

　住宅の保有コストにしても，介護保険の利用者の住宅に対しては，少なくとも固定資産税（都市計画税も）など財産課税は所得との調整の下に免除すべきである。担税力が弱い高齢者の家計に対しても一律的，平板的な課税は不公平税制となる。

　また，介護保険サービスの利用者の住宅については，「住み替え（買い替え）」の支援策[5]（住宅の長期借上げ，家賃収入などの税法上の配慮等）を，優先的に，優遇的に講じるべきである。

　その論拠としては，(1)介護サービスの利用が急勾配傾斜地など自立生活が困難な場所に住む被介護者の「住み替え」は，介護サービス提供者側のコスト軽減にも結びつく。あるいは災害発生など緊急的な場合を想定したとき，住み替え支援措置は公正であり適切な措置となるはずであり，(2)社会的弱者（高齢者や身障者など）の自立生活に資する「住み替え（買い替え）」支援は，憲法上にも明記された国の責務だからである。

2　暮らしの変化(流動化・集住化・共用化)

　人口は移動する。最近の国土交通省の長期推計によると，小さい都市ほど将来的にはその減少が激しい。人口の出生・死亡による自然増減や引っ越しなども考慮した推計では，人口30万人以上の大都市は2050年に2005(平成17)年比で約23％程度の人口減少，6,000〜1万人未満の小都市は48％と，ほぼ半減する。一方，首都圏の政令都市などの人口減は小幅であり，東京23区，さいたま市，千葉市の減少幅は10％未満である。少子化と大都市への人口集中で，地方の過疎化がさらに進行するものと予測されている(6)。

　こうした推計ならば，将来，地方の住宅需要は頭打ちになり，地価は下降しても上昇することはない。放置されたままの家屋敷も増えてくる。逆に人口の集中が続く都市部では，需要過多の住宅市場を形成することになるから，地価は上昇するし，「住まい」の高層化が進む。「住まい」は，これまで主流であった"戸建住宅，建て替え・定住型"から，"集合住宅，住み替え・移住型"へとシフトして，その居住の性能・機能・デザインばかりか，権利関係までもが追随することになる。

　また少子化で家族が縮小し，長命化で世帯も高齢化することから，外部の生活関連サービスに対する社会的ニーズが拡大する。その結果，生活関連サービスの細分化を進め，クォリティも充実化させるマーケティングが台頭してくる。こうした生活スタイルのトレンドは，世帯の外部サービス依存度を増幅させるだけでなくて，暮らしの形態やコミュニティまでも必然的に変化させていく。暮らしの外部化(社会化)がある程度まで進行すると，居住スタイルにも新しいモデルが生まれてくる。そこで，筆者は，次の世代の居住の形態として，オールラウンドのライフ・サポート・サービスを完備したマンション・コミュニティ・タイプの「コンティニューイング・コミュニティ(Continuing Community)」が，近い将来，脚光を浴びるだろうと予測している(後述)。

　少子高齢化の進行で，自発的に住み替える世帯は，これまで以上に増えてく

る。人口の少ない地域では，超長期優良住宅とは対極のアフォーダブル・ホーム(affordable home：ロー・コスト・ホーム)を平面的に配置した新しい低層タイプの区分所有体系が萌芽してくる。人口の減少や住宅地が点在・分散している地方では，税収減とインフラ整備のジレンマで財政破綻に陥る自治体も増えてくる。厳しい気候の地域では，戸建住宅から共同管理のマンションに住み替える世帯が増えてくる。近い将来，高齢者世帯を集合型コミュニティに住み替えさせる自治体も出てくる。行き着く先は，「居住」のコンパクト化(集合化)となる。

オレゴン・システム(Oregon System)はアメリカ西部(OR)の福祉制度である。一般家庭が行政から委託されて，自宅で高齢者を同居させて公的介護サービスを受けさせる仕組みである。受託側の資格としては，研修(18時間)の受講義務と住まいの空間的余裕の確保がある。アメリカも公的施設の増設は財政上の制約もあって遅れている。高齢者には，一般家庭で家族同様に過ごすオレゴン・システムは人気が高い。公的ケア施設に入所できない高齢者を救済するために一般家庭に協住するタイプのプログラムであり日本でも使えそうな仕組みである。アメリカでは福祉の民営化が進んでいる。日本の行政も，公的な介護福祉サービスであっても民間のグループやコミュニティに業務委託するなどボーダレスなソーシャル・ネットワークを検討するべきときである。

図2-3は，高齢期の居住の形態と，その生活パターンである。

欧米では，軽費共同運営型コミュニティとして普及しているコハウジング・コミュニティ(Cohousing Community)があり，協住型コンパクト・コミュニティとして市街地や郊外に増えてくる。マンションやコーポラティブ・ハウスとは全く異質なコミュニティであるコハウジングは，コミュニティを自らの手で実現させようと志す人たちの取り組み(プロジェクト)である。人口が，地方から都市に移動する社会は，これまで主流であった個住型ライフスタイルから集住型ライフスタイルへのシフトを示唆するものであり，コハウジング・コミュニティが普及する予兆でもある。日本でもコハウジングの萌芽はすでにある。こうした予測の根拠として，少子高齢社会の日本の暮らしには"シェアリング・コ

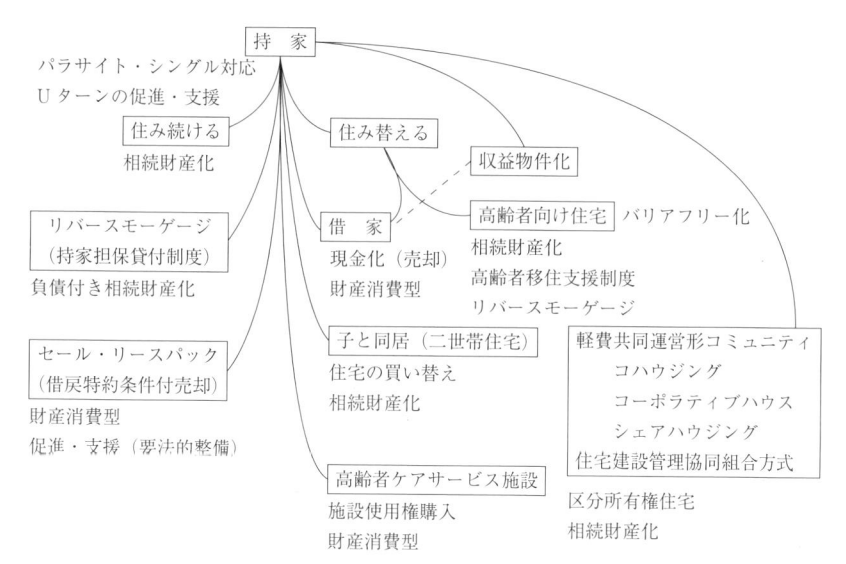

```
                           ┌ 持　家 ┐
  パラサイト・シングル対応
  Ｕターンの促進・支援
            ┌ 住み続ける ┐    ┌ 住み替える ┐    ┌ 収益物件化 ┐
              相続財産化
                                                ┌ 高齢者向け住宅 ┐ バリアフリー化
  ┌ リバースモーゲージ ┐      ┌ 借　家 ┐        相続財産化
    (持家担保貸付制度)          現金化（売却）    高齢者移住支援制度
  負債付き相続財産化            財産消費型        リバースモーゲージ

  ┌ セール・リースバック ┐   ┌ 子と同居（二世帯住宅）┐   ┌ 軽費共同運営形コミュニティ ┐
    (借戻特約条件付売却)       住宅の買い替え                コハウジング
  財産消費型                   相続財産化                    コーポラティブハウス
  促進・支援（要法的整備）                                   シェアハウジング
                                                             住宅建設管理協同組合方式

                             ┌ 高齢者ケアサービス施設 ┐    区分所有権住宅
                               施設使用権購入                相続財産化
                               財産消費型
```

図2-3　老後の暮らしの選択肢

出所：住宅資産研究所作成。

ンセプト"が不可欠要件となる確信であり，その概念が，ヒト，モノ，また自然環境に及ぼす非可逆的負担を軽減し，エコロジカルなソーシャル・ネットワークも構築する効用の確信がある。

　クルマ社会の潮目も，大型セダンから軽自動車へとシフトしている。最近の人気車種に共通している特徴と言えば，"小型で広々，高性能で低燃費"である。こうした相反的なデザインや性能を商品化できる秘訣は，メーカーの高い技術力とノウハウの結晶にある。クルマ市場には，「ダウンサイジング・コンセプト」が徹底している。エンジン(排気量)を小さくする，アイドリング・ストップやエネルギー回生システムを駆使する，などの手法が低燃費化を成功させている。自動車メーカーは，営業戦略のダイナミックな方向転換に取り組んでいる。トヨタは，組み立てラインのスリム化を柱にした生産の効率化策を発表した。設備投資を従来の約6割に抑えられる車両組み立てラインや塗装ラインを新たに立ち上げる。一連のスリム化対策で，年間の設備投資をリーマンショック以前の半分にまで減らすことで，同じ利益水準を維持しようと目論んでいる。競

争激化の市場では，営業努力だけで売上を持ち上げる戦略にも限界が見えているだけに，設備の小型化，例えば建物の高さを下げる(25%)など思い切ったコスト削減を打ち出している。三菱自動車も，スズキから小型車を調達(OEM)する戦略を発表している。クルマ市場にも新築主流の住宅市場と同じ傾向が起こっている。2011(平成23)年9月上旬までのエコカー補助金政策で中古車の割安感が薄れて新車に顧客を奪われて，中古車登録(軽自動車を除く)が統計を開始した1987(昭和62)年を下回り，過去，最低となった。しかし，最近はクルマに対する消費者志向にも従来と異なった変化が見える。まず，マイカーに代わって，レンタカーやカーシェアリングの利用が生活スタイルとして定着してきているのは，地方と違って，都市部では，必要な時だけ，目的にマッチしたクルマを，イージーに利用できるメリットが理解されてきたからだ。成熟社会の特性でもある"価値観の多様性"が，リーズナブルな生活スタイルを後押ししている。クルマ社会に対する行政の対応も重要なインセンティブになってくる。慢性的な通勤ラッシュが問題視されているホノルル市(HW)では，渋滞解消の取り組みとして，数人でシェア(同乗)している車両にはフリーウエイの路肩部分に専用走行レーン(可動性)を設けている。カー・シェアリングの普及と，ニュー・コンセプト・カーの商品化とは無関係ではない。革新的な技術の息吹を感じる時，誰しも大きな投資は控えるからだ。日本が"失われた20年"を挽回しようと考えるならば，新しいコンセプトを創り出すことである。たとえばカーシェアリングを，「所有」のコンセプトに，「共用(share)」のコンセプトを組み込んだ産物と考えるならば，次は，「交換(exchange)」のコンセプトを導入すると面白いモデルが誕生する。クルマ市場と住宅市場とは一定のタイムラグを挿みながらも，その連関性は明白である。[11]

3　暮らしとアクセシビリティ

少子高齢社会の潜在的特性の一つとして，「住み替え志向(ベクトル)」が挙げられる。人口の減少と偏在(都市集中化)，少子化と長命化と家族の収縮化，産

業構造の変化(製造業の空洞化・雇用情勢の悪化)、地価の変動(逆資産効果)などの事象が要因となる。また住み替えの効用としては、ヒト・モノ・カネ・情報の均衡性(普遍性)が高まり、生活全般のアクセシビリティも増幅する。具体的な効用として、住宅ストックの流通性(需要供給の活発化)が高まり、キャッシュ・フロー(不動産取引の活発化)が潤滑になり、世帯(人口)の移動(コミュニティの活性化)が促進され、ヒト・モノ・カネ・情報の新規性と環境適応性が補強される。

2010(平成22)年末に東北新幹線が青森まで全線開業し、2011(平成23)年3月には九州新幹線も全線開業した。新幹線が日本列島の大動脈として縦断することで、国内のアクセシビリティは圧倒的に高まった。また2010(平成22)年10月からの羽田空港の国際化によって、海外空路へのアクセスも大幅に短縮された。こうした陸空のアクセシビリティの向上は、雇用情勢や生活スタイル、また不動産市場も様々な影響を及ぼすことになる。

ヒトの地理的な移動性は、労働市場との関連性が強い。労働市場は経済の動向や景況で変化する。都内の教職員の不足を補おうとして、東北に人材を求めている動きがある。また地理的にも不利な地方の大学生は、都内のビジネスホテルに宿泊しながら就職活動を展開したりする。アメリカでも、住まいと職業の移動性には、年齢と教育がきわめて高い関連性を持っていることが明らかにされている。1960年代のアメリカでも、若い人や教育水準の高い人々は、年配者や教育水準の低い人たちに比べて自発的な職業移動や地理的移動が活発であった。近年、高学歴社会の日本でも同様に、転職率は高いし、地理的な移動も活発である。女性の社会進出も急速に進んできているが、その背景には少子化と高齢化があり、安全で便利なアクセシビリティの奏功も無視できない。また成熟社会の日本では、ライフスタイルにも多様化が進んでいる。北米社会では珍しくない「稼ぐ妻・育てる夫」の生活スタイルが、日本でも認知されつつある。筆者の知人夫妻は、まさしく"子育ての主夫・稼ぎ手の妻"のライフスタイルである。妻君は、医療分野のスペシャリストであり、結婚前から都心の製薬会社に勤めていた。結婚してからは、夫君が退職して家で3歳児の育児を引き受けている。夫妻の場合は、夫が「主夫化」した、ワーク・ライフ・バランス(WLB)

の一つのパターンである。妻が稼ぎ手となる場合，その女性の特徴として，高学歴・専門職・管理職・既婚・子供，などがある。夫妻が，JR駅に近接(徒歩1分)した高層マンションを購入した理由は，その通勤時間の短さとショッピングの利便性といったアクセシビリティである。夫妻のワーク・ライフ・バランスの実現には，パーソナルな特徴の他に，優れたアクセシビリティを享受できる世帯の移動性(住み替え志向)と，WLBを促そうとする社会的環境(トレンディ)がベクトルとなっている。しかし夫妻は，子供が中学生になったら別の場所に住み替えたい(住み替え志向)と考えている。高機能で高効率的な居住空間の集合体である駅近マンションは，都心の職場，高度な専門性の仕事(職業)，育児など複合的な生活を維持継続させるためのバックグランドとしての利便性や合理性はあっても，住まいの根源的な要素であるホスピタリティを期待することは難しいからである。

　また日本人の長命化がもたらす社会的移動性として，老親の介護のための転職やUターン現象がある。こうした種類の移動性は非自発的であり，生活環境の変化で，ワーク・ライフ・バランスを維持することが難しくなるなど，問題を抱えるケースも少なくない。この種の社会的移動性では，女性が抱える家族の高齢化による介護の問題が要因となっている。女性の政界や経済界への社会進出度では世界ランキングの低位であるが，若い世代では女性の方が男性に比べて就業率は高いし，福祉分野では圧倒的に女性が優位であり，家族の世話・介護の負担は女性が負うところが多い。暮らしにおけるアクセシビリティは，社会の少子化・高齢化によって，ますます重要な価値・効用であり，居住する場所(住まい)のサスティナビリティを増強するものである。

4　次世代の「生涯型福祉コミュニティ」

　長崎市の人口は，2010(平成22)年で441,749人であり，高度経済成長期の1957(昭和32)年には9,000人以上の増加があった。しかし1985(昭和60)年の449,382人から自然動態が社会動態の減少を補いきれなくなり，以降は社会動態と自然動

態の両方の減少が続いている。少子化の進行と若者の市外への常態的な転出（進学・就職）が続いていて，同時に高齢化も進んでいる。2010（平成22）年1月の雑誌『エコノミスト』は，「日本の地方都市は高齢化と人口流出で急速に疲弊している。その典型が長崎市であり，かつては造船産業で賑わっていたが韓国や中国に追い上げられて往年の面影はない」と報じている。

　広島県呉市もやはり造船産業の街であり，長崎市と同じような衰退がある。また造船産業が中心的であった両市は，その地形的特徴も共通していて急峻な斜面が港に迫っている。長崎市はすり鉢状の斜面に，呉市は胸突き階段が有名な急勾配の斜面に，貼り付くように簡便な住宅が建てられている（写真2-1）。長崎市や呉市の衰退は，地域の主力産業である造船産業が新興国の席捲を受けた好例であり，また地域住民の少子高齢化も自治体の財政を悪化させている。こうした情勢は両市だけに限らず，全国各地で同じように活力の失せた地域が多発している。経済が収縮する地方では，人口も減少し移動するから地方財政は疲弊するばかりであり，インフラ整備などの財政負担を勘案すれば，世帯の集合化が望ましい。また少子高齢社会において，家族の変化にも対応しながら高齢期のノーマライゼーション（normalization）を維持継続させようと考える時，生活インフラとしてコミュニティが担う役割は重要である。長崎市や呉市の急斜面の住宅の大半は，高齢者世帯が住んでいる。生活支援・介護サービスを受ける場合にも不便な地形であり，住み替えは生存権的行動である。とは言え現実問題として，住み替え先の確保も容易ではない。そこで提案だが，既存の狭小住宅を取り壊してから，跡地を一団の宅地として，雛壇式の集合住宅（写真2-2）を新たに建設する，その中に区域内の住民を優先的に住み替えさせるといった構想の再開発プロジェクト（等価交換方式）を勧めたい。

　介護付き有料老人ホームに入居を希望する人は確実に増えてきている。しかし有料老人ホームの場合は，所有権や賃借権ではない「利用権」に基づいた入居契約が大半であり，内容も煩雑なことから，入居者からの苦情やトラブルが絶えない。老人ホームは，高齢者の"終の棲家"であるだけに，他のトラブルとは異なった深刻さがある。

写真 2-1　長崎市郊外の傾斜地の住宅

出所：筆者撮影。

写真 2-2　神奈川県平塚市郊外

出所：筆者撮影。

高齢期を，それまで生活してきた地域の，同じコミュニティの中で継続して生活できる安心感や利便性については改めて説明を要しない。神戸市では震災後，家を失った被災者たちが地域を離れて復興住宅に住んだ。居住者の中心は高齢者や低所得者であり，住みなれた地域を離れたことで次第に社会から孤立し，孤独死や認知症などの問題が生まれたと報告されている。[17]

▼コンティニューイング・ライフ・コミュニティ

　筆者が推奨する「コンティニューイング・ライフ・コミュニティ(CLC；Continuing Life Community)」の構想は生涯型福祉コミュニティであり，各世代に適応した生活空間(ゾーン)の確保が，同じコミュニティ内の住み替えによって保証されている次世代型コミュニティである。子育て世帯から単身者や夫婦だけの世帯，また高齢者世帯と，各世代の生活スタイルに向けた合理的な適合性を備えた生活空間ゾーンのバリエーションがあって，さらに世代(世帯)間のゾーン交換(住み替え)システム(CZC；Complex Zoning System)が最初から組み込まれている[18](図2-4)。

　CLCの場合は，コーポラティブ方式の賃貸予約制(予約申込権)が合理的である。コミュニティ内での住み替えについては予約契約で対応する。子育て世帯のゾーン(フロアー：居住区)では，組合加入金も「残価設定型ローン[19]」が組める。次のゾーンの住民は「リバーシブル・ローン[20]」が利用できる。高齢者のゾーンは，組合加入金を担保にした年金化プラン(リバースモーゲージ)が利用できる。分譲マンションの場合，その権利関係は建物区分所有法に基づいて個人に所有権を与えるセールス・タイプである。しかしコーポラティブ方式のCLCの場合は，入居者が組合員となって住宅協同組合を立ち上げて，建物の建設から運営・管理を行うマネージメント・タイプであり，組合が建物の所有権を持ち，入居者は区分所有権ではなくて，「居住権[21]」を持つ仕組みである。この方式の特長であるが，入居中はもちろん，そこから転出する場合でも居住権の譲渡もできるし，同じ系列の傘下であれば，他の住居に移転することも完全に保証されている特権的居住権であるから組合員の利益は護られている。コミュニティ(施設)の所

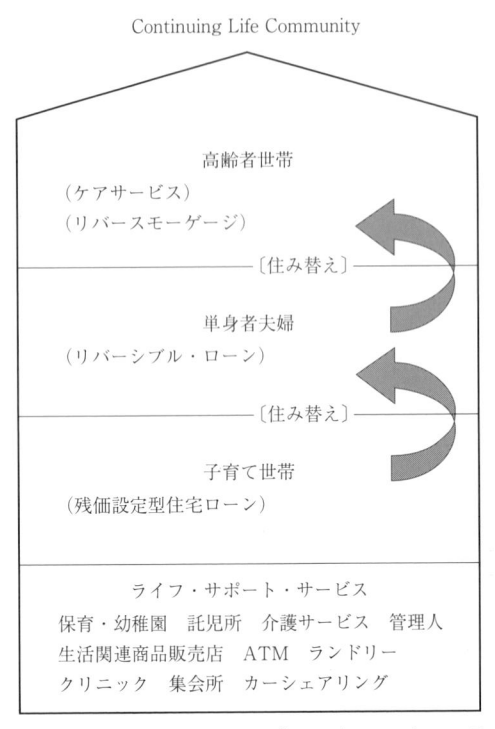

```
                    Continuing Life Community

                    高齢者世帯
                   (ケアサービス)
                   (リバースモーゲージ)
                   ─────────〔住み替え〕────
                    単身者夫婦
                   (リバーシブル・ローン)
                   ─────────〔住み替え〕────
                    子育て世帯
                   (残価設定型住宅ローン)

                   ライフ・サポート・サービス
                  保育・幼稚園　託児所　介護サービス　管理人
                  生活関連商品販売店　ATM　ランドリー
                  クリニック　集会所　カーシェアリング
```

図2-4　コンティニューイング・ライフ・コミュニティ
出所：住宅資産研究所。

有権は組合にあるから，管理運営に際しても組合の権限が強く，大規模修繕や建て替えなどの場合でも決定・処理がスムーズである。また既存の集合住宅であっても，権利関係の変更や住み替えシステムを組み込む方法でコンティニューイング・ライフ・コミュニティ(以下，CLC)にコンバートすることに問題はない。

　田舎に住んでいる老親の家に戻って(Uターン)介護同居するのか，それとも老親を自分の家に呼び寄せて介護するのか。どちらの選択であっても，住み替えする方の生活環境が変わることによって生じる負担・犠牲は覚悟しなければならない。しかし第三の選択として，CLCならば同じコミュニティのなかで，それぞれが自分の生活スタイルで自立性を保ちながら生活できる。CLCの場

合は，3世代が同じ建物内に住む"3世代近住"が可能であり，少子高齢社会には好都合なコミュニティである。一般の分譲マンションの場合は，住み替えに応じてくれる相手を見つける，時期の調整，売買・交換(所有権移転)など複雑な交渉や手続きが必要であり，コミュニティ内の住み替えは現実的ではない。

　住まいのサスティナビリティは，構造的な要素と，アクセシビリティ(Accessibility)，ユーザビリティ(Usability)，ウェル・ビーイング(Well-being)などの生活要素で形成されている。CLCは，空間的ゾーニングの手法によって，各世代の生活ニーズに適応した居住空間のバリエーションを同一のコミュニティの中に設けて，上記の各要素を体現させている仕組み(コンセプト)が，居住環境としての高次のサスティナビリティも具現化させている。

5　住まいの「交換」と内需拡大

▼高齢者居宅交換支援制度

　少子高齢化社会では，高齢者の自発的・自助的な住み替えは増加するばかりである。その背景には，長命化があり，福祉サービスとのアクセシビリティがある。しかし住み替え先の有料老人ホームは，入居者とのトラブルが絶えない。厚生労働省は老人福祉法を改正して入居一時金の返還の義務化を準備している。また国土交通省と厚生労働省は，現行の高齢者住まい法を改正して，3つのタイプの高齢者賃貸住宅(高齢者円滑入居賃貸住宅・高専賃・高齢者向け優良賃貸住宅)を登録制のサービス付き高齢者向け住宅として一本化させて利用権方式の有料老人ホームまとめたい意向である。高齢者が住み替えを実行するにも資金的な裏づけが必要になる。高齢者の持家を返済原資に据えた移住支援制度も存在するが利用者は少ない。死後一括償還型の持家担保生活資金融資制度(リバースモーゲージ)の利用にも制限が多くて利用は難しい。そこで新しい取引形態が必要になってくる。本書では「交換」を推奨する。公的資金の投入された有料老人ホームの利用権と高齢者の持家の「交換」が実現できれば低所得の高齢者世帯を救済できる。とりあえずは，高齢者の住宅資産の生存権的交換に限定した特例的措

置(取引)である。ここで「交換」の概念を整理しておきたい。「交換」を，広義で捉えると「取引」の範疇にある。では「取引」と言えば，一般的な商品・サービスと貨幣を交換(売買)する狭義のほかに，広義では両者間における価値の交換行為全般であり，片方からの「申込(offer)」に反応する「応対(response)」の関係である。また取引には，商品・サービスの受け渡し・決済の予約を契約する先物取引も含まれる。さらに，商学上の領域として，取引形態を，贈与と互恵交換の「交換(exchange)」と，物々交換と売買交換の「取引(transaction)」に区別している概念もある。本稿で取り上げている「交換」の概念は，狭義の交換譲渡(売買)と，広義で捉える互恵交換の二つの領域に跨っている視座にある。

　欧米で「ホーム・エクスチェンジ」と言えば，双方で住まいを交換し合いながら旅行する仕組みであり，伝統的な旅行スタイルである。現在では，世界中に普及している。この旅行スタイルのメリットは，お互いの家を利用するから宿泊費の負担がない点であり，また自動車や付帯設備も利用できるなどの利便性もある。このコンセプトには，古さを感じさせないモダンな新鮮さがある。本書で取り上げる「住まい」の交換とは，所有権移転を伴った取引モデルとしての「交換譲渡」である。個人が，土地や建物などの固定資産を同一種類の固定資産と交換し合った場合は，「譲渡がなかった」ものと看做す税法上の特例(固定資産の交換の特例)があり，取引に課税されない。住まいの交換は，「買い替え」と違って，交換譲渡の場合は当事者双方の住まいを交換し合って，交換した住まいに移り住む契約である。したがって，住まいの交換の場合は既存住宅の継続使用が前提の取引であるから，家屋は取り壊されて更地になることもなく維持継続される。社会的資本のサスティナビリティの補強は，省資源や省エネルギー，また環境保護推進の立場からしても，政府は宅地建物取引業法や税制などに優遇措置を講じながら積極的に推進するべき課題である。

　住まいの交換を別の視点から言い換えると，住まい(イエ)は移動しない(できない)から，住み手(ヒト)の方が移動(交代)する選択である。住まいを交換する目的は，場所の交換であり，建物の交換である。スクラップ＆ビルドの新築主流の住宅市場では，この種の取引はまれであった。しかし近年の社会経済の変

貌は，交換の価値・効用を再検討するきっかけになるはずである。郊外の住まいから利便性が高い街中に住み替えたい中高年世代と，空間的に余裕がある郊外に移り住みたい子育て世代が存在するからである。

古くからの交換取引モデルである物々交換の場合は，貨幣などが介在しない等価交換である。税法上も，交換は，原則，等価交換としているから，交換差金(不等価分の求償)は交換する固定資産の評価額の高い方の20％以内と定めている。また物々交換で交換する対象は「物」だけに限らず，サービスや人材の場合もあった。

日本の高齢夫婦世帯の持家率は約85％，高齢者単身世帯でも65％であり，高齢者の大半が住宅資産を保有している。平均寿命も世界的にも突出して長命である。しかし人は高齢期に入ると，生活支援・介護サービスが付いている住まい(コミュニティ)の方が安心で便利だから生活空間としては好ましい。外部サービスが必要な高齢者にしたら，住まいは持家である必要がない。個々人が，自分の家で自立生活を維持するには限界があるからである。持家高齢者は，持家を持家志向が旺盛な若い世代に譲渡してシニア向けのコミュニティに住み替えできると決まっていたら，老後の不安も解消される。そのコミュニティが公的年金の受給額の内での負担で済むなら，老後資金の備蓄は必要なくなり，内需拡大につながる。高齢者の持家のサスティナビリティも継続・承継される。政府は，住宅の世代間交換システムとして「高齢者居宅交換支援制度(案)」を新たに構築して，現行の「高齢者移住支援制度」に併設するべきである。

住宅の「交換」について，筆者の視点を次のように整理しておく。
(1) 交換に伴う検討条件
　①位置的条件(地理的条件，立地・敷地条件)。
　②住宅条件(敷地，築後経過年数，規模・性能・デザイン，耐振性能，適法性)。
　③価格条件(交換差金の確認)。
　④契約条件(支払・引渡し方法，所有権移転)。
(2) 交換の目的
　①距離的問題の解消：特定の場所・地域への住み替え(生活利便性の改善)。

②構造的問題の解消：老朽化,家族規模の変化,マンションと戸建の交換等。

　③リゾート地の変更：別荘やリゾート・マンション等。

(3)　メリット・デメリット

　①マーケティングがシンプル。

　②資金的準備や負担が少ない。

　③税法上の交換の特例が適用される。

　④借地権も土地と同じ資産として扱われる。

　⑤規制がある。交換の差額が評価額の高い方の20％以内。交換差金は所得税の課税対象。

(4)　マンション同士の交換は戸建住宅以上に成約率が高い。条件的(構造・立地)類似性が強い。近隣との関係が希薄だから煩わしさも少ない。

(5)　現行のリバースモーゲージ制度では，借地上の住宅は適用外だが，「交換譲渡」ならば資産として扱われるから，交換によってリバースモーゲージの利用も可能性も生まれる。

(6)　成熟社会の居住動向に対応するアフォーダブル(affordable)でリーズナブル(reasonable)な住まいの交換譲渡は，高齢者の住み替えにも活用すれば，その資金的負担も軽減できるし，また不等価交換の取引ならば，その交換差金が高齢者の生活資金にもなるし，リバースモーゲージのバリエーションともなる。高齢者の持家率が高い日本では，その住み替えに交換譲渡の適合性は高い。交換譲渡の契約に，簡便性と消費者保護の法的措置が必要となる。交換差金の20％制限や差金の所得税課税などは，リバースモーゲージ制度の利用者要件を満たしている高齢者には免除するべきである。高齢者の住み替えニーズは生存権的であるだけに法的的整合性が問われる不適正な税制となる。

(7)　これまでの住宅市場では「交換取引」の成約件数はきわめて少なかった。しかし最近のインターネットの普及は，住宅の交換取引で最大のネックであった情報の少なさ(潜在性)を解消する。買い替え(住み替え)ニーズの情報のネット市場公開で交換市場も急速に充実する。

(8)　2005(平成17)年の国土交通省の研究会報告によると，「二地域居住」者は

2010(平成22)年には約190万人(都市人口比4％)，2020(平成32)年で約680万人(同17％)になるものと見込んでいる。政府の「二地域居住」政策にも，「住まいの交換プログラム」を組み込めば二地域居住促進制度も発展する。

(9) 老親の世話・介護で親の近くに住み替えたい世帯は少なくない。また都市部へ住み替えたい若い世帯も増加傾向だから，地方と都市部との間の住まいの交換ニーズは増えてくる。

(10) 「等価交換方式」は，土地は地主が提供して，建物はデベロッパーが建てる方法であり，両者に資金負担の軽減効果や税制上のメリット(譲渡税優遇措置)がある。また地主には，自己所有分との交換差金などが発生するケースもある。

(11) リバースモーゲージのバリエーションとして，高齢者の持家と公的施設(コミュニティ)の入居との「交換」は現実的である。厳密には，個人の固定資産と公共サービスの受給権(利用権)の異種の価値効用の取引になり，現行の税法上の「交換」の範疇ではないが，住まい(持家)が個人の生存権的資産である点と，個人の公的福祉サービス受給の必要性(リバースモーゲージの適用要件)を勘案すれば「交換」と看做すべきである。この場合の公的施設は，民間の既存建物をCLCタイプのコミュニティにコンバートさせて使用する。この方法ならば，内需拡大にも貢献する官民連携のプログラムとなる。

(12) 持家高齢者が，別の家族も同居(レンタル：間貸し)させて，一緒に生活するプランは居住空間と生活サービスの交換であり，やはり「交換」の範疇である。このプランは前述のオレゴン・システムの逆バージョンとも言える。

6　高齢者の住み替え需要とマンション

わが国でも，これまでの会計基準を国際会計基準(国際財務報告基準)に接近させようとする動きがある。国際情勢からすれば当然の対応であり，その必要性も明白だが，例えば，文化や生活慣習と密着した「住まい(イエ)」の価値をグローバル・スタンダードで計測することは難しい。数値上の比較や評価は可能だが，第一，「価値」の解釈も多岐であり明確な定義は確立されていない。

日本人は古来「長持ちさせる」ことの価値・効用を認め賞賛してきた。昨今の世相には、「廃棄・買い替え」、「取毀・建て替え」などとモノのライフ・サイクルを収縮させる向きに傾いており、政策にしても加担・助長させている節さえある。「イエ」についても同様であり、「長持ちさせる」ための技術の開発は、新規性の技術開発に比べたら相対的に低調である。

　人も、100歳を超える辺りから、その存在さえ明確にできない事態が各地で露見している。医療分野の急速な発展で、この先も人の寿命は延伸するに違いないが、「イエ」や「社会的サービス」の方は追随できていないのが現状である。

　空洞化と収縮化が進行している成熟社会の場合、「イエ」の価値・効用(サスティナビリティ)については社会福祉的視角(the Views of Social Well-being)からも考察する必要がある。

▼地価変動は住み替えベクトル

　国土交通省の発表した2010(平成22)年の公示地価では、全国都道府県の住宅地と商業地はともに2年連続して下落傾向にある。地価の下落は、バブル崩壊以降続いた資産デフレの再発を懸念させるものがあり、個人の消費意欲を削ぐし、企業も設備投資を諦める。地価の沈下も、そろそろ底かと思い始めた矢先に、再び下降が始まったといった趣であり、不動産市場はしばらく低調である。株式市場と不動産市場の動向は1年程度のタイムラグがあるが、ほぼ同一のパターンを描く。経済が低迷期ならば事業用地の需要も落ちるし、雇用情勢も不安定になるから住宅市場も追随する。

　1986(昭和61)年頃からの10年間の地価の高騰期は、実需とは大きく乖離したバブル期であった。全国住宅地を公示価格の推移でみるとき、この数年の地価の推移(下落)を、25年前辺りの地価水準に戻しつつある。しかし、だからと言って地価の下落を必要以上に悲観的に受け止めることもない。地価変動のヤマの高さやタニの深さは、GDPや人口動向など基盤的要素と政策などから生じる「需要」と「供給」の交互の振幅で描かれる。地価が下落することは、これから住宅を取得しようとする層にはチャンスとなるが、既に保有している層にとっ

ては資産デフレであり資産力が減少する。地価の変動が巻き起こす順風・逆風の「ベクトル」は，そのまま人の移動や住宅取引にも作用するものである。

　日本に伝統的であった土地神話が崩壊してからは，住宅に対する需要でも，その内実は変化してきている。住宅の取得に際しても，投資的（値上り）な期待感よりも，実質的な安全性や生活の利便性を重視している。近頃は地方都市であってもマンション用地の需要が相対的に強い。その背景には，高齢期に備えて「街なか（市街地）」へ「住み替え」を検討している団塊世代と，高額な戸建住宅よりも家賃程度で月々のローンが返済できるマンション志向の若い世代の存在がある。

▼高齢者の「街なか志向」とマンション

　JR沼津駅（静岡県）に隣接したコンプレックス・ビル（写真2-3）には，食品スーパーから生活関連の店舗，高齢者向けのクリニックやカルチャー教室などがあり，1階フロアーにはATMや住民票発行機もある。上層階は専用駐車場付きの分譲マンションであり，エレベーターやエスカレーターを使って各階の生活サービスが身近に利用できる。小規模なコミュニティだが，近隣からのリピーターも多く，とりわけ高齢者たちには人気がある。子育てを終えた世代やクルマを運転しない高齢者たちも，徒歩圏内の商業施設や医療介護サービスなどを利用しながら，ますます延伸化する高齢期をなんとか自立して乗り切ろうと真剣に考えている。

　「土地」は生産財ではないが，その土地の上に（土地の下も）何層にもステージ（フラット）を構築する方法はすでに中高層ビルディングとして定着している。

▼マンションとリバースモーゲージ

　中高層マンションは，戸建住宅に比べたら何層（何倍）にも土地を使用している理屈だから，土地の単位面積当たりのコストも大幅に引き下げて経済的である。しかし逆に，「地価コストが低いマンションは，その分，担保評価も低い」という捉え方もある。だからマンションはリバースモーゲージの利用対象から

写真 2-3　沼津駅前ビル「イ〜ラ de」

出所：筆者撮影。

除外されている。リバースモーゲージの貸付対象は，原則，戸建住宅だけであり，マンションに住む高齢者は，自分の住宅資産を担保にして老後の生活資金を調達する公的福祉制度を利用することできない。

　欧米社会ではリバースモーゲージは古くから社会保障制度のセーフティネットとして定着していて，マンションも戸建住宅と同じように利用できる。高齢化のスピードが世界一速い日本社会において，そのリバースモーゲージが海外に比べて利用要件が限定的なのは一体何が原因だろうか。一つには，日本の住宅市場の伝統的な"スクラップ＆ビルド"の風潮(特質)が背景にある。だから戸建住宅の担保力(市場価格)は主として土地の評価価値に重きを置かれていて，建物(家屋)の方はわずか30年前後程度の償却資産に過ぎないとする見方が一般的である。最近の，「超長期優良住宅」や「200年住宅」の推進政策には，こうした住宅資産の短命性を払拭したい含意がある。

▼最近のマンション市場の動向

　全国的な地価下落の中でも首都圏の中古マンション市場は住宅ローン減税や住宅版エコポイントの奏功もあってか在庫処分も順調である。とは言いながらも消費者は低価格志向であり、中古マンションでも売れ筋は3,000万円以下の低価格物件らしい。お手頃な価格の中古マンションは、総合的評価ならばお買い得である。新築に比べたら、初期投資額が低いから取得の時期が早まり、したがって生活の利便性や快適性の享受も早まる。何よりも借入が少ない分、家計にも余裕ができるから精神的な余裕にもつながる。将来、売却する時の売値も購入価格が低い分、低目設定できるから成約率も高まる計算である。アメリカ人の間では常識的な「賢い住宅購入法」と言えば、「地域で一番立派な、あるいは一番値段の高い家を買うな。付加価値を高めても買値以上では転売できないから。逆に、地域の平均的な値段以下の家を買うなら、初期投資も少ないし、住みながら自分で付加価値を高めたら買った時の値段以上で転売できる」。要するに、値段の張る新築物件よりもお買い得な中古物件を探して、「初期投資を低めに抑える、付加価値を高めていく」ことが賢い資産形成法だと教えている。マイホームを、自分で付加価値を高めながら「買い替え」を繰り返していき、資財を「住宅資産」の中に蓄えていくのが伝統的な「アメリカ版住宅双六」であり、税制面でも優遇されている。この米国型蓄財手法は、案外、最近の「資産デフレ」を「奇貨」に変える「魔法の杖」かもしれない。

　後述するところだが、高齢者の住み替え需要の対象物件としても中古マンションは推奨できる。居宅のダウンサイジングと住み替え資金の節約の他に、マンションのコミュニティが成熟していて安心な点とマンションの建て替えを回避できる目論見が立つからである。

　そして、こうした高齢者の住み替えを促進するのは、「リバースモーゲージ」の活用である。

▼マンションの資産価値と担保力

　マンションの資産価値には、(1)居住用空間としての「性能・機能・デザイン」、

(2)立地的価値(多くが好立地)、(3)収益性(賃貸物件化が容易)、そして集合型住居特有の価値(条件)として、(4)建物のハード(構造・設備)の共用、(5)ハード・ソフト両面の維持管理・運営の分担、なども挙げられる。さらに付け加えるなら、(1)から(5)までの価値をバンドリングして構成される総合価値として(6)相対的に高い「換金性」がある。「売り易さ」という点も、一つの「価値」である。(5)「維持管理・運営の分担」の効用は、「第三者に委託する規約」を指している。「第三者の受託」が前提である点に価値を認めている。「第三者」の評価が不確定要素だけに、この価値に普遍性は期待できないが、マンションの資産性には直接・間接に影響する重要な要素である。区分所有権に基づく「集合型居住空間」とも言うべきマンションは、各住戸専用の部分があり、その他に「共用部分」がある。実は「共用部分」の存在が、戸建住宅とは異質な価値・効用を醸成している。この部分の価値・効用に対する評価が、最近の高齢者の住み替え需要に連結している。

　最近、中古マンション取引が活発だとすれば、物件の価値と取引価格が釣り合ってきた結果である。中古マンションが「売れ筋」となってきた今なら、その資産価値(担保力)は、戸建住宅と比較しても遜色がない。将来的には、郊外の戸建住宅から「街なか」へ住み替えする高齢者世帯が増えてくる傾向だから、中古戸建住宅よりも、むしろ中古マンションの需要の方が安定的である。

　高齢期の「終の棲家」ならば、戸建住宅よりもマンションの方がより安全でイージーで経済的に暮らせる。少子高齢社会のなかで期待されるマンション・モデルとは、地域環境に均衡性を保ちながらだが、多彩な生活支援サービス機能を付加価値とした「コンプレックス・コミュニティ(Complex Community)」である。託児所、保育幼稚園、クリニック、学習塾、介護支援センター、食料品店、コンビニエンス・ストア等々が、マンション内に、あるいは近接されていたら、居住空間の多機能性が高まり、生活支援型マンションとしての好感度も高まるから、サスティナビリティも高まること請け合いである。

　一つ、気懸かりな点は日本の税制である。居住用資産の中古物件取引にまでも消費税を課税する日本の税制は世界的にも後進的であり、中古住宅のサスティナビリティにも足枷となっている。住宅市場の好不況がその国の経済基盤に

も直結している点は，最近のアメリカの低迷で実証されている。日本は，住宅市場の安定的な循環性を保つための効果的な施策を打ち出さない限り，社会保障制度の発展なども覚束ない。消費税を社会保障の財源に当てる議論もあるだけに，住宅関連への消費税課税には慎重な検討が必要となる。

▼ローカル・マンションの住み替え需要

写真2-4のマンション(総戸数57戸：静岡県沼津市)は，比較的小規模の敷地の戸建住宅が多い地域に建っている。この地域には家族経営の水産加工場が多く，他所からの流入人口もきわめて少ない。このマンションの平均分譲価格は2,000万円前後(駐車場付)であり，近隣のアパート(2DK)の平均的月額賃料相当で，頭金ゼロでも住宅ローン(35年)の月額返済が可能な価格設定である。入居者には地元の人も多く，高齢者世帯の住み替えも少なくない。地域の木造住宅に住んでいる高齢者が，家屋の老朽化で大規模な修繕・改造か建て直しが必要になったとき，同居予定の子供でもいなければ，自分たちの余命も考えると決断は難しい。自宅(土地)を売却してマンションに住み替え(買い替え)する選択が賢いのかもしれない。自宅の売却資金で，次のマンション購入資金が賄えない場合は，アメリカの「買い替え向けリバースモーゲージ(Home Keeper for Home Purchase Loan)」に類似したプランがあれば助かる。

日本でも高齢者の住み替えは，自発的・非自発的にかかわらず必ず必要になる。その後押しをする公的支援が「移住・住みかえ支援機構」(JTI, 2006〔平成18〕年設立)の扱うリバースモーゲージなのだが，認知度も低く利用も低調であり，抜本的な見直しに取り組まなければ現状は画餅となっている。

高齢社会が安定的に推移しなければ，少子化社会への傾斜も止められない。高齢期の「居住福祉」の保障は，国が国民に負う責務である。この先，家屋の老朽化や生活環境などの不安から自発的に発生する「住み替え」はひとえに生存権的必要性に基づいた行動である。政府は，高齢者の家計をその持家(私的財産)を返済原資に据えながら「リバースモーゲージ・ローン(ノンリコース型)」の適用を以って経済的支援に乗り出さなければならない。

写真2-4 「ジェイロイヤル沼津静浦」
出所：筆者撮影。

　成熟社会の日本は，その産業構造を大量生産・大量消費型から環境主義に基づいた社会福祉型へと大きく舵を切ることになる。これまで繰り返してきた，安直な"使い捨て"のソーシャルサイクルではこの先の展望が描けない。長命化する「ヒト」と，相変わらず短命な「イエ」の，ライフ・サイクルのギャップをベクトルとして，リバーシブルなキャッシュフローを生み出せるマーケット・システムの存在がリバースモーゲージの普及と発展の鍵を握っている。この先，マンションは，長寿化社会のクオリティ・オブ・ライフ確保の要請を反映させながら，その居住福祉的効用をもって確実に資産価値を高めていく。これまでマンションの資産評価は戸建住宅よりも低位であり，リバースモーゲージの適用からも除外されてきた。しかし近い将来，マンションのほうが戸建住宅よりもリバースモーゲージとの適合性が高いことに気づくはずである。すでに気づいた金融機関は2010年(平成23)8月からリバースモーゲージ商品に改めてマンションを取り込んでいる。

〈注〉
(1) 2007(平成19)年の合計特殊出生率は1.34で2年連続の上昇だが出生数そのものは減少であり，出産期にある女性人口も先細りである。「毎日新聞」2008(平成20)年7月5日付。

(2) 学校卒業後もなお親と同居し，基礎的生活条件を親に依存している未婚者」山田昌弘『パラサイト・シングルの時代』筑摩書房，1999年。
(3) 資料：Website より。
(4) 厚生労働省「生活福祉資金貸付制度」，2003年。
(5) 国土交通省「高齢者移住支援制度」，2006年。
(6) 「日本経済新聞」2010(平成22)年12月29日付。
(7) 「住み替え需要とマンションの資産価値」『不動産鑑定』2010年11月号参照。
(8) 拙著『少子高齢社会のライフスタイルと住宅』参照。
(9) 多世代混住型(Mixed-generational)とシニア型(Senior)の2種類。「第三の家族と住むコハウジング(1)」『不動産鑑定』2010年12月号，拙著『小子高齢社会のライフスタイルと住宅』ミネルヴァ書房，参照。
(10) 「第三の家族と住むコハウジング(2)」『不動産鑑定』2011年1月号参照。
(11) 「クルマと住宅とハイブリッド」『建築静岡』2009年10月号。
(12) G・カトーナ『欲望の心理学』ダイヤモンド社，1977年。
(13) 治部れんげ『稼ぐ妻・育てる夫』勁草書房，2009年。
(14) "Urban decline in Japan, The alarm bells of Nagasaki", The Econoimist, 2011年1月13日号。
(15) 1960年代に北欧諸国に始まった社会福祉の社会理念。障害者(高齢者)も健常者と同じように生活できる環境。
(16) 「日本経済新聞」2011年1月11日付。
(17) 『静岡新聞』2011年1月17日付。
(18) 英国の Continuing Care Retirement Community のコンセプトやデザインとは異なったコミュニティ。
(19) 将来の下取り条件を設定した住宅ローン。筆者の構想。『不動産鑑定』2011年2月号参照。
(20) 坂本英樹『現代商学原論』千倉書房，2004年，参照。
(21) 家屋に居住する権利を広く言い生存上必要な権利として保護する立場の概念。法令上の用語ではないが借地借家法に基づく借家権がその中心をなしている。
(22) 前述の残価設定ローンやリバーシブル・ローンには将来約束(予約)が包摂(設定)」されている。
(23) 注記(15)参照。
(24) 所固定資産の交換の特例と譲渡所得税の繰延等(所得税法第58条，所基通58-8)。
(25) 武蔵野市のリバースモーゲージではマンションも対象に取り込んでいる。東京スター銀行でも2010(平成22)8月からマンションを同行のリバースモーゲージ商品の対象に組み入れた。
(26) 「毎日新聞」2010年3月19日付。
(27) 「換金性」は転売時の成約金額と成約に至るまでの所要時間を以って捕捉できる。
(28) 拙稿『リバースモーゲージ・システムの多元的効用に関する研究』愛知工業大学大学院経営情報科学研究科，2007年。

第3章
バリアブルな「住まい」

　日本家屋の資産性(持続可能性)の一つは、その再使用性(reusability)にある。しかし昨今は、家屋を解体して(take apart)、建具や部材を再使用するケースは珍しく、すべてを取り壊し廃棄(demolish & scrap)して新築するのが当たり前である。中古住宅が何度となく取引され使われている欧米社会と比べるとき、日本家屋は精々が長期的耐久財程度の短命さである。この風潮は、あらゆる視点からしても改めるべき悪弊である。

　筆者は、かねてから"アフォーダブル住宅(Affordable Home)"を勧めている。それは、「手頃な規模で、必要最小限度の設備が整った、お手頃な値段のイエ」である。「身の丈に合ったイエ」、「背伸びしないイエ」とも言い換えられる。最初から最新設備が装備させた完成品のイエではなくて、住み手の事情や変化に合わせながら増設改築したり増減築したりする可変性に富んだ(バリアブル)イエである。お仕着せのイエではなくて、家族の変化や暮らし方に適応させながら自由に生活空間を変えていけるイエに住む方が、スローでエコロジカルなライフスタイルに思える。だから新築住宅よりも、むしろ中古住宅を購入して、自分で手を加えたりする方が法理的で愛着が持てる。取り壊すイエを見つけたら、その部材をもらい受けてきて再利用したらいい。そうしたサバイバルな"イエづくり"には、環境負荷軽減の効果を評価して、補助金や税制優遇措置が講じられていたならば、なお結構な話である。イエの場合も、「資産評価額(相場)」から「負債額(借入)」を差し引いた残高が「真正な資産(エクイティ)」である。イエは、ローンの「残債」に反比例して「自己持分」が増えてくる。だからアフォーダブルなイエの方がいい。

1　長命なヒトと短命なイエ

▼ヒトとイエの「ライフ・サイクル」

　2010(平成22)年のWHO世界保健統計によると，日本人の平均寿命は男女平均で83歳である。戸建住宅(イエ)の寿命は平均的には40年程度だから，人の寿命の方がイエよりも長命である。子供が成長して親元から巣立ち，やがて夫婦だけになったとき検討する「イエ」の選択肢は3つある。一つは高齢期に備えてバリアフリーなどを含めた「修理改造」，次は「建て替える」，最後は別の場所に「住み替える」選択である。たとえば，35歳にイエを建て(買い)，それから40年も経ち，イエは老朽化し，世帯主も75歳になっている(図3-1「イエの平均寿命・日米比較」参照)。建て替える場合は建築資金の捻出が問題になる。定住するなら修理改造すればそのまま住み続けられる。しかし高齢化して，地域の医療・介護施設とのアクセスや日常生活の利便性などに不安があれば，生活に便利な場所(イエ)に住み替えようかと考える。

　住み替え先として，既存の中古マンションの売り物件ならば価格も手頃だし，そこの居住者も安定しているから安心である。また既存のマンションの場合は，マンションの寿命と，住み替える人(世帯)の余命に大きなギャップがない点ではリーズナブルな選択といえる。75歳で住み替えするならば，平均寿命から計算すると8年余，そのマンションに住めたら「終の棲家」としての問題はない。すなわち成熟社会では高齢期の生活が安心で便利なマンションであれば，既存(中古)物件であっても高齢者の住み替え需要が十分見込める論理である。

　図3-3からも明らかだが，持家を建て替える比率が落ちてきている。他の場所に住み替える世帯が増えてきている。職場や家族の事情を想定しながら，住み替える時期と住み替え場所(地域)や居住のかたち(戸建・マンション)，あるいは資金計画など，生涯設計(ライフプラン)については，早めに考えておくことが，ワーク・ライフ・バランスやライフ・クォリティに結び付く賢い暮らし方といえる。

第3章　バリアブルな「住まい」

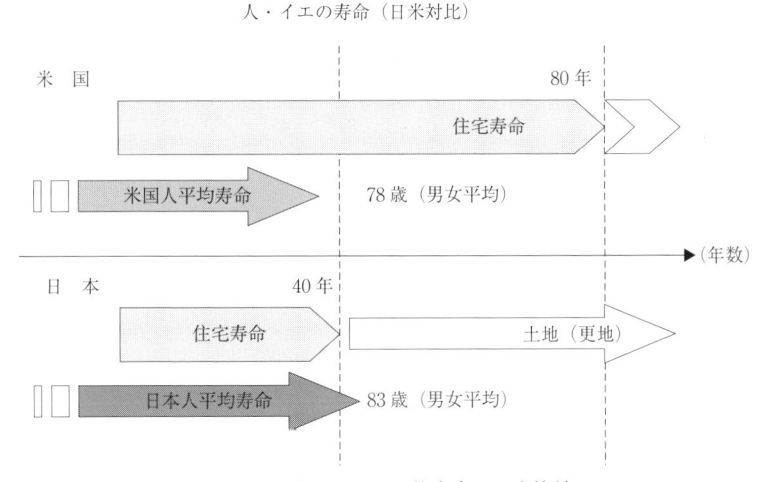

人・イエの寿命（日米対比）

米国　　　　　　　　　　　　80年
　　　　　　　　　住宅寿命

　　　米国人平均寿命　　78歳（男女平均）

　　　　　　　　　　　　　　　　　　　　　　　（年数）

日　本　　　　　　40年
　　　　　住宅寿命　　　　　　土地（更地）

　　　日本人平均寿命　　83歳（男女平均）

図3-1　人とイエの平均寿命・日米比較
出所：住宅資産研究所。

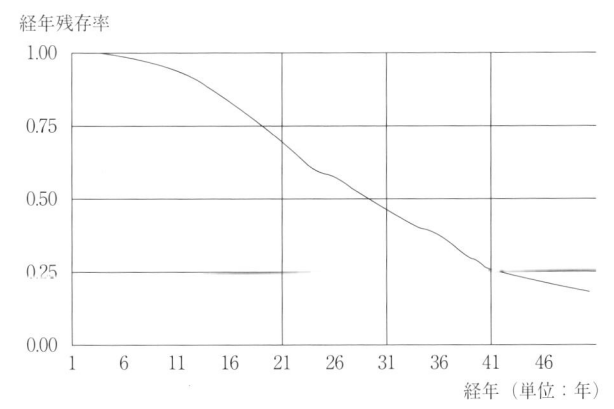

図3-2　戸建住宅の残存率の推移（1951年次・東京都中央区）
出所：堤洋樹「戸建住宅の寿命と建て替え要因に関する研究」，2003年。

　雑駁な話をすれば，アメリカ人に比べて住宅費が2倍以上必要な日本人の家計は苦しいはずである。日本の住宅も，アメリカ並みのサスティナビリティが保てたら，家計には資金的余裕が，家族にも時間的余裕が生まれる。そうした余裕は，教育や文化にまで波及し良質なソーシャル・キャピタルも育まれる。

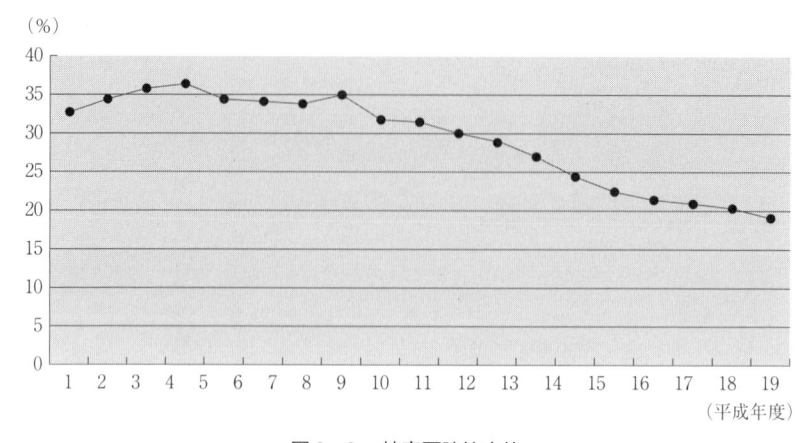

図3-3　持家再建築率比
出所：「2009年度版住宅経済データ集」より，住宅資産研究所作成。

▼アメリカ人のシニア・ライフ

　平均的なアメリカ人は早期退職を望んでいるし，退職後のライフスタイルをがらりと変えようと楽しみにしている。彼らは退職すると，まずそれまでの生活の場所から別の場所に住み替える。厳しい気候の地域に住んでいたなら，季候が温暖なサンベルト地帯に住み替えたがるし，またそうした住み替えを税制面でも支援する恩典的な措置もある。サブプライム問題以降，アメリカのマイホームも値上がりは期待できないのだが，退職を機に，それまでの住宅を買い替えてダウンサイジングを図り，家計を軽くする。住み替え先は，一戸建やコンドミニアムの他に，トレーラー・ホームやムービング・ホームもある。またリタイアメント・コミュニティ（高齢者用居住施設）なら，50〜60代の頃から入所して新しいコミュニティに溶け込み，シニア・ライフを楽しもうとする。

　人とイエのライフ・サイクルのギャップをプラスに利用できるリバーシブル・システム（リバースモーゲージ）が機能しているアメリカでは，少なくとも自立した老後を描くことができる。

　日本の住宅事情を語る時，アメリカの住宅事情と比較しながら説明する場合が多い。こうしたことには，ちゃんと理由がある。日米の住宅事情が対照的だ

からである。先の図3−1と図3−2からも明らかだが，アメリカの住宅の平均的寿命は約80年であり，日本の場合は40年程度だが，アメリカの住宅のサスティナビリティは2世代にもわたる計算になる。この辺の事情については拙著『少子高齢社会のライフスタイルと住宅』に詳しい。またアメリカ人の平均寿命は78歳であり日本人よりも5年ほど短命だから，高齢期もそれだけ短い勘定であり，したがって老後のための資金も少なくて済む。こうした住宅のサスティナビリティと人の平均寿命のギャップが両国のリバースモーゲージの普及・定着の明暗を分けるポイントにもなっている。

ヒトの平均寿命を考えてみると，逆に日本人の平均寿命の方がアメリカ人よりも5年ほど長命である。住宅（イエ）の建て替えサイクル（寿命）と，ヒトの寿命が，同じ方向ならば問題はないが，逆方向ということは問題がある。35歳で自分のイエを建てた（購入した）。住宅ローンの返済も済んで，毎月の返済の苦労も忘れたころの40年住んだ頃には75歳になっている。平均寿命（男女）を83歳とすると，余世の8年間を何処で生活することになるのか。

75歳前後で，余世の選択を決断しなければならないことになる。長寿化が進めば，さらに長い年数を，どこで，誰と，どう生活するのか，その選択と準備を考えることになる。

ともかく，70歳代に入ってから，建て替えの時期を迎える世帯は少なくないことは確かである。老後の生活資金のうちから建て替え資金を捻出するならば，子供と2世帯住宅を相談するか，あるいは生活サービスの付いたシニア・ハウスに移り住むか，検討することになる。こうしたパターンは，マンションに住んでいる世帯でも同じように事態を迎える。というのは，マンションの場合であっても，平均的には40年程度で建て替えを検討する時期に入るからである。アメリカの住宅の場合は，日本の倍近い寿命と言われているから，住んでいるイエを売却して，シニア・ハウス，あるいは子供の近くに住み替えるか，などが検討できる。すなわち，持家が「居住用資産」としての価値を維持しているから，「そのまま住めるイエ」として売却できる。言い換えれば，住んでいるイエは，買い手が付きやすい「資産」であり，高齢期の生活資金に転換できる。日本

の場合は，古いイエは取り壊されて，更地(建物の載っていない土地)として売却されることになり，イエの経済的価値はゼロとなり，敷地(土地)だけの資産になる。それだけではなくて，場合によっては取り壊し(解体・廃棄処分)費用が売主側の負担となるケースもありうる。土地の市場価格(相場)は，一部の場所を除いて，値下がり状態が慢性的なだけに，住宅の購入資金を回収できるケースは少ないようである。

2 住まいの持続可能性(サスティナビリティ)

▼「ガッティング」が支えるサスティナビリティ

　北米で"ガッティング(Gutting)"と言えば，既存の建物の骨組みと下地材だけを残して，後のすべてを剥ぎ取ってしまった状態を表す慣用語であり，魚のはらわたを抜き取ってしまった姿に似ていることから使われてきた(写真3-1)。建物の屋根や外装，内装のすべてを"舐める"ように剥ぎ取る解体作業は，廃棄材の山を築く取り壊し作業に比べたら数倍の手間・時間が掛かる面倒な工法だが，新築を許可しない土地利用法(Zoning)の抜け穴的手法であり，新たに建築許可を取得する面倒を嫌うなどの事情からもポピュラーである(写真3-2)。

　アメリカは，消費大国のイメージとは裏腹に，建物を簡単に取り壊したりさせない気風がある。取り壊し予定の家を買い取り，トレーラーに乗せて他所の土地に搬送して再び使用するムービング・ホームは400年以上前から欧米に見られる伝統的なサバイバルであり，テキサスだけでも1996(平成8)年から1998(平成10)年の間に3,400件の事例が記録されている。日本の家は30〜40年サイクルで"スクラップ＆ビルド"を繰り返すが，アメリカの家は住み手の方が頻繁に交代するから既存(中古)住宅の取引は活発であり，サスティナビリティも高い。ちなみに日本の家の平均寿命は30年，アメリカが103年，イギリスにおいては141年とする資料もある。住まいに対する"満足度"にしても，アメリカの方が日本よりも高いのは"住み替え"が頻繁だからである。住宅寿命の格差は構造上の問題ではない。精緻さや耐久性の比較ならば，日本の家は他国にまったく遜

色はない。アメリカの場合，流入人口の膨張が旺盛な住宅需要をもたらし，加えて貧富・階層の落差が住宅のサスティナビリティを支えている。今一つ，彼らの古いモノを使い続けるエコロジカルなライフスタイルも既存住宅の安易な取り壊しを阻んでいる。

　アメリカに惹起したサブプライム・ローン禍は，アメリカ社会特有の背景から起こるべくして起きた金融システムの破綻である。クレジットカードの取引履歴を唯一の与信とするFICO（Fair Isaac Corporation）スコアが，低所得層の住宅ローンを金利の高いサブプライム・ローンに限定しているからだ。サブプライム・ローンは当初の返済はインタレスト・オンリーだが，数年もすると元利返済に転じることから，たちまち滞納に陥ってしまう。いざ債権回収の段になると，実質的なノンリコース・ローンなみの処理であり，直ちに立ち退きを迫り不動産業者に転売を急がせる。そうしたリスキーなローンも組み込まれた玉石混淆の金融商品を世界中の機関投資家が購入していたから，金融パニックは野火の如く広汎に及んだ。アメリカは言わずもがな日本でも，住宅市場の景況が内需の鍵を握っている。日本は成熟社会にも拘らず，相変わらず新築市場である。だから既存の住宅寿命は短命であり，日本人の長命化とのギャップが高齢期の暮らしに禍根を残す問題となっている。

▼適正技術×適正規模 ⇒ [サスティナビリティ]

　近年の日本の消費文化は"使い捨て文化"である。戦前の日本には，中古の生活用品を商う古物商や骨董商が多く存在していた。その当時，引越しする際には，近所の古物商を呼んで，家具や生活用品を査定させて売却処分し家財道具を軽減した。また引越し先でも，古物商を探して必要な生活用品・家具を購入した。つまり家財道具は，買ったり売ったりしながら何度でも使用するのが当たり前であった。古い衣類を売買する古着屋もよく利用されていた。衣類から貴金属，生活用品までを担保（質草）に小口の資金融資を業とした質屋も，庶民の家計に循環性をもたらす重要な役割を担っていた。しかし最近では，使わなくなった生活用品はゴミとして廃棄処分する生活スタイルがすっかり定着して

写真 3-1　サンフランシスコの既存住宅解体現場(既存建物の一部〔1/3〕を残した現場
出所：筆者撮影。

写真 3-2　完成間近の大規模改造工事現場(1年後に大規模修繕が終わった現場)
出所：筆者撮影。

いて，廃棄物を処分する行政の体制も分別(資源・埋立・焼却)廃棄を推進させている。生活関連商品を，インターネット上で取引(交換・売買)する層は確実に増えてきていて，そのバーチャルマーケットの進化は日進月歩の勢いである。

　こうした消費傾向の変化は何が原因なのであろう。一言で語り切ることは難しいが，古いモノを修理したりするよりも，むしろ新しいモノを買った方が，費用負担も軽いし，迅速で容易，といった環境(市場)に変わってきていること

第3章 バリアブルな「住まい」

長命化するヒトと短命なイエのサイクルミスマッチ

| ヒト・長命化・0～90歳 |
| イエ・短　命・30～40年 |

ヒトとイエのサイクルギャップの調整
・イエ（居住環境）の交換（住み替え）
・イエの長命化（サスティナビリティ）

・生活利便性の重視　　・居住空間の安全性
・移動機能の多様性　　・生活サービスの多様性

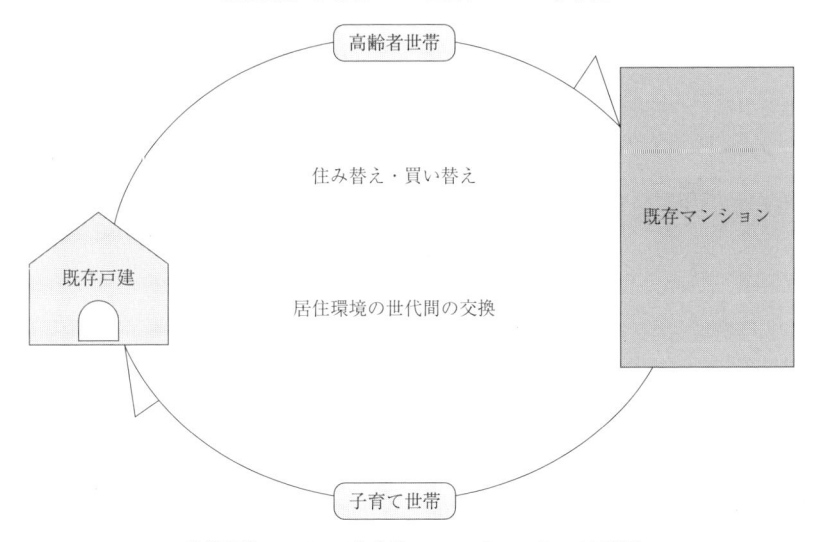

高齢者世帯

既存戸建　　住み替え・買い替え　　既存マンション

居住環境の世代間の交換

子育て世帯

・生活空間のスペース的余裕　　・コミュニティの同質性
・教育施設とのアクセス　　　　・居住空間の独立性の確保

リバースモーゲージの坂本的見直し
・住み替え・買い替えの支援
・介護同居の支援

図3-4　ヒトとイエのサイクルギャップの調整
出所：住宅資産研究所作成。

は確かである。そうしたショートサイクルの消費性向を確信しているメーカーは，"一回限り"の使い捨てグッズを，大量生産し大量販売の商法に転じているから，価格競争で勝負することになる。さらに生産技術の向上・革新や資材の多様化の奏功もあって，市場は既存のモノの「修理」や「改良」などよりも新品へ

の「買い替え」を選好する方向に転じてきている。この消費性向は、そのまま住宅市場にも敷衍して、いわゆる"スクラップ・アンド・ビルド"が大勢となってきている。こうした風潮は、住宅の平均寿命(建て替えまでの年数)を短期的なものにし、修理修繕の意欲を低下させ、一代限りの財産となってしまう。もちろん、数代に及んで引き継がれている家屋敷は少なからず存在するのだが、建売住宅などの区画の狭い住宅の場合は、築後40年前後で建物の価値は限りなくゼロ評価となっていく。日本の平均的住宅(木造戸建)が、欧米に比べると半分以下の40年程度で建て替えられる背景には、大量生産、大量消費、大量廃棄の使い捨て消費性向も無関係ではないはずである。しかし、さらに明確な理由に思い当たる。生涯所得、家族構成、雇用年数、年金制度、住宅税制、経済動向、最近では長命化もその要素に加わっている。これらの要素が、個々人の生体的条件や人間関係、住む場所の地域性(生活様式、気候風土、人間性)などと連環しながら、建て替え・住み替えを決断するのである。こうした要素や条件からすれば、この先はさらにサイクルは短くなる傾向も想定される。なぜならば、これまで以上に「移動性好」が強まってくると予想されるからである。その「移動性好が高まる」ことの動因は、日本人の「長命化」にある。生活する場所を替える背景には、生存権的必要性があるからである。建て替えサイクルを40年と設定して、まず「適正な規模」を設定し、それに「最小限度必要な資材と技術」を想定する方法で「住まい(イエ)」を検討するならば、経済的負担(投資)と成果(クオリティ)は好バランスであり、したがってその持続可能性(サスティナビリティ)もリーズナブルと結論できる。

　東日本大震災後、木造家屋の耐震診断の申し込みが各県とも急増した。愛知県における耐震改修が震災の前年では758件であったのが、震災の2011(平成23)年は約3,000件に達している。各自治体は、耐震性能の無料診断の他に改修費の一部も助成(助成額おおむね30万～100万円)している。助成制度は、阪神・淡路大震災で死者の8割が建物倒壊による圧死であった点や、建築基準法上の耐震基準が引き上げられた1981(昭和56)年6月以前に建築された木造家屋に倒壊が集中していた点などから、国・自治体が設けている。愛知県は、2007(平成19)

年に，65歳以上の高齢者を対象に「耐震改修を拒む理由」について調査した。その結果，「費用が負担できない」(43％)，次いで「改修効果が不安」(37.4％)，「高齢で長い間住めないからもったいない」(30.2％)などが主な理由であることが判明した。高齢者の単独世帯には，現在住んでいる住まい(持家)に多額な改修費用を投じる取り組みには消極的である。高

写真3-3　防災ベッド
出所：Websiteより。

齢者の場合は，現役世代や子供との同居世帯と事情が違って，その住宅に住み続ける年数は決して長くない点，また耐震性能の補強の対費用効果，などを勘案するからである。

　高齢者の住宅の場合は，耐震性を補強する方法として，(1)建物規模をスケールダウン(減築)する，(2)屋根材を軽量化する，(3)起居している部屋(スペース)のシェルター化，などの方法を検討するのが，対費用効果が適切なものになる。欲を言えば，「起居するスペースのコンパクト化」であり，「パニック・シェルター化」とすれば，圧死も回避できるし，避難が遅れても大事に至らないで済む公算は高まる。この種の防災関連の商品開発は，静岡県内の民間業者が熱心に取り組んでいる。静岡県では，資金面等から，住宅の耐震補強工事が困難な世帯や寝たきりの高齢者らを対象にした「防災ベッド」を民間企業と共同開発した(写真3-3)。この防災ベッドならば，1階で就寝中に地震に襲われて住宅が倒壊したとしても安全な空間が確保できるから安心であり，ベッドの下部は木製，防護フレームは銅製で製作してあることから，一般的なサイズ(適正規模)で，工場生産したパイプ・フレームをベッドに取り付けた(適正技術)だけで完成されている点でリーズナブルな商品である。

　スミス，シンシア(Smith, Cinthia)は，著書の中で，「世界の90％が貧困であえぐ。その90％を支えるのに必要なものは適正規模の技術(appropriative technology)であり，シンプルで低価格，生産・販売が容易で，差し迫ったニー

ズを満たすに足りる技術である」と諭している。またコール，レオポルド(Kohr, Leopold)は，著書の中で"スモール・イズ・ベスト"と説き，「身の丈に合った規模が適正であり，過剰な消費や供給は不経済で環境破壊にもつながる」とも諌めている。イエは，シンプルなデザインでアフォーダブルがいい。電気や石油が滞っても平気なイエがいい。ことさらに節電，節水，省エネなどと唱えなくても季節の巡りとシンクロナイズしながらスローに暮らせるイエがいい。

　福島原発事故による電力不足は，足を奪い，生活機能の大半を停滞させてしまう。インフラ全体が，種類や利便性が高まってきた分，複雑化して脆弱になっている。

▼木造和風住宅のサスティナビリティ

　ブラウン，アズビー(Brown, Azby)は，日本の小住宅(Very Small Home)が魅力的であるとして，その理由を，創造性や芸術性，そして何よりも合理性にあると明言している。ブラウンは，日本住宅のなかでも，"好もしい小住宅(Well-designed small house)"とは，住み手のライフスタイルを深慮して形象化されたものであって，必ずしも金銭的事情や低次元な理由によるものではないとし，その証拠として，ほとんどの建築家たちが，その地位や立場に拘わらず，小住宅を建築することに喜びを感じながら取り組んでいる姿勢を挙げている。また同氏は，「日本式ハウスの進むべき方向性」として，「良い住まい」とはすなわち「良い環境」であり，「廃棄物発生の削減」，「電力供給網からの脱出」，「環境に優しく計画されたコミュニティ」などを挙げている。これらの方向性は，筆者の「25年住宅」構想のコンセプトであるアフォーダブル性や低エネルギー性などと通底するものである。

　日本の伝統的木造家屋の，構造上のサスティナビリティの高さには驚くばかりである。そのテクノロジーの根源は，数百年を経過してもなお，優美さ(芸術性)と堅固さ(技術性)を見せつけている城郭に結集されている古人先人たちの知恵にある。日本家屋のサスティナビリティの要因とすれば，全国共通のモデュール(標準寸法)と，組立・解体が容易である接合部(仕口・継目)，そして構法

の標準化によるものであり，材料が強度を失わない限り何度でも再利用が可能な点である。日本の伝統的な木造家屋の間仕切りに使う障子や襖などの建具類は，住み手が自分で簡単に張り替えできるような構造であり，他の住宅への再利用にも全く問題がない。

　構造材や造作材(仕上)の部材にしても，再利用性能はきわめて高く，尺貫法に基づいた設計の住宅の場合は，次の住宅の部材として，そのまま使うことができる。しかし関東と関西では，関東間(江戸間)，京間(本間)として，寸法上の多少の相違がある。電気の周波数(ヘルツ)でも，関東と関西では異なっているのだが，何か生活文化や企業文化に地域差があるようである。

　住宅の主要な構造材(土台・大引・柱・梁・桁・筋違・母屋)や下地材(根太・垂木・床板・野地板・大貫，他)，開口部(敷居・鴨居・窓枠)化粧材(長押・回縁，他)などの部材は釘を丁寧に抜くことで破損することなく解体できるような接合である。建具(障子・襖・雨戸・網戸・引戸)類も，すべて他の建物に再利用できる構造と寸法で造られている。しかし残念ながら，私の知る限りにおいては，木造住宅の場合は，築後40年前後で，老朽化の如何にかかわらず解体作業ではなくて，大型機械ですべて取り壊されて廃棄物として処理されるケースがほとんどである。"スクラップ＆ビルド"が繰り返されていることは紛れもない実態である。

　しかし老朽化した住宅でも，専門家が調査して，再利用できる部材は廃棄しないような取り組みが必要である。一度，加工して取り付けて使用した部材は，解体して再利用する場合は，接合部の再加工から寸法や断面が少なくなる可能性があるが，工夫しながら次の住宅に活かすことは不可能ではない。またこうした取り組みには余計な費用が必要となる場合もあるだけに，環境保護の視座からの政策的支援が欲しいところである。

　日本の住宅が軸組(コラム)構法とすれば，アメリカの木造住宅は枠組壁(パネル)構法と言われるツー・バイ・フォー(2×4)であるから，接合部は釘打ちで固められている。したがってその解体は難しく，再利用度は日本家屋に比べたら極端に劣位である。そこでアメリカの場合は，既存の住宅を基礎から切り離して，大型トレーラーにそのまま載せて別の場所に運ぶムービング・ホームは

伝統的であり，現在も専門業者の手によって，毎年，相当件数が行われている。日本では，アメリカのムービング・ホームのような移動は一般的ではない。日本の建物は，遠距離を搬送するには不向きな架構方式だからである。また土地・道路の広さなどの相違もある。日本で建物を移動する場合は，「曳き家」と言われる工法が伝統的であるが，そのほとんどが近距離(同一敷地内)の移動であって，一般的ではない。

　最近では，日本全国，どこの土地に行っても同じタイプの住宅地があり，同じタイプのイエが建ち並んでいる。沖縄でも，本土と同じようなイエが増えてきている。こうした居住スタイルの平準化には理由がある。国土の島嶼性からくる平坦地の狭小性，交通インフラの発達によるヒト・モノ・カネ・情報の移動・伝搬の高速性と平板性，中央集権体制による政策の全国一律性等々が，居住スタイルから地方・地域性を喪失させている。だから，沿岸部と山間地との土地・地形の相違が，住宅のデザインにも，ほとんど表れていない。生活レベルのフラット化とも理解することはできるかもしれないが，その土地・地域特有の自然環境条件(風土)を無視した家造りが当たり前になっている，地域の風土を味わい，共生する感性が失われているとも考えられる。省エネルギー化を掲げてからは，建物の断熱効率の優劣ばかりが取り上げられて，地域の地形や土質，風向や日照，また気候の特徴などに対する配慮・工夫が必要とされなくなってきている。断熱効果だけを考えたら，アイスボックス状の住宅であり，寒冷地も亜熱帯地でも室内は空調設備のおかげで気にならない。空調設備の動力は大概が電力に依存している。予備電源を持たない一般住宅の場合は，災害時の停電で簡単に居住空間は悪化する。マンションでも，移動の手段であったエレベーターも止まり，水道も止まるから，生活環境としての機能は大幅に損なわれる。暮らしにも，温故知新の取り組みが必要な社会になってきている。くしくも今，自動車産業に車種を越えた構造・部品の共通化の波が起きている。世界の自動車大手が全車種を対象に車台(プラットホーム)の共通化を推し進めようとしている。1車台当たりの生産規模を拡大して開発・生産コストを削減しようとする取り組みであり，世界的に激化している価格競争に対する戦略とし

て注目を集めている。日本の伝統的な木造住宅に使わせてきている標準寸法（モデュール）は，近年日著しい本人の体形や生活スタイルの変化などから，次第に変化が見える。住宅市場にもグローバル化の席巻から，欧米の住宅商品の輸入や住宅構法の導入なども日本の住宅モデルを多様化させている点も関係している。日本の住宅価格を国際水準(所得倍率比較)にまで引き下げるためには，自動車産業に起きている「生産コストの削減」が必要であり，部材・建材や構法の共通化・汎用化が有効な対応である。

▼「エコロジカル・ハウス」のすすめ

アメリカでベストセラーとなった"The Not So Big House"の著者のスサンカ，サラ(Susanka, Sara)は，"大きくない家"の魅力を，次のように語っている。「天井にしても，必要以上に高くすることはない，スペースも必要な広さだけあれば，あとは余計である。広すぎる空間には，充足感が感じられない(Too much space, too little substance)。小さな家でも，空間的な広がり(spacious)や，家の外とのつながり(expansive)が感じられるデザインがいい」。

またスサンカは著書の中で，人々に，これまでのシンボリックなアメリカンホームについて，新しい視線を当てることを勧めている。"大きくない家"の，量感(quantity)ではなくて，むしろ質感を(quality)より大切にするコンセプトについて，具体的な事例を示しながら説明している。彼女のいう"大きくない家(Not Big So House)"は，ハイレベルなディテールや，現代のライフスタイルにマッチしたフロアー・デザインで以って，空間の中の家具，床と壁，窓と天井，これらのバランスがさりげなく自然であり，心地よい居住空間を体現してくれるのだと。スサンカの説く居住空間は，後述している"大きいだけで虚構の家"とも評すべきマクマンション(Mcmansion)の対極にある。

スサンカの"大きくない家"のコンセプトは，実は日本の伝統的な和風住宅にも通底するものである。ただ，日本における「西欧化」は旺盛で，強欲であり，教育から暮らし方まで，自らの伝統を陳腐だと嗤い，西洋文化をハイカラだとかスマートと称賛して，貪欲とも言えるほど積極的に取り込んできた。和風住

宅の佇まいは街並みから，いつしかその姿を消している。時々，観光客目当ての重要伝統的建造物文群保存地区を歩いたりするが，その希少価値だけが珍重されている浅薄な印象が拭えない。日本の各地に根づいてきた伝統的な居住文化は衰退の一途を辿ってきている。その理由をいくつか挙げることができるが，中でも日本の風土のかかわりについて初等教育の段階から学ぶ機会を奪われてきたことに因るところが大きい。

　日本は，福島原子力発電所の津波による事故発生によって，再び，低エネルギー時代に引き戻されようとしている。これまでの，放埒で使い放題の電化生活や使い捨て消費社会にも，ようやく終焉がみえてきたのである。少子化と高齢化の社会と，さらに低エネルギー社会ともなれば住宅の"スクラップ＆ビルド"の風潮にも歯止めがかかるかもしれない。既存住宅の再利用やアフォーダブル・ハウス（エコロジカル・ハウス）などの推進が，政府の住宅政策に組み込まれていないことが一番の問題である。

　和辻哲郎は，土地の気候，気象，地質，地味，地形，景観などを「風土」と総称して捕捉し，ヒトとの関係においては，「自然」としてではなくて「風土」として考察するべきだと諭している。また日本人の場合は，「家」は，単なる「住居」ではなくて，家族の全体性を意味してきたと論じている。しかし戦後，「家」を柱にして結束してきた家族の関係がぜい弱になり，次第に「核家族化」に動いた。その核家族化と，風土と産業の結びつきにおける変化との関係には因果関係が明らかである。一次産業の衰退と核家族化とは，時期的にも連関性が認められるからである。こうなると，家族の象徴的拠点であった「家」も，単なる「イエ（住居）」に替わってくる。

　交通インフラの高密度・高速化と情報技術の発達から，生活の平準化が急速に各地に及んで，その土地の風土に配慮したイエにこだわる必要性も希薄になった。その結果，断熱性能に優れた電化住宅が普及し，時の政府も支援することになった。こうして風土順応型システムの和風住宅は，いつしか外観を留めるだけの形骸といった存在になっている。

　しかし，最近は日本でもグリーン・ハウスとかいった自然エネルギー・資源

(太陽光・風・雨水)を居住環境の中に取り込んで利用しようとする温故知新の試みも始まっている。高齢者夫婦や単身者が住むならば，スモールで，アフォーダブルなイエのほうが，物心ともに負担も軽いし，便利で快適である。この種のモデルを，筆者は「エコロジカル・ハウス」と称して推奨している。

▼「25年住宅」の構想

「40年住宅」ではなくて，「25年住宅」の基本的なコンセプトは，「25年間を，快適に，健康的で安全・安心して住み続けられる小住宅」である。さらに極言すると，「25年間を持ち堪えるのに，過不足のない構造・デザインであり，性能・機能が備わっているイエ」と定義づけできる。環境負荷の軽いイエ，経済的負担が軽いイエ，となれば，建設原価が低い，ランニングコストも低いイエ，ということに落ち着く。要するに，「25年住宅」は，「低コスト・低エネルギー住宅」であり，「好環境性住宅」なのである。

欧米では，こうしたコンセプトは伝統的であって，イギリスならば，「ロー・コスト・ホーム(Low Cost Home)」，アメリカでは，「グロウ・ホーム(Grow Home)」や「スモール・ハウス(Small House)」，オーストラリアでも，「スマート・ホーム(Smart Home)」などがある。各国のネーミングはともかくコンセプトは「低エネルギー・好環境性」であり，その形象が「ロハス(LOHAS)」である。ロハス(Lifestyles of Health and Sustainability)とは，ヒトの健康と環境，次世代に引き継ぐ持続可能な社会生活を意識した暮らし方であり，90年代後半にアメリカ中西部に誕生した。

写真3－4は，かつてのTV番組「北の国から」で使われたセットである。「25年住宅」と同じコンセプトのエコロジカルで低エネルギー性の小住宅である。

以上のようなコンセプトを形象する住宅は，一般的な住宅とは一線を画したデザインであり，構造となる。建築部材・建材類は，有機的で，種類も少なく，建物の各所に共用する。2×4工法は25年住宅向きである。電気設備や給排水衛生設備でも，オーソドックスで機能重視の機器を使う。配線・配管は露出方式でメンテナンスを容易にする。天窓も多用して照明の数を少なくする。室内

写真3-4　富良野の家

出所：筆者撮影。

写真3-5　北米の小住宅

出所：筆者撮影。

第3章　バリアブルな「住まい」

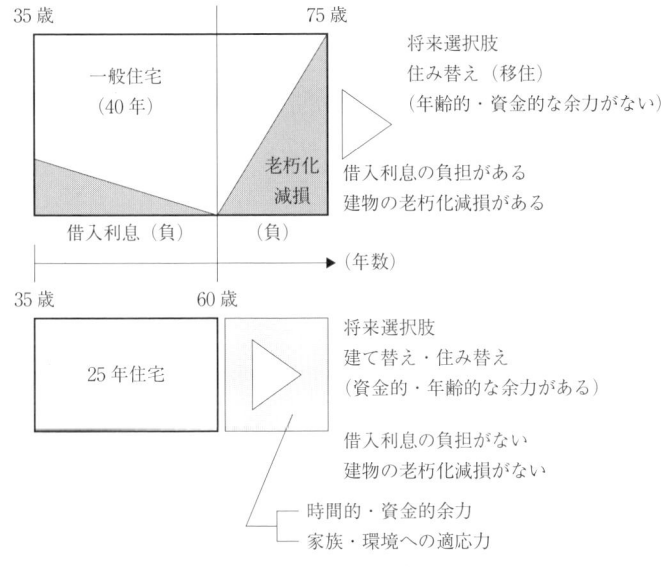

```
    35歳              75歳
    ┌──────────────┐      将来選択肢
    │              │△     住み替え（移住）
    │   一般住宅   │      （年齢的・資金的な余力がない）
    │   （40年）   │老朽化
    │              │減損
    ├──────────────┤      借入利息の負担がある
    │▽            │(負)   建物の老朽化減損がある
    ├──────────────┤
    借入利息（負）  (負)
                      ▶（年数）

    35歳      60歳
    ┌──────────┐          将来選択肢
    │          │▷         建て替え・住み替え
    │ 25年住宅 │          （資金的・年齢的な余力がある）
    │          │
    └──────────┘          借入利息の負担がない
                          建物の老朽化減損がない

                        ┐時間的・資金的余力
                        ┘家族・環境への適応力
```

図3-5　「**25年住宅**」の余力
出所：住宅資産研究所作成。

の空気調整は，通風や上下の対流，昼夜の温度格差による自然換気を利用する。間仕切壁も極力少なめにする。できたら，北米の小住宅のように半地下の高床式で通気性を高めながら，地下部分は収納スペースに使う(写真3-5参照)。また住宅の総重量は軽い方がいい。耐震性も向上するし基礎への荷重も少ない。また，将来，都合で敷地内の移動(曳き家)も想定しておく必要もある。敷地については，住宅資金が軽費である分，その余裕の資金を土地代に回して空間的な余裕はぜひ確保したい。低エネルギー性能を維持するためにも，敷地内の空間的余裕は必要だからである。退職後の家計のセーフティネットとして，住宅に様々な変更(バリエーション)を加えられる可能性を保持しておくためである。

わざわざ「25年住宅」と銘打っているのには，理由がある。例えば，25年間住み続けられるイエならば，35歳から住み始めて25年住むと60歳，次の25年後のライフプランを考える楽しみも味わえる。また，お手軽で手の届く(アフォーダブル)価格のイエだから，その頃までにはローンも完済しているはずであり，

"終の棲家"を用意するにしても資金面での負担感がない(図3-5参照)。

　図3-5は，一般住宅(社会的寿命40年)と，「25年住宅」の対比である。一般住宅を考えるとき，住宅ローン(25年)の返済が終わる頃になると，水回りを始めとして修理修繕が必要になってくるし，市場価格は限りなくゼロに近づく。片や，「25年住宅」の場合は，当初から築後25年辺りで建て替えを想定した，いわゆる「アフォーダブル住宅」である。この両者が，35歳で住宅を取得した場合，前者では75歳，後者は60歳で建て替えか住み替えの時期を迎える。75歳では，子供と同居していない単独夫婦の世帯では，新たに建て替えすることは，資金的にも，年齢的(高齢)にも困難であり，サービス付き住宅や有料老人ホームなど，あるいは生活に便利なマンションに住み替え(移住)るなど，将来的な選択肢は限定的である。「25年住宅」の場合は，60歳で建て替えの時期を迎える。資金的にも，体力的にも，余裕(余力)があるから将来的な選択肢も豊富である。また家族の変化や環境の変化に対して，時間的適応性，資金的適応性，精神的・身体的適応性などの面で，75歳よりも60歳の方が余力を持っている。また「25年住宅」の場合，適正規模と適正技術に基づいた合理的なアフォーダブル住宅であるから，サスティナブルであり，住宅価格も手頃であり，したがって借入も少ないし，修理修繕費も相対的には少ない，などの利点がある。何よりも，アフォーダブルな「25年住宅」の場合，住宅ローンの返済と子弟の教育関連の出費が重ならないライフプランであるから，日常生活に時間的な余裕や精神的なゆとりなども享受できる。

　日本では，住宅の建て替えサイクルを25～30年程度と設定して住宅を取得(建てる・購入する)方が，ライフプランや資金計画も分かりやすい。「25年住宅」の場合は，築後，25年経過した時点で，原則，解体処分を想定している。25年後には，パーツ・部材ごとに解体するのか，破壊して廃棄材にするのか，である。「25年住宅」の主要構造部は，可能な限り，"再利用できるような解体"を心掛ける。また次の住宅にも流用できるし，廃棄されないから環境負荷を軽減する効果もある。要するに，「25年住宅」は「更地」にするのも容易であり，だから売却処分も早いモデルである。

第3章 バリアブルな「住まい」

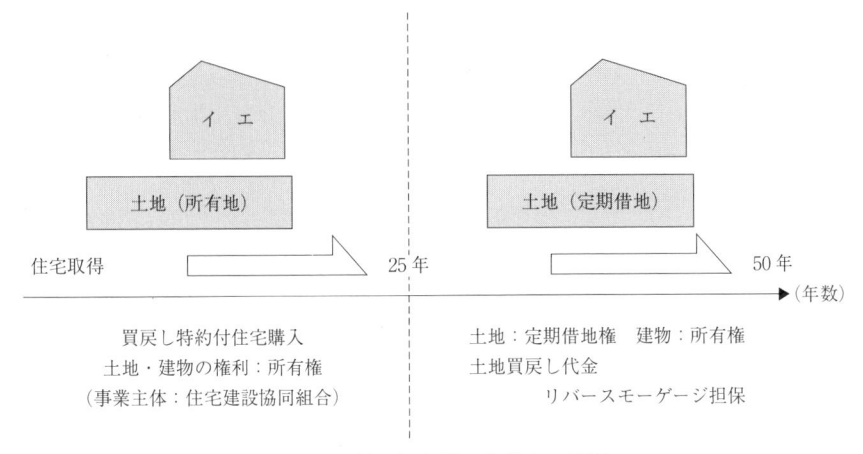

```
                イエ                      イエ
         土地（所有地）            土地（定期借地）
住宅取得 ─────────→ 25年 ─────────→ 50年
                                                    (年数)
    買戻し特約付住宅購入        土地：定期借地権　建物：所有権
    土地・建物の権利：所有権    土地買戻し代金
    （事業主体：住宅建設協同組合） リバースモーゲージ担保
```

図3-6　協同組合型25年住宅の構想

出所：住宅資産研究所作成。

　また，そのまま，住み続けようと考える場合は，耐震性能や防火性能など安全性能について再確認する。また別の場所に移築する場合は，解体部材について，改めて構造上の安全性(強度・耐久性・防火性等)を確認し，また現行基準に適合させるべく必要な措置(補強やリニューアル)を講じ，デザインの再検討などを経て，改めて構外再築として建築確認申請手続きを踏み，再築することになる。

▼「協同組合型25年住宅」の構想

　筆者が，本書で推奨する「協同組合型25年住宅」構想とは，住宅取得から25年経過した時点で，住宅の敷地部分(土地)を，売主(組合)が所有者から買い戻し，以降は定期借地権付きの住宅と変更するシステムである(図3-6参照))。住宅の所有者は，その買い戻し金を担保にしたリバースモーゲージ・プランの利用も選択肢となる居住福祉型の住宅となる。事業主体を住宅建設協同組合とし，住宅購入者は原則，組合員となり，その運営や管理にもかかわっていく点も，この構想の特徴である。住宅取得者(居住者)が，転居する場合は賃貸物件として，組合に斡旋を依頼することも，売却することも可能であるが，購入時の契約内

容は継承されることになる。もちろん，25年買い戻し特約を付けないで，一般的な住宅売買契約の選択も可能とする。

　日本の，短命と言われている住宅寿命の背景を探るとき，南北に細長く伸びた日本列島固有の島嶼性に思いあたる。また夏冬の気温較差や多湿な気候条件，火山・地震などの地理地形条件，また農林漁業の特性などから，「短小性」や「短期性」，また「周期性」に気付く。さらに日本の歴史的な展開や経済発展の経緯，また政治の世界にまで共通している，「性急さ」と，つくっては毀す「スクラップ＆ビルド」の気風が，実は伝統的であることにも気づく。クルマから始まり，デジカメや携帯電話などに至るまで，短いサイクルでモデルチェンジが繰り返されてきている日本の"使い放題・使い捨て"の消費文化は，日本人の気短な気質と無関係ではない。

　日本の平均的住宅の区画(敷地)を狭くしているのは，やはり四方を海に囲まれている細長い国土(島嶼性)であり，その中央を背骨状に貫いている山脈がさらに平坦地を狭小にしている。また高速道路や新幹線など高速性の交通インフラが列島の両端を結んでいるから，ヒト・モノ・情報の移動・伝搬性はきわめて優れている。だから新しいモノ・コトが流行するのも速いが，衰退するのも一瞬であり，そこにタイムラグがない。こうしたスピード感が，生活のテンポや消費のサイクルを確実に短くさせている。こうした傾向は，「住文化」にも及んでいる。

　欧米社会と比較した場合，日本の住宅の使用年数(社会的寿命)はきわめて短い。この理由については，これまでも議論が重ねられてきているが，一向に改善の兆しが見えてこない。日本は，国土の広さや形状，また火山や地震発生の有無などの相違，移民の有無など国の成り立ちの相違，宗教観や歴史観，また国民性(島国根性)の相違，産業経済の相違，教育や生活文化の相違等々において，欧米とは明確に異なっているからであろう。だから日本の木造戸建住宅の平均寿命が40年前後であることは，自然・社会環境に適合した結果とも考えられる。とすると，40年を80年に引き延ばすことは容易ではない。むしろ，最初から「25年寿命の小住宅」を検討した方がムリもないし，ムダもない。

筆者が語る「25年住宅」とは，日本の木造住宅のあらかたが，築後25年前後から大規模なリフォームを施している実情から導かれている。住んでいる途中で大規模なリフォームをするならば，その際，高齢期の"終の棲家"も視野に入れながら，建て替え(住み替えも)を検討する方が理に叶っているからである。「25年住宅」の最大のメリットは，その「軽費性」にある。東日本大震災でも明らかだが，流失・倒壊住宅のローン残債が被災者の生活再建を難しくしている。家計の過重な住宅費の負担が日本の社会経済の足枷となっている事態を等閑視できない。

「定期借地権付き住宅」を考える時，通常50年間の借地期間が半分の25年となり，貸し手側にも好都合になる。50年であると，世代を跨ぐことになるからである。退職を数年先に控えた頃，借地に「25年住宅」を建てるとすれば80歳前後で明渡しの時期を迎える。夫婦だけならば，ケアサービス付きの高齢者住宅への住み替えを検討したりする。その場合は，「25年住宅」の借地契約の保証金が戻れば，次の住み替え資金に充当できる。いずれにしても，「25年住宅」は，軽費で，手放れがよくて，"日本人向き"である。政府にも，「100年住宅」を推奨するように，「25年住宅」の経済的合理性や低エネルギー性を評価する視点を持ってほしい。「25年住宅」については賛否両論があろうが，"ヒトは，生涯で，三度，住み替える"とするならば，検討に値する選択肢にはなるだろう。

▼「スモール・エネルギー・ハウス(SEH)」

東日本大震災が契機となって，住宅産業と異業種との界壁は外れ，住宅産業のフラット化が奔流となっていく。その牽引力となるのは，生命・財産の安全性やサスティナビリティに対する国民的意識の変化である。福島第一原発事故は，原子力発電が両刃の剣であることを体感させ，電力供給基盤の危うさを震撼させるものとなった。「オール電化住宅」を政策支援してきた日本が，一時的にしても電力パニックに陥ったことは現実である。住宅産業が受けた衝撃は大きく，住宅地の安全性の見直しや住宅の省エネ対応を進める必要に迫られ，商品開発から販売まで根本的な変革に追い込まれている。中高層マンションのデ

ベロッパーは，緊急時のエレベーターや設備関係の非常用電源を自家発電で賄うシステムや非常用ストック（飲料水・食料・薬品など）などが付加価値となることも震災体験から学んだ。また住宅メーカーは効率的な電力消費をコントロールするシステムを備えた「スマート・ハウス」に活路を求めて，節電・省エネルギー時代を乗り切ろうとしている。しかし「スマート・ハウス」のシステム開発には，高度な環境関連技術が必要であり，「省エネ」と「創エネ」のハイブリッド性能の技術開発も求められている。こうした消費者ニーズの高次元化は，住宅産業に異業種の参入を誘う動因となっている。

　2011年（平成23）年8月に，家電量販店最大手のヤマダ電機が，中堅住宅メーカーのエス・バイ・エル（大阪市・荒川俊治社長）を買収して子会社化すると発表した。ヤマダ電機は，全国の店舗を軸にしながら太陽光発電装置や蓄電池などの設備・電気機器を住宅商品に織り込んで，効率的な電力消費を実現する「スマート・ハウス」事業への参戦を決断した。同業大手のエディオンも，「スマート・ハウス」をイメージした住宅セットを広島市内で展示している。ヤマダ電機やエディオンの参戦はいわば氷山の一角に過ぎない。

　自動車産業も「電気自動車」の商品化をテコにして，住宅産業への接近を一気に加速させている。家庭用コンセントから充電できる電気自動車が，緊急時には非常用電源ともなるハイブリッド機能を装備することで，クルマとイエの一元化が体現できる。ホンダは，創エネ技術と電動車両を組み合わせた「家産家消」の「スマート・ホーム」を商品化して2015（平成27）年には発売を予定している。すでに1975（昭和50）年から住宅産業に参入しているトヨタの場合は，長寿命と省エネ・創エネの「エコ住宅」を，現在，販売中である。

　大震災後，急速に高まっている節電意識を追い風にして，省エネルギー商品の開発競争は堰を切ったように始まる。しかし省エネルギー社会の救世主的商品である「スマート・ハウス」は，まず初めに「電気ありき」であり，実は「オール電化住宅」の省エネ・モデルに過ぎない。そこで筆者は，低エネルギー時代には，必要最小限度の電力で快適な居住空間を維持できる，省エネではなくて，軽エネルギー性能に優れた「スモール・エネルギー・ハウス(6)(Small Energy House

: SEH)」を推奨したい。SEH の実現に必要な知恵や技術は，日本ではすでに以前から活用されているもので十分である。ただ企業の立場にしてみれば，「適正規模・適正技術」の商品開発だけでは国際競争力の増強は見込めない点と，国策的な経済成長戦略も追い風となって，高度な技術と高エネルギー性能の商品開発の途を歩んできた節がある。一方，着実に長命化しているヒトも，日常生活上欠かせない移動能力を高齢期に維持継続させることが難しくなってくる。しかし核家族化もあって，自立的な移動能力の補強と確保は生存権的な生活ニーズとなりつつある。そうした背景から，全国の36都道府県知事がつくる「高齢者にやさしい自動車開発推進知事連合(会長・小川洋福岡県知事)」は，高齢者用に事故防止や運転補助機能を備えた2人乗りの小型車の実証実験を，2011 (平成23)年秋，福岡で実施した。同連合は，高齢者向けの，軽自動車より小さい小型車の実用化に向けた規格の創設と商品開発を，国とメーカーに求めていく。ちなみに，警視庁は2012 (平成24)年度から福祉車両の規制を緩和する方針である。

　こうした動きは，長期化する高齢期の自立生活(ノーマライゼーション)を支えるリハビリテーションの中にクルマを組み込もうとする試みである。クルマのオート・ドライブ・システム化が進めば，社会的弱者の移動能力も格段に増強される。既に電気自動車ならば，排気ガスの心配がないからイエの内から乗り降りできる。イエとクルマは，その軽エネルギー性能を追求していくと一元化する，一体化することも視野の端に入ってくる，そのための法体系の抜本的見直しも追随するはずである。

　写真3-6は，北海道富良野に展示されているTVドラマ「北の国から」用のセットだが，イエの中央にバス(廃車)が組み込まれていて，まさにクルマとイエが一体化されたデザインのイエである。

　近い将来，エネルギー資源にも多様化が進み，あらゆる物象にハイブリッド・システム化が普及して，社会や自然に負担の軽い再生エネルギー社会が始まる。住宅市場にも，エコロジカル・スタンダードが定着する。軽エネルギー社会ならば，地域の生活を護り，社会保障支出も節減する，新しい内需も生み

写真3-6　「北の国から」の五郎の家
出所：筆者撮影。

出して，好バランスの成熟社会に向かう。

▼アメリカの住宅市場の変化

　全米住宅建設業協会(NAHB)が2011(平成23)年春にまとめた予測によると，2015(平成27)年にアメリカで建設される戸建住宅の平均床面積は約200㎡と，10年に比べて1割程度縮小されるらしい。NAHBが，国際展示会の目玉として毎年公開する「ザ・ニュー・アメリカン・ホーム」は，消費者の嗜好やライフスタイルの変化を取り入れてデザインする超高級モデルハウスであり，いわばアメリカ人の理想的な「マイホーム」であるのだが，2012(平成24)年版では床面積が前年の半分以下であり，過去29年の歴史の中でも最小の部類となっている。こうした住宅市場の逆向きともいうべき風潮は，経済に宿った縮み志向に因るものなのか，全米の平均的世帯にも2.3人程度と家族規模の縮小傾向がみえている。したがって住宅の必要なスペースは縮小してきているのだが，その替わり家の中の生活を安全で快適に過ごすために，スペースのプログラミングが重要なカギとなってきている。

第3章　バリアブルな「住まい」

写真 3-7　Green House
出所：USA TODAY.

　世帯の家族構成は、折々に変化する。アメリカの場合も、夫婦と子供の3人家族が標準的モデル（traditional）であり、全体の25％相当になる。子供がいない夫婦、父子・母子家庭、独居者、そして他人同士によるシェアリング・ハウスといったイレギュラーなモデル（nontraditional）も増えてきている。また多世代で混住、あるいはパラサイト・シングルの同居、などといったバリエーションも多様化している。

　雇用環境にも変化がみえる。夫婦共働きの世帯数はほぼ半数に上り、女性の社会進出が加速されている。企業体制も全体的に縮小化が顕著であり、フレックスタイム、パートタイマー、在宅勤務などと、その勤務形態も多様化している。テクノロジーやコミュニケーションのイノベーションが進んで、一か所に集まって働く必要性も少なくなっている。したがってマイホームも働く場所の延長上に位置することになり、住宅の修理・修繕などに充てる時間が確実に減ってきている。

　こうした雇用環境の変化は、否応なく個人の暮らし方や価値観にも変化をもたらすことになる。これまで以上に、家族や友人知人などとの人間関係の緊密性や信頼性を重要視するようになる。こうした傾向は、ヒューマニックにデザ

インされた家庭環境(well-designed home environment)の醸し出す快適さや安全・安心感に向ける関心が高まることを示唆していて、アメリカの住宅市場に変化をもたらすシードとなる要素となる。

写真3-7は、アメリカのグリーン・ビルディング協議会(U.S .Building Council)と住宅建設業者団体(National Association of Home Building)から、省エネルギー性能を承認された小住宅(right-sized ,energy-efficient home)のグリーン・ハウスである。このグリーン・ハウスの持主は、それまで住んでいた郊外住宅地のマクマンション(McMansion)を売却して、別の場所に環境主義を形象した小規模な住宅を新築して住み替えている。

マクマンションは、1980年代初めの頃から、アメリカ各地の郊外住宅地に建てられるようになったアメリカンハウスの一つのモデルである。その"大きめな家"は、周囲を睥睨(へいげい)するような高さと大きさから、成金趣味風のデザインだとコミュニティから反感を買うことが少なくない。マクマンションは、軽佻浮薄で、品がなくて、ただ大きいだけ、近隣にすればコミュニティの品位を下げてしまう劣悪なデザイン、などとも酷評されている。その根拠として、チープな材料を使っていながら、外観は大きめの屋根を連ねた邸宅風のデザインであり、個性が乏しく、垢ぬけしない陳腐なデザインだとも言われている。

2006(平成18)年に入ると、住宅バブル期に粗製乱造されたマクマンションにも値崩れが始まり、売却するにも時間を要するように変わった。2008(平成20)年には、中産階級と言われる層が減少してきたし、また銀行の貸金回収のための競売物件も市場に大量に出回ってきた。マクマンションばかり建っているコミュニティでは、住宅ローンを返済できなくなったり、仕事を失って転居したりする住民が増えて、やがて半数近くの住宅が空き家になったりするコミュニティも珍しくなくなってきた。すると、その空き家を不法占拠するホームレスが集まってきたり、犯罪が急増したりしてコミュニティがスラム化(the new slums)の様相を呈している事例は少なくない。

写真3-8は、ダラス郊外のマクマンションの建ち並ぶコミュニティである。ハイウェイバスの車窓に忽然と表れたコミュニティに魅かれて訪れてみた。そ

第3章　バリアブルな「住まい」

写真3-8　マクマンション・コミュニティ
出所：筆者撮影。

の地域は近くにショッピング・モールや学校など，生活に必要なサービスを供給する施設がない地域であった。家の外を歩く人の姿もなく，ただ平均的な住宅よりも大きな住宅が建ち並んでいるだけ，といった不思議な光景であった。日本では，想像もつかない場所にあるコミュニティだが，広大なアメリカでは，こうした孤立状態のコミュニティは珍しくない。

　住宅販売業者は，マクマンションの購入者層として，"有名大学を卒業したキャリアで，移動性がある，しかし忙しくて時間がないから建売住宅で，売りたいときに直ぐに買い手がみつかる贅沢な家を求めている30〜40代の高給取り"を想定していた。このタイプの住宅は，あくまでもインテリア重視であって，エクステリアの方は関心がない，あるいは住宅が大きいし，別棟のガレージも作るから敷地にはガーディニングの余裕がない。だから近所の住民たちからは歓迎されない住宅ということになる。これまでは，いや，いまだに多くのアメリカ人にとって，マイホームは，あくまでもビックで，ラグジュアリーでなければならないといったステイタス・シンボルであることに変わりはない。

89

2008(平成20)年秋のリーマン・ショック以降，アメリカ経済の下降は止まらず，景気の回復は大幅に遅れている。米連邦準備理事会(FRB)のバーナンキ議長の目算にも狂いが生じてきていると報じられている。FRBがその原因として，東日本大震災に伴うサプライチェーンの寸断，ガソリンや商品価格の高騰で家計に余裕がなくなっている，天候不順，国防費の削減などを挙げている。

　しかし，景気回復の足枷となっているのが住宅市場の不振にあることは誰もが気づいている。アメリカの世帯は，持家のエクィティ(値上がり分)を担保にしたホーム・エクィティ・ローンを利用して買物をするパターンが一般的である。したがってバブル基調の住宅市場ならば消費も活発だが，2008(平成20)年秋のリーマン・ショックを境に住宅市場の急激な冷え込みは，GDPの7割を占めている消費を制約している。アメリカの世帯の財布は，すなわち持家のエクィティであり，住宅価格の下落は直截的に消費意欲を減退させる要素なのである。

　2001(平成13)年9月11日の同時多発テロ事件の時は，アメリカ人は"繭籠り"と呼ばれて「内向き」になり，家族の下に帰り，家の手入れに集中した。しかし石化エネルギー危機も加わって，アメリカの家計を，雇用の縮小や物価高騰が窮屈にしているだけに住宅市場にも，否応なくニューウェーブが起きてきている。その兆しが，大きな家のマクマンションからコンパクトで賢い家のグリーンハウスへと，潮目が変ったことである。

　アメリカ各地で，この種のコミュニティが増えてきているため，2009(平成21)年には，それぞれ建築条例を定めて規制している。2010(平成22)年になると，このマクドナルド式ビックハウスとも言うべきプチ豪邸モデルに対する需要が落ちてきており，代わりに，"もっと小規模で，よりアフォーダブルで，より実用的な住宅(prefer smaller, more affordable and more practical homes)"に人気が集まり始めている。住宅関連の企業の多くは，既にマクマンションの時代は終わったのだと受け止めている。いまだに一部の地方ではマクマンションが建設されていることも，またアメリカの一面である。しかし新たに住宅を求めようとする人たちの大勢としては，"より小規模で，より手頃な住宅"に目を向けてみ

る動きと，安全で便利な都市部へ戻ろうとする動きも見えてきている。[7]

3　日本の住宅税制の後進性

▼カビ臭い住宅税制

　新築住宅減税特例は，2011(平成23)年時点で，法制化から47年間，その前の通達からすると59年間もの長きにわたって継続されてきている。そのため，政策立案当局においても，新築住宅減税特例のインセンティブ効果はもはや薄れているのではないといった認識も生じている。[8]しかし相変わらず住宅取得支援策の一つとして，新築住宅(50㎡〜280㎡)を取得した場合は，120㎡相当分の固定資産税が3年間半分になる税減額措置が施行されている。

　民主党税制改正プロジェクトチームが，2010(平成22)年11月8日に公表した「租税特別措置・税負担軽減措置等にかかる重点要望について」において，示された検討事項に，「新規住宅購入層の中心となる30歳代の可処分所得も減少している中で，住宅取得にかかる家計の負担軽減に資するため，一定の税制支援措置を講ずるべき」と結論しているからである。しかしこの減税措置には問題点がある。

　(1)新築住宅購入層だけを対象にしている点，(2)住宅取得にかかる家計の負担軽減を目的にしている点，(3)対象住宅の規模(床面積)を50㎡以上と限定している点，などである。

　単身世帯や高齢者単独の世帯数が増えてきている状況下でも，40余年間も同じ内容の特例が繰り返されてきていることからも，税制が生きていないことが実証されている。

　世界一所得倍率の高い日本の住宅価格を，国際水準まで適正化(引き下げる)させる方向への指導的な取り組みが検討されていない措置であり，短絡的で表層的な税制と言わざるを得ない。環境問題やエネルギー問題に立ち向かっていくべき時期に，50年余も以前からの税制をそのまま踏襲している民主党政権の姿勢にも問題がある。税制上の支援措置は，政府の示す方向に社会を誘導する

目的が包摂されていなければならないはずだからである。この住宅減税措置は，新築住宅購入層だけに向けた公的な直截的資金支援であるから，住宅商品を供給する業者側にすれば，販売促進政策とも受け取れる内容である。しかし住宅購入にまで手の届かない低所得者層，まして新築住宅となれば，さらに高根の花となる層にまで，その措置の財源負担は課せられている理屈であり，不公平な措置である。こうした新築住宅の購入層だけに限定して，その資金的負担を短絡的に軽減する措置ばかりならば，新築住宅主流の日本の住宅市場が変革される日は遠のくばかりである。

また対象の住宅の規模(床面積)を「50〜280㎡」と限定しているが，その根拠が見えない。50㎡未満の狭小な住宅の購入ならば，資金的負担は軽いと踏んでいるのか，あるいは狭小な劣悪な居住空間だから優遇措置の対象外と決めつけているのか，理解に苦しむ支援である。50㎡未満の小規模住宅であっても，資金的な理由で，あるいは単身だから，夫婦だけならば十分と考えて購入する世帯もあるはずである。政府が，50㎡未満の住宅ならば取得価格も低いだろうから税法上の優遇措置は不要と考えているとしたら，大きな誤りである。むしろ50㎡未満の小規模な住宅の方が，床面積の大きい住宅よりもはるかに㎡当りの単価は割高になるからである。大きな住宅を建てるよりも，小さな住宅を建てる方の租税負担を軽減する措置の方が税法の公平な法理に叶っている。

図3-7は，小住宅(床面積50㎡未満)の標準的な間取りである。単身者や夫婦だけで生活するならば，コンパクトながら必要な生活動作は確保できていて問題はない。賃貸アパートや分譲マンションなどで40〜50㎡程度(2DK)の区画に居住している単身者や夫婦は少なくない。この程度のスペースであっても，ユニバーサルデザインならば，「終の棲家」としても過不足がない。

最近，退職後の住み替え志向は，確実に増えてきている。また介護の必要から老親の家(実家)に戻る，子供の近所に住み替える，老後を過ごす「終の棲家(場所)」に住み替える，「サービス付き高齢者住宅」に住み替える等々の「移住」は，長寿化とともに増加している。社会現象とも称すべき中高年層の住み替えに伴う，持家の売却，あるいは買い替えに対してはその資金負担を軽減し支援

第3章　バリアブルな「住まい」

図3-7　50m²以下の小住宅
出所：住宅資産研究所作成。

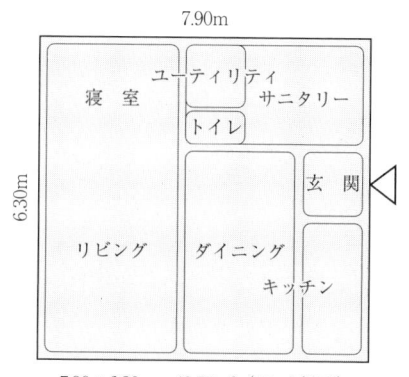

$7.90 \times 6.30m = 49.77m^2$ （50m²以下）

する税制措置の必要性は生存権的要請ともいえる。現行の「居住用資産の買い替え特別措置」は、すでに旧弊の制度であって、最近の社会情勢と乖離している。したがって、様々な事情に柔軟に対応できるアダプタブルな特別措置の検討、施行が待たれるところである。その場合でも、持家の、あるいは買い替え先の、築年数や規模など家屋の条件に関係なく、当事者の年齢や住み替えの動機などを要件とするべきことは断るまでもない。

　民主党税制調査会は、住宅購入を支援・促進する目的の住宅減税特例を拡充する方針を打ち出している。親や祖父母から住宅購入資金の援助を受けるとき、贈与税の非課税枠については、2010年度は前年の1,500万円から引き下げており、現行は1,000万円であるのを、2012(平成24)年度は再び1,500万円まで引き上げる。この住宅減税特例の目的は、これから家を購入する若い世代(first home)の資金的負担を軽減し、併せて住宅需要の拡充にある。しかし相変わらずの単線的な税制特例であり、その効果は限定的としか評価できない。税法制度は、その折々の社会と経済の変化や潮流を読みとって、その調整が重要な枠割の一つであるはずである。しかるに住宅の購入(売買)だけに絞っている点で、単純、単線的といった印象が拭えない。

▼**住宅税制への提言**

(1) 住宅を新規に購入する層に向けた税制では，対象を「新築住宅」と特定するのではなくて，ただ「住宅」として，既存の中古住宅も対象に組み込むべきである。生存権的な居住用資産に係る税法上の措置に，新築，中古，などと区別すること自体が誤りであり，欧米社会ではこの種の区別の必要性は理解されない。新築住宅だけに絞った支援措置ばかりでは，既に余剰気味の中古住宅ストックの取引のインセンティブにはならない。新築住宅の購入支援ばかりだから，築後20年も経た住宅は，売買取引においては"タダ同然"が常識化している。それにも拘わらず，固定資産税を課税する体制は実態と大きく乖離していて，すでに"死に体税法"である。

(2) アメリカやカナダ，オーストラリアなどでは，住宅に係る税制には築年数による差別的扱いは存在しない。アメリカの場合は，居住用財産の買い替え特例でも2軒まで認めていて，買い替え(取引)を促して住宅市場の循環性を高めようとしている。

ハワイ州の場合は高齢者の担税力に注目し，その住宅の不動産税は段階的に免除されている。

▼**「エコロジカル・ハウス」の税制支援**

現行の住宅減税措置は，販売業者には願ってもない恩恵であり，新築住宅を販売する上にはまたとない順風である。しかし住宅価格の適正化には何らの効果も期待できない措置であり，むしろ逆効果として働く懸念がある。東日本大震災の被災地向けに，特別に低価格住宅を開発して販売すると公表したハウスメーカーが数社ある。その被災地向けと言われるモデルを，アフォーダブル・ホームの量販モデルとして，全国で販売展開をするべきである。こうしたアフォーダブル・モデルを，建て替え，住み替えする世帯，退職者や障害者などの低所得者，セカンダリー・ホームとして購入する世帯などに対する支援を税制上で実行するべきである。

いま一つ，スモール・ハウス，アフォーダブル・ハウス，サバイバル・ハウ

ス，セカンダリー・ハウスなど，小規模で低エネルギー住宅のモデルの購入には，税法上の支援措置を講じて，その取引を活発化させてほしい。これらのタイプの住宅は「オール電化住宅」とは対極にある省エネルギー・モデルである。また中古住宅の購入には，新築以上に優先的に税制上の支援が欲しい。結果として，高齢者世帯の住み替えを推進させる効果に結び付くからである。

国交省の「平成20年・住生活総合調査」によると，高齢期の住まいについて「リフォームなどを行いながら住み続ける」が11.7％，「住宅を購入する，借りる，施設に入る」の住み替え派が11.5％である。また単身世(65～74歳)帯と夫婦世帯(家計を支える人が65歳以上)がともに，望ましい住み替え先として，「サービス付き高齢者向け住宅」を挙げている。

また100㎡の既存の木造住宅の解体資材で，半分の50㎡程度の住宅を建てる際には相当部分に流用できる。また，こうした解体資材の積極的な再利用の取り組みが，3R(Reduce, Reuse, Recycle)を具現化させていく作用であり，低エネルギー社会を支えていくためには必要なインフラとなっていく。住宅の床面積や築後年数を以って，税制支援措置を適用する政策は明らかに後進的であり，不公平さがある。欧米社会に比べても，住宅に消費税を課税する国は日本だけである。その場合でも，消費税の課税は，新築建物と既存(中古)建物との格差はなくて，取引の度に何度でも課税される。こうした点も，法的な整合性が問われる税制である。生存権的な居住用財産を取得することに対する租税法上の優遇的措置の対象要件を，新築住宅だけを対象に限定して既存(中古)住宅を排除する，なおかつ規模(床面積)まで限定して狭小な住宅も排除する，その制度根拠が，先に述べた民主党の「30歳代の購入資金の負担を軽減する目的」だけだとするならば，あまりにも浅慮で稚拙な住宅税制と言わざるを得ない。

この住宅減税は，明らかに新築住宅への偏重的な政策であり，既に住宅市場の実態と乖離しているし，低エネルギー社会を標榜するスタンスと離齬している。住宅の取引を，相変わらず新築主流に誘導している政府の住宅政策の旧弊性，陳腐性が，日本の住宅を，「世界一短命で，世界一高額な住宅」に陥らせている元凶であり，社会経済を歪曲させる要因の一つとなっている。

夫婦だけの世帯が,「終の棲家」の取得を検討する時,手が届く価格で,手頃な規模の「小住宅」が望ましいはずである。60歳代で取得する住宅ならば,「25年住宅」が手頃である。例えば,残存年数が20年前後と査定される既存住宅(中古)であっても,購入時に修繕・補強を施せば「25年住宅」となる。こうした目的・種類の取引に対しては,資金的支援として税制上の支援措置がほしいのだが,現行制度上では見当たらない。税制が,社会の実態と乖離しているからであり,しかも「新築」の住宅に限定しているからである。

　日本でも,この先,低エネルギー性能に優れたコンパクトな住宅が評価されて普及するはずである。住宅税制も,住宅の規模・構造や新築・中古などの外形的な条件を要件設定するのではなくて,対象者のライフステージにも配慮した支援を研究しなければ,新エネルギー体制では"カビの生えた遺物"として形骸化することは目に見えている。

〈注〉
(1) 質屋の営業許可件数は1958(昭和33)年の2万1,539件以降減少し,2010(平成22)年末の許可件数は3,382件。古物商の方はクルマ(二輪車)の買い替えに伴う下取り・再販などで営業許可件数は増加。『平成22年中における古物・質屋営業の概況』。
(2) 拙著『リバースモーゲージと住宅』参照。
(3) 『世界を変えるデザイン』英治出版,2009年。
(4) 『居酒屋社会の経済学』ダイヤモンド社,1980年。
(5) "*The Japanese Dream House*",講談社インターナショナル社,2001年。
(6) 「スモール・エネルギー・ハウス」は筆者の造語。極力,電力に頼らないシステムのアフォーダブルな住宅モデルの意。
(7) USA TODAY(By Koch, Wendy, 06/26/2011)。
(8) 『主要先進国における住宅・不動産保有税制の研究』2011年。

第4章
持家福祉のリバーシブル・ローン

　長命化傾向と家族の縮小などから，退職後の長い高齢期に備えて，自立生活のための方策は考えておかなければならない。高齢期の夫婦だけの世帯を想定する場合，家計の最大資産である「住まい(持家)」を，そのまま住み続けながら，老後の生活資金に転換できる仕組み(リバーシブル・ローン：リバースモーゲージ)が利用できるならば安心できる。

　住宅は，既に相続財産ではなくて，一代限りの償却資産に転じつつある。住み手の長命化と，住宅寿命の短命性に因る現象である。住宅の価値も，相変わらず「新築高，中古安」の住宅市場であるから，単純な売却処分では住宅資金の回収は期待外れに終わる。本章では，多面的視角から，住宅の資産価値を維持継続させながら，賢く，大胆に，あらゆる可能性を模索し，構想していく。また高齢期の「持家」を返済原資に設定し，返済条件を死後一括返済方式とするリバースモーゲージの経済的合理性と居住福祉的価値効用について具体的に解説していく。

1　少子高齢社会の問題点

▼収縮する家族

　2009(平成21)年度の国民生活基礎調査によると，高齢者だけの世帯数も確実に増えている。65歳以上の者のいる世帯は2,012万5,000世帯(全世帯の41.9%)となっている。世帯構造別に見ると，「夫婦のみの世帯」が599万2,000世帯(65歳以上の者のいる世帯の29.8%)で最も多く，次いで「単独世帯」463万1,000世帯(同23.0%)，「親と未婚の子のみの世帯」373万世帯(同18.5%)の順となっている。65歳以上の

者のいる世帯のうち，高齢者世帯を世帯構造別にみると，「夫婦のみの世帯」が467万8,000世帯(高齢者世帯の48.6％)，「単独世帯」が463万1,000世帯(同48.1％)となっている。「単独世帯」を性別に年齢階級の構成割合を見ると，男は「65～69歳」が32.5％，女は「75～79歳」が24.1％と多くなっている。

　このように高齢者夫婦だけ，あるいは高齢者単独の世帯数が増加することは，介護面での外部サービスへの依存度もこれまで以上に上昇することは必至である。地域住民の福祉向上のための相談，指導，調査などの活動を担っている民生委員の高齢化と，担当地区の高齢化によって，目が届かない，手が回らないといった事態も始まっている。また高齢者世帯の経済的被害も多発している。家族による現金(預金・年金)の搾取や住宅関連の悪徳業者による詐欺事件など枚挙に暇ない。最近では後見人が加害者になっている被害も報じられている。高齢者は誰を信じてよいのか判断に苦しむような生活環境に置かれている。高齢者の経済的被害に共通している要因として，加齢による判断能力の減退・衰耗，あるいは穿妄や認知症などの状態にあって生活自立能力を喪失している点であり，社会的な隔絶状態の生活環境である。こうした憂慮すべき事態を回避する方法として，後見人の選任や老人ホーム入所など私的生活に第三者を介在させる選択が考えられるのだが，いずれにしても本人の経済的負担は免れない。

▼家族と介護

　現代医療の目覚ましい技術的躍進で，人はこれまで以上に長く生きられる。だから介護する年数も長くなり，認知症など次第に重度で専門的な介護が必要になってくるのだが，少子化で家族員数(家族力)は少ない分，家族の負う介護負担は物心ともに重圧的となる。一方，国内経済の空洞化も加担して雇用情勢は厳しくなるばかりであり，中高年者(家族)も，介護の必要から，一度，離職したら次の再就職はきわめて難しい。こうした連環で，老親を抱えた家族は物心ともに疲弊することになる。長命化と家族の収縮は，老々介護や認々介護の状態にある高齢者世帯を着実に増やしている。そして終にはケア付き施設やグループホームなどに入所(住み替え)する世帯の比率も高まってくる。こうした

実態を慮るに,「自分の家で,原則,夫婦だけで住み続けること」が融資要件であり,「転居(戻らない)」を解約条件と規定している現行のリバースモーゲージは高齢者の終末期には不適切な制度だと言える。

　また加齢などに起因した世帯の変化や住宅市場の変動などの理由でリバースモーゲージの契約内容を変更する場合でも,高齢者だけでは判断・決断が難しい局面が想定される。家族による高齢者への虐待も社会問題として顕在化している。介護者の肉体的な疲労ばかりか,無力感や孤独感に圧し拉がれた結果とも理解できる問題である。血縁・親族の存在が必ずしも支えになるとは限らないだけに,リバースモーゲージに成年後見(任意・法定)制度の織り込みは不可欠となってくる。と言うのは,長命化に伴って認知症の高齢者も増加傾向にあるからである。高齢期の生活支援や財産管理などを総括した簡便な信託契約の開発も今後の課題となるはずである。認知症の高齢者などの財産を後見人が管理する「成年後見制度」を巡って,横領防止のため財産を信託銀行に預ける新制度について,日弁連と最高裁との協議がまとまり,近く制度化に向けて動きがある。

　2011(平成23)年度を初年度として,厚生労働省による「市民後見推進事業」が,26都道府県の総計37市区町でスタートした。この事業の目的は,「認知症の人の福祉を増進する観点から,市町村において市民後見人を確保できる体制を整備・強化し,地域における市民後見人の活動を推進する事業であって,全国的な波及効果が見込まれる取組を支援する」ことにある。厚生労働省のリバースモーゲージの利用要件に,同居人の存在を認めていないのだが,認知症の高齢者による単独の法律行為や自立した生活は困難を極めるものであり,現実的でない。リバースモーゲージの利用は長期に及ぶこと,利用者が高齢者であることなどから,途中から認知症になるケースは十分に想定されるだけに,抜本的改正の必要性は必至である。

　これまで伝統的な相続財産として次世代に承継されてきた住宅資産であるが,前述したとおり家族の資産観の変化や老後のライフスタイルの変化などを背景にして,最近では親が高齢期の生活資金に転換して費消するリバースモーゲー

ジの利用も選択肢の一つと変わりつつある。リバースモーゲージが日本社会に必要なセーフティネットとして推奨できるのは，次のような社会的背景が存在するからである。まずプラス性要因として，日本人の着実な長命化，高い持家率(戸建住宅)，介護サービスの充実化などが挙げられる。次にマイナス性要因として，介護期間の長期化，介護失業のリスク，家族力の低下，外部介護サービスへの依存，医療介護費の個人負担の拡大などが挙げられる。

▼高齢者の住み替え需要

　東京スター銀行が2010(平成22)年8月に実施した調査によると，親世代の7割以上が「自分たちの財産は子供に残さず，自分自身で使いたい。その代わり，老後のことは子どもに頼らず，自分自身で解決する」と回答している。また子世代の方も，7割近くが「親の財産は親自身に自由に使ってもらい，老後のことは親自身で解決してほしい」と答えている。この結果から，親世代ばかりか子世代も，それぞれの生活や財産に対する自立性が認められるし，家族の扶養のイメージにも変化が窺える。

　図4-1は，国土交通省の「居住意識に関する意識調査」の資料である。現在の家に手を加えながらも定住したいと考えている層が半分(50.2%)，残り半分は現在の家から他の家に，その時の状況に応じて住み替え(買い替え)を考えたい層である。

　中高年層に旺盛な居住地の自発的な「移動志向(住み替え志向)」は，中古住宅取引を活性化させる牽引力となり，また住宅の持続可能性(サスティナビリティ)も増強するし，リバースモーゲージの「多様化」を促す起爆剤ともなる。この先，高齢者世帯の「住み替え需要」はこれまで以上に拡大する。その論拠は，人(ヒト)の「長命化」と住宅(持家：イエ)の「短命性(老朽化：建て替えサイクル)」にある。長命化で，持家の老朽化の問題を抱える。高齢期は，家屋の維持管理も面倒になる，あるいは老朽化した家の建て替えは難しい，などの問題を抱えることから，マンションや協住型コミュニティ(コハウジング)，あるいは生活支援型コミュニティなどに住み替えする世帯が増えてくる(図4-2，図4-3参照)。階段や

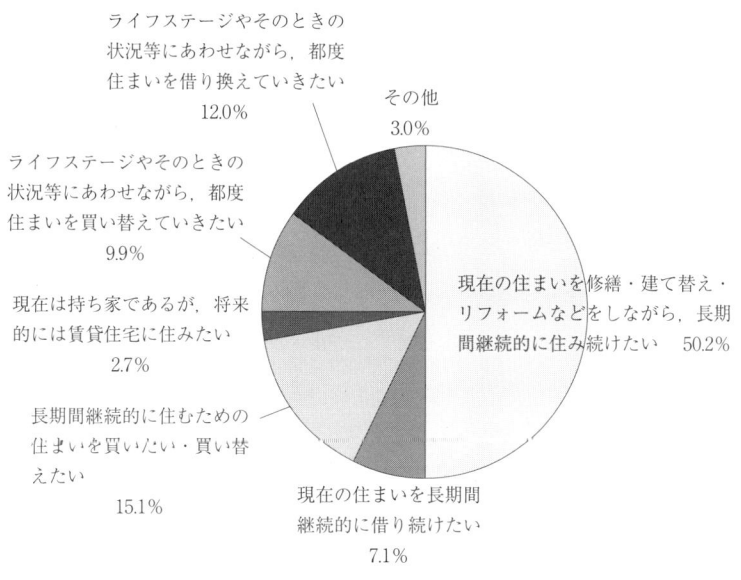

第4章　持家福祉のリバーシブル・ローン

図4−1　居住意識に関する意識調査

- ライフステージやそのときの状況等にあわせながら、都度住まいを借り換えていきたい　12.0%
- その他　3.0%
- ライフステージやそのときの状況等にあわせながら、都度住まいを買い替えていきたい　9.9%
- 現在は持ち家であるが、将来的には賃貸住宅に住みたい　2.7%
- 長期間継続的に住むための住まいを買いたい・買い替えたい　15.1%
- 現在の住まいを長期間継続的に借り続けたい　7.1%
- 現在の住まいを修繕・建て替え・リフォームなどをしながら、長期間継続的に住み続けたい　50.2%

出所：国土交通省資料より、住宅資産研究所作成。

　坂道が多い傾斜地，駅が近くても駅構内の昇降が難しいなど，生活する場所と人の身体的条件とのミスマッチは日常生活が困難になるし，生存権的な問題ともなる。

　高齢者が，その生活に適合した地域・場所に住み替えする選択を支援するリバースモーゲージの用意は喫緊の課題である。現行の「高齢者等の住み替え支援制度」にもリバースモーゲージは包摂されているが，制度そのものの認知度も低く，利用件数は低調である。住み替え支援制度のリバースモーゲージの場合は，借り上げられた家賃収入を返済原資にしながら，金融機関から耐震補強工事費や住み替え先の住宅購入資金などを借入できる仕組みである。しかし，この借り上げ制度にも問題点があって，借り上げるための条件として住宅の耐震補強工事費の持主負担があり，いま一つは日本全国どこの場所でも，どんな立地の住宅でも借り上げてもらえるかどうかの点である。人口流失が収まらない過疎地や急勾配傾斜地に建っている家であっても住み替え支援制度が利用で

101

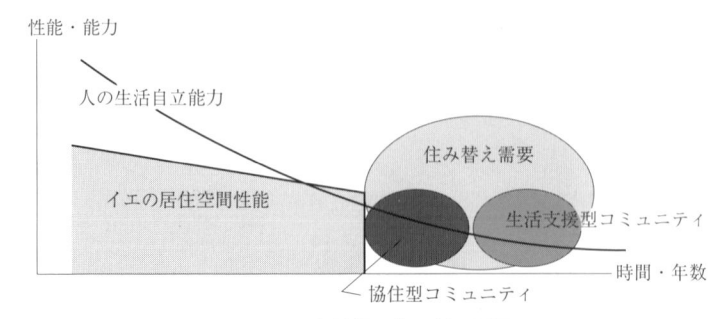

図4-2　高齢期の住み替え需要
出所：住宅資産研究所作成。

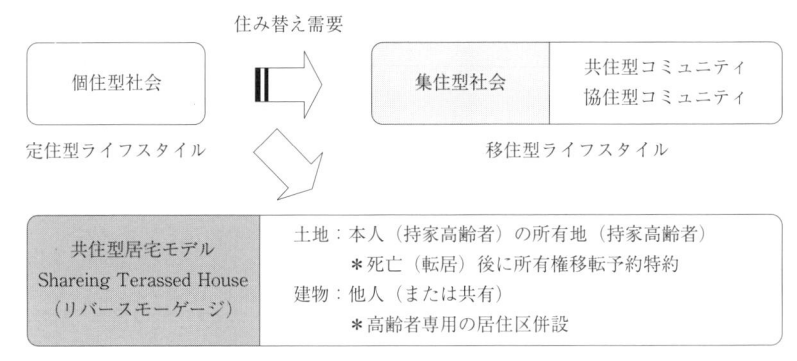

図4-3　少子長寿社会の居住形態の変化
出所：住宅資産研究所作成。

きるのか疑問が残る点である。過疎地や居住に不向きな場所に住んでいる持家高齢者向けの住み替えリバースモーゲージの必要性は生存権的である。また日本人の長命化と生活環境とのミスマッチも，「住み替え」というマッチング行動を生起させるベクトルともなる。かねてから筆者が提唱してきた点だが，高齢者(世帯)の，自主的，自衛的，自助的な「住み替え行動」は，様々な種類の経済効果を生み出す。もちろん中古住宅市場や賃貸住宅市場の取引も活発になるし，高齢者にとっても新しいライフスタイルに転向するきっかけにもなるからであ

第4章　持家福祉のリバーシブル・ローン

る。少子化と高齢化，また1次産業や2次産業の低迷から，この先も人口の都市集中は進む。持家高齢者である点だけを唯一の適用要件にした——生活保護法のリバースモーゲージとは別の——住み替えと生活資金の両面をサポートできる仕組みの検討が必要になる。

▼増え続ける「空き家」

　空き家の増加は，いまや全国的な傾向である。(図4-4)。こうした傾向は超長期的周期の社会的現象であるから，短期的で場当たり的な政策では解決できない。総務省によると2008(平成20)年現在で空き家は756万戸，比率は13.1%に上る。1958(昭和33)年の36万戸から増加の一途をたどっている。その背景には，過疎化や住宅需要の偏在などであり，地域ごとにその事情は様々である。しかし住宅需要は産業分布と密接に関係しているだけに，姑息な対策ではその効果のほどはわずかである。空き家増加問題は地方自治体にとっても財政的問題でもあり，インフラの維持負担なども過重に陥る由々しき問題となっている。空き家にも種類があって，個人・法人の持家(住宅：戸建・マンション)もあれば，賃貸用住宅(借家)もある。新たな賃貸用住宅の建設が，築年が古くて立地条件等が不利な借家の空室率を上昇させる。しかし持家の場合は，その空き家率が高まることは，住宅市場にストックが増えることであって，需給バランスからすれば住宅価格を押し下げる要因として働く。しかし住宅価格は相変わらずであるから，立地条件の有利な場所への移行や建物の高付加価値化が進んでいるなど，都市集中傾向と建物の構造・設備の高度化が進んでいるものと考えられる。ならば，この先ますます雇用の限定的な地方には人口流出が固定化して，人口は偏在化することになる。その結果，地方には，高齢者が増える，高齢者の持家率は高いから放置空き家も増える，防犯・防災面から社会負担が増える等々で，既存住宅の再利用(循環性)への取り組みは地域経済にとっても喫緊の課題となっていく。「さかんまち(坂の街)」とも呼ばれる長崎市は，防災・防犯の観点から急傾斜地にある個人の土地建物の寄付を受けつけて，市費を以って廃屋の解体に取り組んでいる。こうした放置空き家の増加は，住み手の高齢化

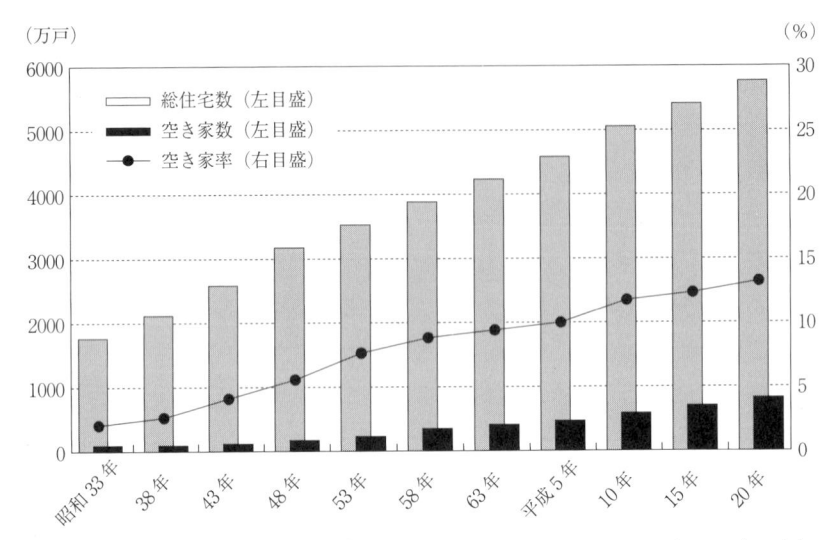

図4-4 総住宅数，空き家数および空き家率の推移――全国(昭和33年～平成20年)
出所：総務省「平成20年住宅・土地統計調査」より，住宅資産研究所作成。

に因る生存権的移住現象の証左である。

　そこで提言だが，「二地域居住促進政策」を以って，遠隔地との居住の連携を図るべきである。斜面を利用した集合住宅の建設事業の企画も面白い，アメリカのホーム・ステディング(Home Steadying)の導入も検討するといい。ホーム・ステディングとは放棄されている空き家を修復して，所有権を獲得し，そこに住みつく方法である。空き家を修復するのに，自分の労力をスウェット・エクイティ(汗の資産：Sweat Equity)として投入して，空き家の所有権を獲得する方法である。自治体が仲介して，固定資産税程度の対価で所有権を移転する方法ならば合法的である。

　住宅減税特例においても，地域性への配慮と，既存(中古)住宅購入へのインセンティブを盛り込むべきである。さらに言えば，リバースモーゲージの対象となっている高齢者の住んでいる住宅，あるいは高齢者の持家を対象にした「日本版ビアジェ(不動産型終身年金契約)」の実行を支援・促進するなど，多角的な取り組みが必要な事態である。自治体も，住宅地の無償提供などばかりでは

第4章 持家福祉のリバーシブル・ローン

なくて、クリエイティブな手法で空き家の再利用を探るべき時代を迎えている。

2 リバーシブル・ローンと社会的背景

▼リバーシブル・ローン・エネルギー

　厚生労働省の2008(平成20)年度の調査によると、日本の所得格差(ジニ係数)が、緩やかな格差の広がりではあるが、過去、最大になっている(2008〔平成20〕年のジニ係数は0.3758、1981〔昭和56〕年が0.3143)。その背景として、年金に依存した高齢者世帯の増加があり、非正規労働者層の拡大もある。OECD(経済協力開発機構)の2008(平成20)年度の調査では、日本の所得格差は加盟国30か国中の平均的レベルであり、アメリカやイギリス、イタリアは日本よりも格差が大きく、デンマークやスウェーデンのジニ係数は0.2程度である。再配分後のジニ係数は社会保障の充実振りを表わす指数となっている。実は、所得格差がリバースモーゲージの普及を推進させるリバーシブル・エネルギーとなっている。したがって所得格差が大きいほど、リバースモーゲージは普及する理屈である。

　アメリカの中古住宅市場が活発な理由として、移民による人口増加に起因する旺盛な住宅需要があり、またジニ係数が示す貧富の格差がそのまま中古住宅需要の牽引力となっている。すなわち移民などによる緊急的な中古住宅需要が、老朽化した既存住宅であっても、その換金性を支えている構図であり、結果としてリバースモーゲージ利用者の持家の担保力補強の間接的な制度エネルギーともなっている。こうした切迫的とも言える既存住宅への需要が、アメリカの中古住宅取引を活発にしている原動力であり、日本では期待できない性格のものである。

　日本の住宅市場は、長期的な低迷から既存(中古)住宅の需要も減退傾向にある。こうした市況では住んでいる家を売却しようとしても容易に成約までに漕ぎ着けられない。住宅の買い替えが活発でない市場では、持家の資産価値は低下するばかりになる。中古住宅の売買取引が活発化しない理由の一つは、既存住宅の担保評価が低いために購入資金の融資が受けられない事情がある。新築

住宅の購入ならば，新築工事の見積金額か，住宅売買契約書に記載されている契約額が担保価値と見做されて融資が受けられるからである。こうした住宅金融の背景は，住宅産業にとって不都合ではない。既存住宅の取引よりも既存住宅を取り毀して新築を勧めやすいからである。しかし既存(中古)住宅の担保評価が低過ぎるからと言って，金融機関を責めることも難しい。担保評価は資金回収の実現性に重きを置いているからである。すなわち中古住宅取引が低調ならば担保評価も下がる理屈であり，負の連鎖となっている。

　中古住宅取引が低調な日本では，高齢者の持家をそのまま年金化させるリバーシブル・エネルギーが醸成されるはずもない。この点は，リバースモーゲージが普及・定着しているアメリカの中古住宅市場が実証するところである。言い換えれば，中古住宅を再販する場合は，「更地売買」の方が"買い手が見つかりやすい"，いわゆる新築主流の住宅市場が，日本のリバースモーゲージを，「土地担保貸付」にしている要因であり，マンションを対象外としている要因となっている。

▼人口オーナスとリバーシブル・ローン

　厚生労働省の2009(平成19)年度の調べでは，高齢者を世話している家族，親族，同居人などの「擁護者」による虐待が過去最高となっている。被害者と虐待者が同居しているケースが全体の86％に上る。最近は，30歳代後半の男性の約4割が親と同居していると聞く。その背景には未婚・晩婚が増えている点や景気低迷で自立が難しい経済的事情もある。こうした動向は，高齢期のノーマライゼーションを支える生活基盤の脆弱化を示唆するものであり，家族が背負う様々な問題を浮き彫りにしている。社会保障に対する国民の負担率でみると，デンマーク71.7％(2007〔平成19〕年)に対して日本は39.5％である。いよいよ国民負担で社会保障を支えるデンマーク・モデルへの方向転換が始まる。個々人にしても，早い段階から自衛的老後の設計に取りかからなければなるまい。自衛的老後のプランの骨子は，"どこに住み，誰と暮らし，その経済基盤となる財産の確保"に収斂されてくる。要するに「居住」と「福祉」の一体的保障が，憲法

25条に明記されている「健康で文化的な最低限度の生活」の実践であり、もう一つのリバーシブル・エネルギーなのである。

社会が変化すれば市場は追随する。リバースモーゲージも、リバーシブル・ローンの一つと理解することで、バリエーションは多彩となる。

日本は、人口ボーナスの高度成長期から、生産人口と従属人口が逆転している人口オーナス期に転じて低迷期にある。人口構造が不均衡な社会では、低次産業が縮小し高次産業が台頭する。国民生活も大きく変貌する。家族の規模が縮小し核家族化も進むし、高齢者だけの世帯数が増えていく。高齢者世帯の場合は、いずれは自立生活が困難になると、生活サービス付きの高齢者施設に住み替えて、そこが「終の棲家」となるケースも増えてくる。こうした高齢期の居住形態は、人口オーナスと長命化の同期化による社会現象とも言える。したがって、住宅（持家）の価値・効用についても、従来とは異なった視角から検討されて、単独世代の非相続財産となる公算が大きい。リバーシブル・ローン（リバースモーゲージ）は、少子高齢社会の持家資産活用モデルとなって普及・定着していくに違いない。

現役世代に獲得した住宅資産（持家）が、収入源を失った高齢期の自立生活を支える福祉資金として転換・転用される仕組みのリバーシブル・システムこそ、福祉国家日本に必要な社会福祉制度の一つだからである。また、こうした視点からすれば、リバースモーゲージを「持家福祉制度」と総括することも誤りではない。

▼リバースモーゲージ

高齢期に所有し居住している住まいの資産価値を担保（返済原資）にして、年金（前借金）として受け取るスキームがリバースモーゲージ[4]（Reverse Mortgage）である。現役時代に取得した持家を、高齢期に入って、再び現金に還元するプログラムを、「リバーシブル・システム（Reversible System）」と、筆者は称している（図4-5）。またリバーシブル・システムを包摂している金融商品を、リバーシブル・ローン（reversible loan）とも総括している。リバースモーゲージとは、資

金の流れが一般の住宅ローンとは逆向きの担保融資の総称であり，持家高齢者世帯を対象にした渡来の年金融資である（図4-6）。

日本では，1981（昭和56）年から始めた武蔵野市の制度が嚆矢であり，他の自治体でも独自のリバースモーゲージを実施している。厚生労働省も，2003（平成15）年度から本格的に日本版リバースモーゲージ「不動産担保生活福祉資金貸付制度」をスタートさせている。持家資産を高齢期の生活資金に転換する，すなわち固定資産を流動資産に解凍（還元）するリバースモーゲージには，持家の高齢者世帯の経済的自立を促し，生存中の返済義務がない仕組みには居住福祉的効用が認められる。

群馬銀行は，2010（平成22）年10月から，地域の持家の高齢者世帯を対象に開発した老後生活資金長期融資商品「夢のつづき」（リバースモーゲージ）の販売に踏み出した。地方銀行では，殖産銀行に続いて2行目であるオリジナル・ローンであり，地域の高齢者の公的年金制度を補完するセーフティネットとしても期待されている。この種のローン商品は，都市部ではすでに中央三井信託銀行や東京スター銀行などが販売している。また旭化成ホームズ，トヨタホーム，積水ハウスなどのハウスメーカーも顧客サービスの一環として，それぞれ独自のプランを扱っている（表4-1）。しかし日本ではリバースモーゲージの利用件数はいまだに少なく低調である。その背景として，国も自治体も制度財源が不十分なために消極的である点，制度の仕組みが制限的である点，そして住宅市場の低迷などもマイナス要因として挙げられる。

欧米社会では，リバースモーゲージは公的年金制度の補完的なプログラムとして古くから定着しており，そのバリエーションも豊富である。その背景には，子は成人すると親の住む家から離れて自立し，親も老後は単独で暮らすライフスタイルが一般的という事情もあるが，いま一つは既存（中古）住宅市場の安定的な需要がある。これらの要素はリバースモーゲージが普及・定着するための必要条件となるものである。

2008（平成20）年9月のリーマン・ショック以降低迷する住宅市場の下であっても，アメリカの公的リバースモーゲージ（HECM：Home Equity Conversion

第4章 持家福祉のリバーシブル・ローン

リバーシブル・システム
Reversible System

資　金
Cash

住　宅
Home Equity

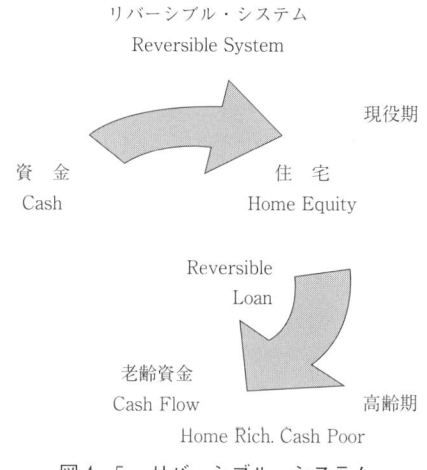

現役期

Reversible
Loan

老齢資金
Cash Flow

高齢期

Home Rich, Cash Poor

図4-5　リバーシブル・システム
出所：住宅資産研究所作成。

住宅ローン
（Forward Loan）

逆担保ローン
（Reverse Mortgage Loan）

借入返済金

金融機関

借入金

住宅取得者

持分
100%

持家高齢者

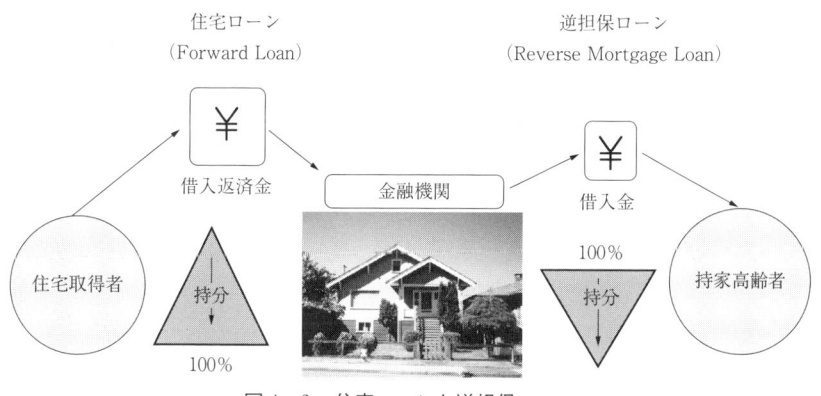

持分
100%

図4-6　住宅ローンと逆担保ローン
出所：住宅資産研究所作成。

Mortgage)の利用件数は下降していないのは，経済不況で住宅需要が弱いだけに，売却よりも住みながら持家の資産性を生活資金に転換しようとする生活ニーズがこれまで以上に強まっているからである。

　リバースモーゲージの仕組みそのものは，決して複雑ではない。「住宅ロー

109

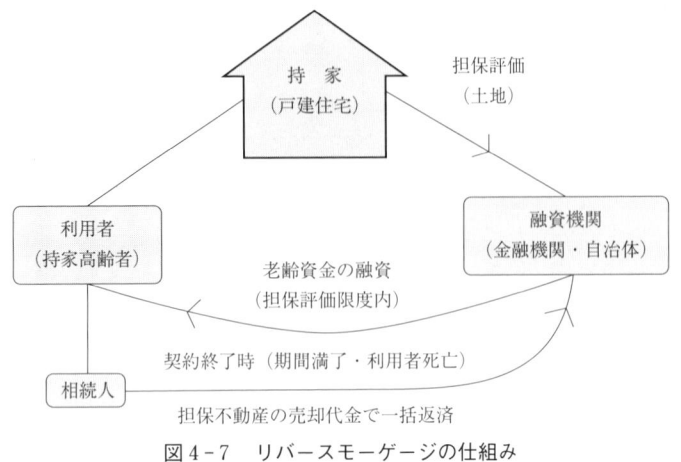

図4-7 リバースモーゲージの仕組み
出所:住宅資産研究所作成。

ン」では,利用者が,融資先に,毎月,返済金を渡すのに対して,「リバースモーゲージ・ローン」では,逆に,融資側から利用者に,毎月,貸付金が渡されることから資金の流れが一般的なローンとは逆方向であり「逆抵当(リバースモーゲージ)」と総称している。リバースモーゲージの場合は,返済方法も特徴的であり,元利とも「死後一括返済」,あるいは「契約終了時に一括返済」の方式であり,途中の返済義務は負わない。貸付の担保は,利用者(65歳以上の持家高齢者:借り手)が居住している戸建住宅の「土地(敷地)」とし,その資産評価の約70%相当を貸付限度額としている。日本のリバースモーゲージの場合は,終身融資ではないから,貸付限度額に達した時,原則,清算義務が生じる。またリコース・ローンであることから連帯保証人(推定相続人)も必要となる。こうした仕組みのリバースモーゲージは,持家高齢者を対象にした「不動産担保型長期生活資金貸付制度」とも換言できる。

表4-1 日本のリバースモーゲージ

厚生労働省	不動産型長期生活資金貸付制度(社協)
	要保護世帯向け長期生活支援資金貸付制度
国土交通省	高齢者の住み替え支援制度(支援機構)
自治体	福祉資金貸付(東京都武蔵野市) 世田谷シルバー資金融資制度 福祉資金あっせん融資事業(兵庫県伊丹市) 高齢者くらしの充実資金貸付(兵庫県神戸市) 被災地向け(兵庫県神戸市・新潟県)
住宅金融支援機構	高齢者向け返済特例制度(耐震・バリアフリー対応)
銀行系	殖産銀行(休止中) 東京スター銀行 朝日信託 中央三井信託銀行 群馬銀行 りそな銀行 西部信用金庫 飛騨信用金庫
ハウスメーカー系	旭化成ホームズ セキスイハウス トヨタホーム 他

出所：住宅資産研究所作成。

3　住宅の資産価値と効用の解明

▼住宅の価値・効用

　イエ，すなわち住宅の価値として，第一に「居住空間的効用」が挙げられる。日本の住宅の場合，平均的寿命(建て替えまでの年数)は40年前後である。日本の戸建住宅の平均的価格を欧米諸国と比べた場合，その年収倍率は極めて高くて，しかも短命である。したがって日本人の居住コストは，国際比較からすれば際立って高負担となっている。日本の場合は，世界一の長寿国にもかかわらず，その"住まい"は逆に短命なことから，高齢期の生活基盤の永続性が問題視され

てきている。政府も，こうした背景を慮(おもんぱか)って生活支援サービス付き高齢者住宅の供給促進を打ち出している。次に，住宅の第二の価値と言えば，「財産的価値(換金性・収益性・担保力)」である。第二の価値は，市場連動性が強いことから景況に翻弄されやすい。好況下にある時は住宅需要も旺盛になるから財産的価値は膨張する。しかし逆に不況になれば需給バランスが反転して資産デフレに陥る事態は既に体験している。第一の価値を主観性(非計測性)とするならば，第二の価値は市場連動性からして客観性(計測性)である。「居住空間的効用」の第一の価値(A)と「経済的価値」の第二の価値(B)の，二つの異種・異質な価値と効用を合体・融合させる仕組み(リバースモーゲージ)で体現できる「居住福祉的価値・効用(A + B)」は"第三の価値・効用(C)"であり，「持家福祉性」であると定義できる。"第三の価値"は複合的価値(ハイブリッド・バリュー；Hybrid Value)であり，その構成を数式で示すと，(A)＋(B)＝(C)となる。

かつてイエは，伝統的な家族制度の下に家長が何世代にもわたった連綿と承継してきた家督の象徴的な家財であった。その当時のイエは，厳密に言えば第一の価値だけの居住用資産であった。しかし持家推進政策が定着してからは土地神話も生まれた。根拠もなく不動産価格が急騰したバブル期には，住宅も第二の価値だけが投機的視点で評価される投機商品に替わり，日本列島の津津浦々までが狂騒した。その勢いは「八百屋まで不動産屋」とまで言わしめたほどの狂態を呈した。しかし1990(平成2)年3月，日銀による金融引締め(総量規制)を以って，バブルは一夜にして消失した。バブル崩壊以降，第二の価値は急速に収縮して負債化したケースは珍しくない。その後，日本でも少子高齢化が要因となって，イエは必ずしも相続財産ではなくなった。イエを自家消費型資産とする仕組みのリバースモーゲージ制度の導入によって，"第三の価値"の形象が始まったからである。

「価値(value)」の概念については，マルクス経済学と近代経済学では異なっている。前者の領域では，その価値を「商品価値」で表し，さらに使用価値(use-value)と交換価値(exchange-value)の2つに分けて捉えて，交換価値は貨幣と交換する量的比率で捕捉される「価格(price)」を用いている。後者では，「価値」の

根源を人間的な欲求・欲望に求めているのだが、欲求は主観的であり他者と比較する場合の絶対的尺度にはなり得ない。したがって「交換」が行われる動機を交換によって双方に生じる利益と考えて、「価値」の代わりに「効用」を用いている。

しかし近年の社会経済の細分化や複雑化、またグローバル化は、古典的な価値観を形骸化させるばかりか学問的領域を跨いだハイブリッド・バリューを求めている。本書では、住宅資産の価値について論じる時、居住用空間としての主観的な便益性(効用)を"第一の価値"、また貨幣と交換できる経済的価値を"第二の価値"と定めて区別している。また本書の主意でもあるのだが、高齢者がリバースモーゲージを利用して形象させる持家の福祉的価値・効用は、改めて"第三の価値"と位置づけている。

▼住宅の「第二の価値」と中古住宅市場

イエ(住居)の「第二の価値」が、リバースモーゲージの制度基盤を構成するきわめて重要な要素である。しかし日本の住宅資産の持続可能性(サスティナビリティ)は、中古住宅市場の抜本的改革が実現しない限りきわめて脆弱である。住宅は、取得(建築)してから20〜30年程度しか市場価値(換金性)の継続性がないとするならば、「所有」することの利益も分かり難い。欧米では、住宅取引件数の過半数が中古住宅(既存住宅)であり、その活発な需要(循環性)が中古住宅の資産価値を支えている。日本の場合は、相変わらず新築主流の住宅市場であり、中古住宅の方は、精々、下取りストック程度の評価だから、市場における対流サイクルも英米に比べても極めて短い。住宅以外の市場でも同じ理屈だが、一度、そのライフサイクルを短縮させると、市場全体に競争エネルギーが発生して、加速度的に短縮化の動きが活発に続く。一般的には、モノ・サービスの価値(資産性)は、「価格」、「使用(耐用)年数」、「効用(機能)」などの要素から構成されている。だから、モデルチェンジが頻発する市場では、自縄自縛のジレンマに陥ってしまい、やがて行き詰る。その原因は、価格形成の各要素の関係に生じる不均衡性にある。同様の動きが日本の自動車産業にも見える。自動車のモ

デルチェンジ(実はマイナーチェンジ)が頻繁に繰り返されていると，それを嫌ったユーザーは買い替え年数を延伸させるから，結果として新車の販売実績も下降していく。それに気づいた自動車メーカーは，中古車市場のテコ入れに懸命に取り組んでいる。住宅市場にしても同様であり，中古住宅のサスティナビリティが低ければ，新築住宅の販売にも陰りをもたらす。

翻って高齢者の「持家」の，「土地」だけしか担保評価していない現行のリバースモーゲージは，住宅資産のサスティナビリティを著しく減耗させる仕組みである。筆者は，中古住宅のサスティナビリティの増強に奏功する方策を，次のように整理している。

(1) 中古住宅の再販価格の安定化(市場の再編，税制支援措置，保証保険の開発など)。
(2) 住宅の下取り予約販売の促進(住宅取得コストの軽減，買い替え負担の軽減，維持管理のインセンティブなど)。
(3) 現行の「高齢者住み替え支援制度」の改正(リバースモーゲージの連携性を高める)。
(4) 高齢者・障害者向けの「持家交換支援システム(Home Equity Barter Support System)」の構築(住み替え支援制度の改正)。
(5) 公的リバースモーゲージ・システムの変更(土地・家屋一体型融資の実現)。

▼「第三の価値・効用」とリバーシブル・ローン

高齢期を，夫婦だけで，あるいは単身で生きる人・世帯が増えてくる方向性については前述した通りであり，自分の家(持家)に住み続けながら経済的にも自立したいと考える高齢者世帯は少なくない。そうした要望である"第三の価値"への期待は，社会的要請とも言える。その"第三の価値"は，リバーシブル・ローンの利用によって形象される。リバーシブル・ローンの利用が活発になれば，既存の住宅ストックが流動化する，住宅市場の循環性も高まる，社会的資本のサスティナビリティも高まる，ひいては環境負荷も軽減できる。そのリバーシブル・ローンの代表的なプランは，持家高齢者向けの，厚生労働省社会擁護局が2002(平成14)年12月に創設した「死後一括償還型不動産担保長期生活支援

資金貸付制度（リバースモーゲージ）」である。

　リバースモーゲージは，住宅の所有権を取得する段階の住宅ローン（フォワード・ローン）とは明確に異なっていて資金の流れが逆方向（リバース）である。居住している住宅（持家）の「財産権」を，「居住権（終身）」と「受益権（長期生活資金請求権）」の二つの異種・異質の「権利」に「分解・変換（転換）」するリバーシブル・システムであり，「生存権」の私的実現のための方策である。既存の住宅を現金化するだけならば，不動産売買契約（取引）によっても実現できる。しかしリバースモーゲージの場合は，高齢者が居住している持家を返済原資に据えて，死後一括返済の設定を以って生活資金を長期的に借り出し，居住の継続は保証されることから，高齢期の「生存権的要件」が確保・保証される。とは言え，死後一括返済の取り決めは，日本人にしたら，感覚的に受け容れ難い，あるいは違和感を禁じ得ない，といった印象が強い。リバースモーゲージが社会保障制度の補完的な制度として普及・定着している欧米は，伝統的に個人主義が根源を成す社会である。翻って日本は，少なくとも最近まではイエを中核に据えた家制度を伝統とする社会であったから，イエを生活資金に転換して消費していく生き方（ライフスタイル）には罪悪感や嫌悪感を抱く向きもある。しかしリバーシブル・ローンは，様々なタイプやバリエーションを生み出しながら，暮らしのあらゆる局面で普及し浸透してゆくに違いない。既に日常生活の中で普及・定着しているプリペイド・カードやポイント・カードなども広義で捉えるリバーシブル・システムであり，ホンダなど自動車メーカーが採用している残価設定ローンなどでもやはりバリエーションの一つである。

　リバースモーゲージも，近い将来，日本に普及・定着する。その論拠はいくつか挙げられる。まず多くの意識調査からも明らかであるが，伝統的な家制度は都市部ほど形骸化している。家族像にも，大きな変化が起きている。日本の社会規範とも目された儒教的信念に基づいて形成された家族像は既に崩壊しつつある。起臥寝食を共にすることで団結してきた親族集団が形成・維持できない社会構造に替わってきたからである。家族は少人数となり，地域との連環性も薄く孤立している。だからイエと家族との一体感も薄弱になり，イエは相続

財から消費財に替わりつつある。したがって、日本の社会風土に馴染みの良いジャパニーズ・モデルのリバースモーゲージが開発されたら普及することは間違いない。現在、一部の金融機関が扱っているリバースモーゲージ商品は、欧米型模造の域を出ていないから利用件数も伸びない。現政権も、隔靴掻痒の感は拭えないにしても、成長戦略会議でリバースモーゲージの検討に着手している。

日本と欧米諸国のリバースモーゲージ市場には顕著な格差が見える。その要因は、(1)金融市場の格差、(2)住宅市場の格差、(3)法的環境の相違、(4)資産観やライフスタイルの相違、などである。では、日本にリバースモーゲージ市場が確立できていない理由(背景)をさらに詳しく考えてみよう。まず、(1)金融市場が未成熟であり高度な金融テクニックも乏しいから取引モデルにバリエーションがない、(2)人口流入などによる旺盛な住宅需要がない、(3)不動産市場の取引モデルにバリエーションがない、(4)相変わらず新築住宅が主流であり、中古住宅市場に需要がない、(5)リバースモーゲージの認知度が低い、(6)リバースモーゲージがノンリコースではない、などの各要素が連関しながら足枷となっている。しかし根源的な動因は、やはり国・自治体の財政難であり、いま一つは老親の世話・介護は家族の扶養義務の範疇として、公的支援には消極的な行政のスタンスである。公的制度の中に、いまだに家督制度の残滓が窺えるだけに厄介な問題となっている。

▼「現存性価値」

欧米社会であっても、老朽化した「家屋」はそれなりの評価しか得られない点では日本と変わらない。アメリカのリバースモーゲージでは、家屋(建物)が現存している事実(現存性)、高齢者が継続的に「主たる住居(Principal home)」として居住している事実、「性能・機能・デザイン」が備わった住居、などの要素が利用要件となっている。またアメリカのリバースモーゲージでは、建物を「土地の上に付着した構築物」として捉えていて、建物の老朽化や破損についても、交換(付け替え)や修繕によって回復できる程度ならば、住宅全体の資産評価を

大きく引き下げる要素とはしていない。アメリカやカナダでは，「住宅」の資産価値を，「生活する場所(living place)」，すなわち「居住用資産」として評価する。日本では，「住宅」を構成している「土地」と「建物」はそれぞれ独立性のある権利主体であり，個別の資産価値を評価する。この相違点が，中古住宅市場の国際的格差を顕在化させているし，リバースモーゲージ市場の格差にも関係している。カナダやイギリス，オーストラリアなどのリバースモーゲージも，やはり利用者が，「持家に継続して居住している」点が重要な利用要件となっている。その根拠として，まずリバースモーゲージが社会保障制度の一環であり政府の関与が濃厚な福祉制度である点，また公的福祉制度の対象は「生存権的居住用資産」だからである。だからこそリバースモーゲージの場合は，「家」からの永久的転出，売却，あるいは死亡などが，契約の継続・終了の確定条件とされている。「リバースモーゲージを必要とする在宅の高齢者」に，「高齢者の持家」の，市場原理に基づいた換金性(担保力)以上に重い「生存権的権利(居住福祉の保障)」の形象を実践しようとする福祉社会体制が，リバースモーゲージの普及・定着には不可欠な条件となっている。遺憾なことだが，日本のリバースモーゲージの実態は，生活困窮の高齢者向けの生活保護的措置の一環であり，「住宅地担保生活資金長期ローン」の範疇にあるから，不動産市場の明暗に左右される脆弱性は払拭できない。

▼現存性価値は「居住福祉性」

　その場所に，「現在，建物が存在している事実」に対して，法的な価値(法益)を新たに創設(法定)する方法で既存住宅の市場価値を補強することは，理論上，成立する。既存建物に対する現行の鑑定評価基準に基づく評価(原価法，取引事例比較法，収益還元法)の他に「非可視性価値」を法制度上に確立できれば，「現存することの価値(以降「現存性価値」)」は市場でも「経済的交換価値」として評価される。本書で言う「現存性価値」とは，都市計画法，建築基準法，民法などにすでに法定されている既得権とは別に，新たに創設するものであり，その論拠を主として省エネルギー・省資源や環境保全的効果に据え，広義では地球環境保

護にまで拡張させるものとする。例えば，新築後経過年数が40年を超えた住宅には，維持継続費用の融資(低金利や返済条件等)や税制面(消費税や固定資産税軽減等)での恩典的措置，あるいはエコポイントの割増措置などを講じる取り組みは，維持継続のインセンティブにもなるし付加価値ともなる。すなわち，住宅の良質な維持継続性を，「現存性価値」は，法制度上の各種緩和措置と金融制度上の優遇措置を以って形象される。住宅の「現存性価値」確立のための措置として，次のような内容が考えられる。

(1)　住宅の維持継続性を高める目的の「修繕・改造」に対応した特典・恩典措置(融資や税制上の優遇)。

(2)　使用年数(建築後経過年数ではない)に対応した税法上の特典・恩典的措置(取引上の各種税負担の軽減や固定資産税の軽減等)。

(3)　使用年数に対応した建築基準法，都市計画法，その他関係法上の特典・恩典措置。

(4)　使用年数に対応した解体廃棄処分上の特典・恩典的措置。

(5)　リバースモーゲージに対応した特典・恩典的措置。

こうした特典・恩典措置は，結果として住宅コストの軽減化につながり，裏返せば「経済的利益」ともなることから「資産性」の補強に結びつく。"住宅を短絡的に壊さない"体制づくりには，住宅産業と消費者の意識改革が必要となる。

▼生存権的居住用資産と応益税

厚生労働省の「死後一括償還型不動産担保長期生活支援資金貸付制度(リバースモーゲージ制度)」の利用者は住民税非課税の低所得者であり，既に住宅資産(居宅)の保有・維持に必要な経済的能力が著しく低い家計であるから，居宅の応益税の担税力も脆弱な状態にある。家計の収入が限界的な高齢者世帯にとって，居宅の応益性は生存権的であり限界的であるだけに，固定資産税の負担は重い。また租税概念である応能負担原則に照らしても，担税力の乏しい高齢者世帯の家計にとって，現役世代と同レベルの租税負担を課す税制は不適正で不公正である。逆に，租税負担軽減の実現は，年金収入に依存している高齢者世帯の家

計には副次的な資金的余裕を発生させるものであり，リバースモーゲージ制度との相乗効果も期待できる。繰り返しになるが，貸家や商業建物と異なって，基本的人権に基づいた最低限度の生活基盤となる居宅(持家)にも，現役世代と同等の租税負担を課している税制には法的な整合性がみえない。公的資金に貸出利息が課せられた長期生活資金を借り受けている高齢者世帯の居宅には，せめて固定資産税は免除を実施するべきである。少なくとも，居宅を返済原資に据えたリバースモーゲージ制度を利用しながら生活している高齢者世帯に対しては，資産税である固定資産税の減免措置の検討は喫緊の課題である。ちなみにアメリカのハワイ州ホノルル市では，高齢者の住宅に課する財産税(residential property tax)への軽減措置も講じられている。この軽減措置が，高齢者が持家を手放さないで保有していられる要因となっていて，その福祉的効用は言わずもがな，在宅でのノーマライゼーションの継続が社会保障財源の節減にも貢献している。こうした住宅の保有コストの軽減措置には，結果として住宅資産の持続性を補強する効果が明らかである。高齢者の持家の多くが老朽家屋であることから，その売買取引においてはリノベーションの選択以上に建て替え動機に結びつきやすい点も懸念されるからである。また固定資産税の軽減措置は，地方自治体の財源には負の要素となるものだが，住宅資産の持続性を補強する効果の方が環境負荷の視点からも優先されている。

図4-8は，居宅に課税される固定資産税の担税力(税率)と所有者(居住者)の年齢の関係を示している。収入が安定的な現役時代(65歳まで)は応能負担原則に基づいて高率の租税負担(担税力)が課せられている。しかし退職を機にして，除々に担税力(経済力)も減退する。そこで5年毎に，段階的に固定資産税の税率を引き下げていき，80歳以降は非課税とする構想である。とは言え，軽減措置の適用要件として，年齢条件の他に世帯の実質所得の確認など，その担税力の査定には慎重さが要求される点は断るまでもない。持家担保の長期生活資金の融資にも利息負担を課しているのだから，その担保不動産の租税負担を軽減する施策は法理論上でも合理的であり，スマートな高齢者福祉制度となる。

居宅の固定資産税の担税力
(住宅資産研究所)

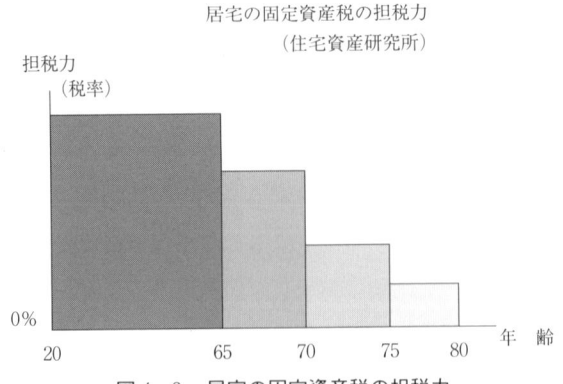

図4-8 居宅の固定資産税の担税力
出所:住宅資産研究所作成。

▼マンションとリバースモーゲージ

　前述の通り、厚生労働省のリバースモーゲージでは、マンションは対象から除外されている。その理由として、次の点が挙げられる。

　(1)　マンションは、単独の所有権に基づく戸建住宅に対して、区分所有権であり、土地についても、所有権ではなくて「敷地利用権」であるから、原則、分離処分は禁止されている(区分所有法22条)[9]。

　(2)　マンションは、区分所有権がゆえに「大規模修繕」、また「建て替え」で紛糾するケースが少なくなく担保性の不安材料の一つとなっている。

しかし、公的な居住福祉制度であるリバースモーゲージとしては、次の指摘において、マンションを除外している現行規定は不公正であり、不適正である。

　(1)　何らかの理由で街なかに「住み替え」したい高齢者の場合、マンションを転居先として検討することが少なくないはずである。また「高齢者住み替え支援制度」との整合性も問題になる。

　(2)　表4-2からも明らかだが、中古マンションと中古戸建住宅の売買成約事例から見ると、戸建住宅もマンションも、その築年数はほとんど同じである。したがって中古マンションの流通性(換金性)についても、中古戸建住宅と、特段の格差はない。建て替えの問題を除けば、マンションの方が戸建住宅よりも

表4-2　売買成約物件の平均築年数の推移(年)

年度	中古マンション	中古戸建住宅	年度	中古マンション	中古戸建住宅
1996	14.20	14.40	2001	16.13	16.65
1997	14.78	14.99	2002	16.09	17.14
1998	15.25	15.44	2003	16.21	17.63
1999	15.18	15.61	2004	16.66	17.89
2000	15.72	16.02	2005	16.86	17.89

出所：「築年数から見た首都圏の不動産流通市場」東日本レインズ資料より，住宅資産研究所作成。

生活利便性に優れている物件が多い。人口減少や，都市回帰などの社会情勢を勘案すると，マンションの資産価値を戸建住宅以下とするのは偏見と過少評価と言える。賃貸市場においては，マンションの方が収益性(家賃収入)が優位にある事例が多い。こうした事情からしても，マンションの担保力に遜色はない。

(3) 福祉国家として国民に保証している「社会権」の問題にもなりそうな懸念がある。「居住用資産」の形状・構造上の相違を盾に公的措置の利用資格を制限している現行規定は明らかに不公正である。マンションに住む高齢者も，戸建住宅と同様に固定資産税など等しく租税負担がある。

(4) 高齢者が戸建住宅に住み続けることは，その維持管理だけでも相当な負担になる。2006年初頭には，北海道や北陸地方の山間地では大雪による老人死亡事故が多発した。そうした地域では，積雪対策よりも，いっそ高齢者世帯を「街なか」へ「住み替え」させる計画を検討している自治体もある。将来，集合型住居に住み替える高齢者単独世帯は増加する方向にある。

政府も，2006(平成18)年度から，郊外の住む高齢者世帯に，「街なか」に住み替えを勧めて，その戸建住宅を，子育て世代に賃貸する政策の推進を決めている。大都市圏では，中高年層の「都心回帰」が，マンション市場を活発にしている。都市基盤整備公団の「都市・住宅に関する市民意識調査(2000〔平成12〕年)」によると，現在，戸建住宅に住んでいる中高年層(45～64歳)の2割強が，「マンション」を「終の棲家」として希望している。子育てを終えた夫婦だけの生活環境

ならば，生活利便性に優れた街なかのマンションが好感度が高い。更新が続きそうな長命化も，マンションのような共同管理型住居に住む高齢者世帯を増やす要因となっている。

2006(平成18)年5月末に閣議決定された国土交通省の「首都圏白書」の中では，地価下落で都心回帰が進行していると明記され，さらに郊外の住宅開発を抑制する必要性も指摘されている。リバースモーゲージがマンションをその対象外としている点は，こうした社会的傾向とは明らかに逆行している。

東京スター銀行が，2010(平成22)年8月から民間金融機関では初めてマンションもリバースモーゲージの対象として組み入れた。融資極度額の設定は，戸建住宅が評価額の8割，マンションの場合は5割相当とする。

住宅金融支援機構は，2001(平成13)年から「高齢者向け返済特例制度」でマンション建て替え工事費用を，60歳以上を対象に建て替え後のマンションを担保に1,000万円まで融資している。毎月の返済は利息のみで，元金は死亡時に，相続人が一括返済か，担保物件の処分で返済する。マンションの他に，自宅のリフォーム(バリアフリー・耐震工事)にも同様の融資をする。高齢者住宅財団が担保評価して連帯保証する。

4 多彩なリバーシブル・ローン

住宅(持家)の"第三の価値"を形象する方策であるリバーシブル・ローンは多種多様である。本書ではリバーシブル・ローンの内，高齢期を生活利便性に優れた場所に住み替える"移住型"に対して，それまでの"住まい"に住み続ける"定住型"とも言うべき3つのリバースモーゲージ・プランを取り上げながら住宅資産の"第三の価値"を明視する。

▼リバースモーゲージ・ローン

リバーシブル・ローンの典型的なプランであるリバースモーゲージ・ローン(不動産担保長期生活資金貸付制度)は，「居住の継続性」と「現金化と引き渡しの間

の時系列的ギャップ」の二つの要素によって、持家の"第三の価値"である"居住福祉的価値・効用"を具現化させている。またリバースモーゲージ・ローンの場合の「終身居住権」は、「所有権」に基づいた無期限性の権利であり、有料老人ホームの「終身居住権(利用権)」とは異なっている。また持家の土地の担保評価に基づいた「生活資金」の支給(融資)も保証されている。これらの「権利」のうち、「担保」や「債権」には、評価額や金利、また期間などによって捕捉できるが、「終身居住権」や「終身賃借権」についてはその「終了時」を予め設定することが難しく、リバースモーゲージ・ローンの課題(リスク)となっている。しかし、「余命」などの不確定要素でも、契約終了時については当初から100歳までと確定しておく方法が有効である。100歳までの余命とする制度の場合は、高齢者世帯が利用できる生活資金が少なくなる計算だが、子供に現金の一部(相続分)が残される可能は高まり、何よりも「担保割れ」のリスクが圧倒的に軽減される。現実には、必ずしも「長生き」のケースばかりではなくて逆のケースもあるはずだから、大数理論からしても長命化リスクは大きな問題にはならない。不確定要素の解決方法の一つとして、アメリカのリバースモーゲージと同様の「政府系債務保証保険」を用意して、過剰融資や市場変動(不動産価格や金利など)のリスクヘッジとする仕組みである。また米国シラキュース市(Syracuse, NY)の住宅供給組合(Home Head Quarters Inc)の住宅資産価値保証保険(Home Value Protection)などのタイプの保険でもリスク回避策としては有効である。

▼ドメスティック・リバースモーゲージ

セール・リースバック(SLB : Sale Leaseback)は、リバースモーゲージの一種であり、借り戻し特約付き建物売買契約とも言い換えることができる。SLBは、企業が事業用の固定資産(建物・施設等)に投じた資金の回収(解放)のスキームとして内外でポピュラーである。アメリカの一部の地域では、リバースモーゲージのバリエーションとして、SLBが利用されてきた。高齢者が、住んでいる家を第三者に売却するのだが、そのまま賃借人として住み続けるプランである。売り手の高齢者には持家の売却代金が手に入り、月々の家賃負担(相場より低め

設定)で住み続けられるメリットがある。アパートメントやコンドミニアムに住み替えて生活をダウンサイジングするよりも、それまで住んでいた家に住み続けたいと考える高齢者にとっては、好都合な生活資金調達プランとして利用されてきた。持家の買い手は、家族であったり、また親戚や友人知人であったりする。子供が、親の家を買い取り、親は、子供(買い手)に家賃を払いながら住み続けられる。親は、住んでいる家を子に遺贈するのではなくて、売却する。蓄え(金融資産)が十分でない老親の家計に、住んでいる家の売却代金が入る。SLBは、相続でも生前贈与でもないから課税負担もないに等しい。アメリカでは、SLBは老親の生活資金を捻出する方法の一つとして、家族の関係の中で執り行われることから、「ドメスティック・リバースモーゲージ(Domestic Reverse Mortgage)」として普及してきた。SLBが不動産事業として税法上のメリットがあった時期は家族以外の第三者(投資家・銀行)の参入もあったが、税法改正によって利用件数は減少している。

　日本の社会ならば、親子間で、親の住んでいる家を売り買いする取引(契約)は奇異な行為に映る。したがって、金融機関のすべてが親子間取引の住宅ローンを取り扱っているとは限らない。しかし住宅ローンを利用する場合は、利用者は購入した住宅に居住することが必要条件になっている。親と同居しない家族の場合でも、専用住宅ではない収益物件(家賃収入のある事業用建物)の購入資金ならば、ほとんどの金融機関が事業用建物の購入資金として融資する。当事者が親子の関係にあっても、契約内容が住宅ローンの要件を満たしている限りは融資を拒む理由がないはずである。一部の金融機関の姿勢にも、いまだに旧弊な家族観や硬直的な資産観が認められるが、将来的には金融市場の多様化が進められるはずである。

　SLBの場合は、住宅の「所有者」であった高齢者が、「賃借人」の立場に替わる選択である。高齢者世帯の家計で考えれば、住宅を「所有」することで賃料などの負担がない代わりに、所有にかかわる公租公課(固定資産税・都市計画税等)や住宅の維持修繕費などの負担は避けられない。しかし「賃借人」の立場に替われば、毎月の家賃負担があるが、他に負担はない。「賃借人」の立場の問題点を挙

げるとすれば，建物賃貸借契約の継続性の保証や賃料など契約内容の変更に対する不安がある。しかし，こうしたリスクは貸主側のリスクともなる。高齢者の賃料負担能力の不安と賃貸借契約の継続性が予測できない点，また加齢による判断能力の低下などの問題がある。またSLBの場合は，親の家は子に承継させる相続財産ではなくて，第三者に売却する住宅資産として扱う資産観に立脚したプランである。意外な印象を受けるのだが，アメリカ人の方が，日本人以上に「子に住宅を遺したい」意向が強いとする調査結果もある。にもかかわらず，最近のアメリカでは政府系リバースモーゲージの利用件数が急激に伸びている。サブプライム・ローン問題の後もリバースモーゲージの利用者が増えているのは，需要を失った住宅市場で家を売却できない持家高齢者が，自分の家に住み続けながら，家の資産価値（ホーム・エクイティ）を生活資金に変換できる公的リバースモーゲージのホーム・エクイティ・コンバージョン・モーゲージ（HECM：Home Equity Conversion Mortgage）を利用して，マイホームの"第三の価値"を享受しようとするからである。HECMではなくて，SLBを利用する選択には，HECMならば発生する借入利息や諸費用の負担がない，親子間の売買契約だから贈与税や相続税の負担もない，お互いに信頼感がある，などの点がメリットであるが，イエを「売却」する選択には譲渡益課税がデメリットとなる。

　またリバースモーゲージの利用者の死後，担保の住宅を売却処分して一括返済する際に，現行の税制では相続人に譲渡益税が課税されるケースがある。この点は，政府の成長戦略会議で俎上に乗せなければならない課題である。

　一方，SLBで高齢者の家を購入する買い手のメリットとしては，まず売り手の高齢者からの家賃収入（不動産収益）がある。税法上のメリットとして，売り手の高齢者との建物賃貸借契約の締結によって不動産貸付事業が明確になることから，建物に関する減価償却や借入利息に対する税法上のメリットも享受できる。また住宅を取得する行為（投資）は，不動産市場の変動による正負の経済効果を享受することにもなる。高齢者にしたら不動産市場の変動リスクの回避の方がより優先的となるはずだから，持家を売却するSLBは安全策とも言える。

表4-3　リバーシブル・ローンのバリエーション

リバースモーゲージ(所有権の留保)		
持家の「所有権」の分解・変換	①「終身居住権」	
	②「生活資金長期借入の担保」	
住み替え支援型リバースモーゲージ(収益型)		
持家の「所有権」の分解・変換	①「賃貸料請求権(定期借家権付賃貸契約)」	
	②「生活資金長期借入の担保」	
セール・リースバック(SLB：所有権の移転)		
持家の「所有権」の分解・変換	①「終身賃借権」	
	②「債権(住宅売却代金請求権)」	
信託型リバースモーゲージ(財産権の移転：信託財産化)		
持家の「所有権」の分解・変換	①「終身居住権」	
	②「債権(受益権)」	
固定資産税延納制度(PTD：納税義務の変更)		
持家の「所有権」の分解・変換	①「終身居住権」	
	②「固定資産税延納の担保(債務)」	

出所：住宅資産研究所作成。

　またSLBの場合は，高齢者は，住んでいる家の所有権を建物売買取引によって買い手に移転させるが，その代わりに譲渡代金請求権を手に入れる。SLBでは，譲渡した家を賃借する特約条件によって売り手は建物賃借権を与えられ，代わりに賃借料の支払義務を負うことになる。すなわち，売り手の高齢者は，住居の"第一の効用"である「居住空間の便益」と，同時に，"第二の価値"である「経済的価値」を売却代金として手中にできる。すなわち，「居住福祉的価値・効用」の"第三の価値"まで享受できるシステムがSLBなのである。

　表4-3の5種類のリバースモーゲージの他にも，新しいモデルの創設は可能である。持家(居住用資産)が包摂する法的権利と用益性を，市場性向に基づいたスキーム(分解・接合・転換・交換等)を駆使して，相対的要素のコンビネーション(権利・義務，債権・債務，順・逆等)システムが構築できる。その結果，固定資産がキャッシュ・フローや多彩なサービス交換機能に転換できる。不動産市場における取引(契約)形態も，これまでの売買・賃貸・交換等の他に，新たな

取引モデルを模索する時代を迎えている。硬直的な公的リバースモーゲージ制度とは一線を画したクリエイティブな民間制度リバースモーゲージの開発に取り組む時期にある。

5　日本のリバースモーゲージの問題点

　少子高齢化が，リバースモーゲージ普及の重大な隘路となっている。少子高齢化は，リバースモーゲージの三大リスクのうち，利用者の長命化と，不動産市場の低迷(住宅価格の低下)の２つを示唆しているからである。また少子化は社会保障制度の財源を縮小させ，長命化は社会保障費の増大を示唆することから，近い将来，現行の社会保障制度の瓦解も危惧されている。となれば，医療費・介護費用の個人負担率は上昇する。したがって持家高齢者の自助的な経済自立(リバースモーゲージ)への期待は膨らむ。しかし肝心の持家の資産価値はこの先も下落傾向が予測されている。こうしたジレンマが，制度改革で回避されない限り，現行のリバースモーゲージが日本に普及・定着することは絶望的である。高齢者自らが，私財(持家)を，高齢期の経済的自立に自発的に振り替えようとする取り組みのリバースモーゲージについては，生存権的な「自己年金プログラム」とも理解できるだけに，その普及に向けた政府の革新的支援を要請したいところである。

▼長命な日本人と短命なイエとリバースモーゲージ

　人と住宅の，それぞれの平均寿命のバランスは，住宅市場やリバースモーゲージ市場に明暗を落とすものである。図３−１で明らかだが，日本の住宅の平均寿命は約40年であり，日本人の平均寿命(男女)が83歳(平成23年)であるから，65〜75歳辺りで建て替えの時期を迎える。

　リバースモーゲージを利用する場合を想定して検討してみよう。リバースモーゲージの利用者が70代だとすれば，その持家は建て替え直前であり，家屋の資産(担保)価値はほぼゼロに等しいことになる。とすれば，日本のリバースモ

ーゲージでは，建物を評価しないで，「土地」だけの担保価値で融資する方式には妥当性がある。マンションの場合でも，平均的な建て替えの時期が築後45〜50年程度とすれば，区分所有権だけに戸建住宅以上に担保力が乏しくリバースモーゲージの対象とすることは難しい。例えば30歳で住宅を取得したとすれば，平均的には70歳辺りで建て替え(買い替え)になる。次の世代と同居するなら別だが，高齢者だけの単独世帯の場合，建築資金や余命を勘案すると建て替えは難しい。結局，それまでの住宅を処分して，有料老人ホームに入居するか，生活が便利な場所の中古マンションなどに住み替えることに落ち着く。こうしたケースでも，公的リバースモーゲージを利用しようとするならば，マンションではなくて，また戸建住宅に住み替えしなければならない。

　アメリカの住宅の平均寿命は約80年であり，アメリカ人の平均寿命は78歳(男女)であるから，日本の場合と比べると建て替えまでに約40年以上の残存価値(使用年数)を保っている。さらにアメリカの住宅市場では中古住宅取引が主流であることから買い手も見つけやすい。したがって融資側からすれば貸付金回収の確実性が高いことになる。そのうえ政府系の制度保証保険制度も整備されているから，アメリカのリバースモーゲージはノンリコース・ローンである。

　こうした日米比較からすると，日本のリバースモーゲージは，アメリカのリバースモーゲージとは別の仕組みでなくてはならない。まず，他に転居して空き家になった持家の土地(清算時には更地にする)だけを返済原資に設定した「転居型リバースモーゲージ」が必要となってくる(後述)。

　「転居型リバースモーゲージ」では，現行のリバースモーゲージと異なった条件として，利用者が転居して空き家状態にある持家(土地)を担保にした融資となり，その返済は，やはり死後一括返済方式とする仕組みである。土地の利用権に基づいたマンションの場合は，「転居型リバースモーゲージ」の対象外となってしまう。

▼日本のリバースモーゲージの制限性

　高齢者の持家を担保にしたリバーシブル・ローンともいうべきリバースモー

ゲージには，住宅ローンとは異なった担保要件がある。公的リバースモーゲージ制度の場合は，持家は完全な所有権(無担保設定)の戸建住宅であり，その評価額が1,000～1,500万円以上の土地(敷地)であること。また数年毎の担保評価に基づく融資限度額の見直しも定めている。さらに，持家に住み続ける(継続居住)義務，両親以外の家族を同居させない等の生活要件もある。以上の規約はリバースモーゲージの利用を難しくする制限的要件である。日本に欧米並みのリバースモーゲージ市場を構築しようとするならば，融資条件を次のように変更・改廃しなければならない。

(1) 持家(戸建)の場合，建物評価はゼロとして，「土地」だけの担保評価に基づいた融資設定である。日本の家屋の耐用年数は欧米の半分以下の40年程度であり，高齢者の持家の大半が老朽化で資産価値(持続性)が失われている背景がある。図4-9は，住宅ローンとリバースモーゲージの対比である。左の図形は住宅資産を形成していく時系列的イメージであり，右側の図形は日本のリバースモーゲージを利用した場合の時系列的イメージである。住宅ローンの場合は，借入を返済していくから時系列的に自己資産(Equity)比率が増えていく。しかし日本の場合は，退職後にリバースモーゲージを利用する段になると，家屋の担保価値はゼロ評価(評価の対象外)であり，土地(敷地)分だけの評価になってしまう。

(2) 土地の持分が戸建住宅に比べて少ないマンションは融資の対象外であり，マンションに住む高齢者世帯は公的な居住福祉制度を利用できないといった不公平な事態が生じている。また土地の担保力(相場)だけに立脚(依存)した融資だから，不動産市場の景況を受けやすく，生涯(終身)型年金原資としては不安定性が問題視される。担保評価の変動に融資期間が連動する現行制度には居住福祉性はない。契約時に設定した条件は，原則，生涯固定として，市場変動に起因するリスクは政府系保険で補填する仕組みにするべきである。

(3) 本人(夫婦)以外の同居人(両親は可)を阻む規約は，世帯を孤立させ周囲との無縁化を助長する。また子供の介護同居も容認されない制度は公的福祉制度とは言えない有名無実の公的福祉制度の一面がある。

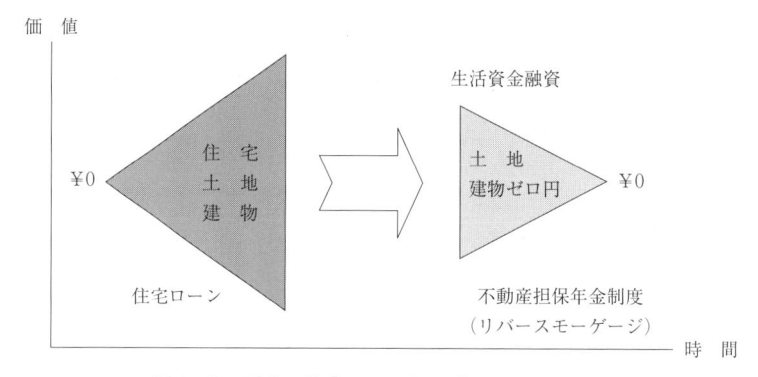

図4-9　日本の住宅ローンとリバースモーゲージ
出所：住宅資産研究所作成。

　2009(平成21)年の国立社会保障・人口問題研究所の世帯動態調査によると，30歳代後半の男性の4割が親と同居している。利用者の両親以外の同居を不適格要件とする現行のリバースモーゲージは困窮する高齢者世帯を救えない。同居している子に連帯保証させる改正が必要になってくる。

　静岡県三島市に在住する親子3人(子は40代で障がい者)の家族は，厚生労働省のリバースモーゲージを利用するため，子を別の場所のアパートに別居させている。

(4)　子(推定相続人)の連帯保証が義務づけられているが，家族内の問題が表面化しそうな要件である。親が，持家を返済原資として，老後の生活資金に転換していくのに，子の連帯保証を必要としているリバースモーゲージ制度は誤りである。親がその私財を処分するのに子の同意や保証は不要であり，必要だとしているリバースモーゲージは法律的不整合性が問題になる。

(5)　持家の「土地」の担保評価に下限値が設定されているが，居住地に起因する格差・差別と糾弾される要件である。また生活保護法のリバースモーゲージの評価設定と相違する点でも問題がある。地価の低い地域では，土地の他に，生命保険(生存保険)証書への質権設定なども担保力の補填として認めるべきである。

(6)　利用者の所得制限も不公正な要件である。富裕層の利用を懸念しての要

件であろうが噴飯物である。現行のリバースモーゲージは，困窮世帯救済の生活保護的な制限性や狭隘性が強いだけに利用件数が少な過ぎて制度的発展が見込めない。世情と乖離した制限性が制度基盤の拡大を阻むものであり，大数理論も成立させない要因となっている。所得制限の上限値を引き上げて利用者枠を拡大すれば，制度発展への途も見えてくる。いっそ高齢者向けのローンに限定しないで，自己資産を流動化させるリバーシブル・ローン商品として間口を拡大すれば，成熟社会の金融商品としても普及・定着する公算もある。

(7) バリエーションがないから利用者も少ない。大都市も地方も同じ平板的設定だから，どちらにも不具合で利用し難くさせている。生活困窮(住民税非課税者)の高齢者で単独世帯だけを対象にした，生活保護前の生活救済型制度だけに，長命化で顕在化する新たな生活ニーズにも適応できていない。また信託銀行との提携プランの開発も検討されるべきである。この先も更新されそうな長命化は，判断能力が危うい利用者数を増やすばかりだからである。

(8) ハウスメーカーや金融機関のリバースモーゲージは地域限定のプランであり，全国版ではない。しかし大都市圏では，公的年金制度の補完的なポジションとして，一定の利用件数が公表されている。地方の場合は，都市型と異なったタイプのリバースモーゲージの開発が待たれるところである。後述のNPO法人リバースモーゲージ推進機構では，地価の低い地方のリバースモーゲージの開発も視野に入れている。生活資金の融資と協住型コミュニティ(コハウジング)のドッキング・プログラムで，持家の"第三の価値"である居住福祉的価値・効用を形象しようとしている。

6　日本のリバースモーゲージの課題

長寿社会である日本のリバースモーゲージは，高齢者世帯の様々な生存権的生活ニーズに適応できるよう，次のような抜本的改革が必要となる。

(1) 持家の担保価値を，土地だけの資産価値と限定してしまう現行制度では，土地と建物が一体で形成する「居住空間性価値・効用」は評価されない。また最

適用途の利用ならば経済的(収益性)価値も期待できる建物もある。土地に対しても、更地の市場価格だけに基づいた評価だから、資金回収方法も売却(競売)処分だけになる。その持家の立地条件を最大限に有効活用するリアル・エステイト・マネージメント(Real Estate Management)のスキームまで制度運営に盛り込むならば、制度効果が不動産市場にとどまらず内需拡大にまで発展する可能性は現実的である。

(2) 融資契約期間の終了が、数年毎の担保評価の見直しで早まる危惧もあり、加齢に逆行する非人道的な決断を迫る仕組みである。欧米制度と同様にノンリコース・ローン(非遡及型融資契約)にするべき性格の融資である。アメリカやカナダ、またオーストラリアなどのリバースモーゲージはほとんどがノンリコース・ローンだから連帯保証人は不要であり、シンプルである。

(3) 全国一律で平板的な融資だから、地域性に馴染まない不具合が多い。利用要件においても、地域性の反映(地価、家族条件)が必要である。家は先祖の祭祀のために子孫に継承していく場所(非売地)と考える沖縄県では、現行のリバースモーゲージは利用できない。[14]

(4) 生活支援系の公的制度に共通する傾向とも言えるのだが、リバースモーゲージの普及でもっとも問題視される点は、担当部署(社会福祉協議会)の消極的な対応である。窓口の職員がリバースモーゲージの存在さえ知らない社協も珍しくない。地方自治体の財政負担がその理由らしいが、現状では積極的に普及させようとする姿勢は見え難い。リバースモーゲージは、資金回収の時期も不確定であり、家族の問題であることから第三者の介入が難しい、などの点も普及を阻んでいる要素である。

筆者は、2011(平成23)年12月に、静岡県伊豆の国市の介護支援専門員(29名)を対象に、「リバースモーゲージに関するアンケート調査」を実施した。その結果は、要支援・要介護サービスの利用を認定された高齢者から、「現金収入に対する相談を受けたことがある」(9名)、「リバースモーゲージに関する相談を受けた」(1名)、またケアマネージャーからは、「リバースモーゲージを知っていた」(1名)、「リバースモーゲージについて情報が必要」(17名)であった。

第4章　持家福祉のリバーシブル・ローン

表4-4　リバースモーゲージによる生活資金受取額

受取方式	受給開始年齢(歳)	住宅資産価格(万円)	
		1,000	3,000
一括	65	610	1,830
	75	708	2,124
	85	775	2,326
年金(年間)	65	28	85
	75	53	158
	85	114	341

出所：内閣府「平成17年度年次経済報告」「リバースモーゲージによる生活資金受取額の試算結果」より，住宅資産研究所作成。

　厚生労働省の不動産担保生活資金(旧長期生活支援資金)貸付制度(リバースモーゲージ)が導入されたのは2003年度からだが，自治体の財政的負担(3分の1)や利用者の家族問題などの煩雑さなどから，その取り組みには消極的な自治体が少なくない。ちなみに静岡県の利用件数は，2008(平成20)年までの累計で33件(要保護世帯2件を含む)であった。利用件数の低調さについて，筆者が静岡県沼津市社会福祉協議会に尋ねたところ，(1)申請に必要な持家の鑑定評価費用の自己負担，(2)住宅(土地)評価額の下限規定，(3)推定相続人の連帯保証の取り付け，(4)家族の同居の拒否などの点が障害となって成約にまで至らないケースが多いと，担当者は話している(2011〔平成23〕年12月7日)。

　表4-4は，内閣府の「平成17年度年次経済報告」の中の「リバースモーゲージによる生活資金受取額の試算結果」の一部である。表の住宅資産価格は「土地(敷地)」の価値となるのであろう。

　人口20万人前後の地方都市で，平均的住宅区画(50坪)の平均的地価を1坪(3.3㎡)単価20万円程度と想定するならば，持家高齢者が75歳からリバースモーゲージを一括受取方式で利用すると708万円の受給となる。年金方式で受給する場合なら年間53万円だから，13年先の88歳まで受給できる。しかしこの計算も3年毎の担保評価の見直しで受給額の減額や受給年数が短縮される可能性は否定できない。誰も自分の余命を知らないだけに，将来の不安が払拭できない

リバースモーゲージへの信頼度は低い。

　鈴木亘氏は，論文「リバース・モーゲージと高齢者資産の有効活用について(2007年)」の中で，リバースモーゲージについて，社会保障改革の救世主となるほどのインパクトではなく，過度な期待はするべきではないと結論している。[15]

　現行のリバースモーゲージは，所詮，高齢者の居宅を担保とする年金ローンの域を出ないが，所有権保持の継続居住と死後一括返済の仕組みは，公的年金以外の現金収入がない高齢者世帯にとって期待したい経済的支援の一つであることは間違いない。リバースモーゲージは，住宅売買契約に基づいた前受金制度ともいうべきプランでもあり，その利用に肩身の狭い思いは無用であり，自衛的で自助的な自己年金プランと考えるべきである。

　本書では，次のような仕組みの「リバースモーゲージ」を提言したい。
・当初の契約時に取り決めた融資条件(融資限度額・金利)は固定であり，途中の変更は一切ない。
・契約終了時以降は自動的に生活保護に切り替わり，利用者(生存配偶者も)の終身居住権が明文化され保証される。
・政府系住宅資産価値保証保険の加入で連帯保証人は免除される。
・同居人に対する制約はない。
・生活上必要と認められる住み替え(買い替え)にも対応する。

　いずれにしても現行のリバースモーゲージは有名無実な画餅でしかない。その主因は，高齢者向けの年金制度の基本的要件を満たしていない仕組みにある。リバースモーゲージは紛れもなく自助的な自己年金制度の一種であり，したがってリスクテイカーは事業者でなければならない。然るに利用者をリスクテイカーに据えている現行のリバースモーゲージは公的福祉制度ではなくて，死後一括償還型不動産担保融資に過ぎない。個人の生存権的私財である住宅(居宅)を社会保障制度の補完的意図を以って費消するリバースモーゲージには，政府も格別に配慮して然るべきである。具体的な配慮として，まず制度リスクに備える政府系保険の新設であり，制度要件の抜本的見直しが必要である。財源が乏しいから積極的に普及させられない，だから利用件数は少ない，したがって

制度リスクの分散も難しいといった悪循環を断ち切らない限り，日本のリバースモーゲージは利用できない居住福祉制度として終息してしまう。

　将来，日本にリバースモーゲージが普及・定着できたならば，住宅資産のサスティナビリティは補強され，持家が高齢期の「健康で文化的，かつ快適な生活」を支える経済的原資となって，"長命化"が個人や家族のリスクにならない高福祉の成熟社会を体現させてくれるはずである。

7　リバースモーゲージと信託

　中世のイギリスに発祥したと言われている「信託」は，家族間で行われる財産承継の仕組みであった。現在でも，イギリス，アメリカ，カナダ，ニュージーランド，オーストラリアなど英米法(コモン・ロー)系の国においては，当初から現在に至るまで，信託は個人のエステイト・プランニング(資産管理)，すなわち「家族間信託(family trust/discretionary trust)」として重要な役割を担ってきている。

　日本では，1922(大正11)年に，規制法として信託業法，実体法として信託法が制定され，以降は実質的な改正は行われなくてきた。しかし，この80余年間，日本の社会や経済の構造的な変貌は目覚しく，信託に対する社会のニーズも多様化してきた。その結果，2004(平成16)年に信託業法が改正されて，知的財産権等を含む財産権一般の信託が可能となり，信託業の担い手も拡大されて金融機関以外からの参入も可能と改められた。日本においても信託の発展はみられたのだが，貸付信託が主流であって，諸外国のような家族間信託の類の業務は扱われてこなかった。日本の社会は，古来，家制度や家督制度が連綿と継承されてきており，家財の管理・承継は家長と不文律的に定められてきた。しかし少子高齢化が引き金になって，家族の構造や意識，また生活スタイルの多様化などから個人主義的な生活観や資産観が台頭してきている。また金融市場や不動産市場も構造的な複雑化と拡大化が進み，個人財産の管理・運用にしても高度な専門的知識・情報が必要となってきている。こうした背景と，毎年更新す

る長命化は，高齢期の生活の自立と，私財の管理・運用・処分などに専門的知識や情報，また処理能力が必要になってくる点を示唆している。

　2010(平成22)年7月に，中央三井信託銀行とプルデンシャル生命保険との共同開発で生命保険信託商品(生保信託)が新たに発売された。2011(平成23)年4月から，りそな銀行とアリコジャパンが組んで生保信託の取り扱いを始めた。この生保信託商品では，契約者の死後の保険金の受取人の指定・変更，また支払方法や使途などまで信託会社が継続的に管理する。この商品開発の背景には，急増する保険金の相続トラブルがあり，また幼い子供や知的障害者，認知症の高齢者などが受取人になる場合は親族が保険金を管理するケースが一般的なことから契約者には不安材料となっている，などの事情がある。今後，長命化が進む日本社会にあっては，私財の第三者管理(信託)が普及・定着することは間違いない。

▼不動産信託型リバースモーゲージ

　リバースモーゲージは，高齢者や高齢者世帯の経済的困窮，不動産(住宅)の年金化(融資)，連帯保証(相続人)などの要件で構成されている。これらの要件は「信託」とも共通する点であり，その連携や融合を検討するとき，双方の特性には整合性や適合性が認められる。しかし信託契約の場合は，高齢者(委任者)から住宅資産の管理・運用・処分を委託された受託者(信託会社)が，その裁量で，受益者(持家高齢者)のために，連続的(リバースモーゲージならば死亡時・転居時まで)に信託業務を継続させていく。また信託は高齢者の財産権の保全や財産管理・運用ばかりでなく，生活上の身上監護など成年後見制度の転用を含めた安全で有効な法的基盤も提供できる。高齢者が，将来，加齢などによる判断力・法的能力の喪失，せん妄・認知症などに陥った事態を想定する時，成年後見よりもむしろ信託の方が専門的知識・情報や処理能力などの面では圧倒的に信頼度も高く合理的であり，不正・犯罪なども起こりにくい。リバースモーゲージには，信託契約ならば包摂できる身上監護など生活全体に及ぶ支援サービス機能はない。

標準的な不動産信託型リバースモーゲージは,「受益権」の扱いの違いで次の二つのタイプに分けられる。まず「受益権売却プラン」では,高齢者は委託者・受益者として,その持家の管理・処分を目的にした不動産信託契約を結び,その家に賃借人として住み続ける。受託者は受益権を斡旋して売却し,その資金を委託者の生活資金に充当する。信託契約の終了,あるいは委託者(高齢者)の死後,受託者は信託財産を処分して清算する。清算後に余剰金が生じた場合は本人,あるいは相続人に返還する。「受益権売却プラン」では,持家の「所有権」が信託契約によって「賃借権」と「債権(受益権)」に転換される。次に,「受益権担保プラン」では,委任者・受益者である高齢者は,その持家(信託財産)の使用貸借契約を信託者と結び,無償使用する。また受益権を質権担保にしながら金融機関と金銭消費貸借契約を結び,生活資金を借り出す。信託契約の終了,あるいは委託者の死後の債務処理は受益権売却プランと同様である。「受益権担保プラン」では,持家の「所有権」が「使用権」と「債権(受益権)」に転換される。

また信託契約プランの一つに,信託法第90条に基づく「遺言代用信託」がある。高齢者(委託者)が生前に財産(持家)を他者(受託者)に信託して,生存中は委託者自身を受益者とし,死亡後の受益者として他者(配偶者・子,他)を指名する信託契約である。遺言代用信託の場合は,持家高齢者が加齢などで判断能力・法的能力を喪失した場合でも問題が起こりにくい。例えばリバースモーゲージの利用者の死後,一括返済する場合であっても,根抵当権に基づく物件の処分には相続人の同意が必要になるが,信託財産を処分するのに相続人の同意は不要であり,確実である。

不動産信託契約とSLB (Sale leaseback)には共通点が多い。どちらも高齢者(委任者・売り手)の持家の所有権を第三者(受任者・買い手)に移転させるのだが,高齢者は契約後も,その家に住み続けられる(利用権)点と,所有者から賃借(使用)の立場に入れ替わる点,住まいに関わる金銭的負担や維持管理などからも解放される点,そしていずれもが現金収入(借入金・受益権の売却代金)が得られる点などである。信託契約では,「受益権」を担保にした融資が受けられる,あるいは「受益権」を譲渡して「年金商品」を購入する方法が選択できる。

SLBの場合も，買い手から現金(割賦払)を受け取れる，あるいは一括払いも選択できる。信託とSLBは，不動産を「所有」する負担から解放されて，「利用」と「収入」が確保できる仕組みであり，どちらも居住福祉的価値・効用(第三の価値)が享受できる。フランスのビアジェもやはり同様の効用がある。

　また信託の活用方式のバリエーションは実に多彩である。土地信託の場合ならば，賃貸型，処分型，等価交換型などのプランがある。たとえば高齢者の持家であっても，その敷地(土地)の規模によってはリバースモーゲージの信託プランだけではなく，さらに大型の事業プランの検討も可能である。本書では紙幅の都合で触れないが，機会があればリバースモーゲージの事業版として検討してみたい。

▼信託商品「リバースモーゲージ信託」

　朝日信託の「リバースモーゲージ信託」は，「任意後見付財産管理運用信託」である。朝日信託の「リバースモーゲージ信託」の場合は，60歳以上のシニア世代が(持家)を処分しないで，そのまま住み続けながら生活資金を調達できる。持家高齢者は朝日信託と信託契約を結び，受益権を受け取る。指定金融機関が根抵当権を設定する方法で，融資枠を設定する。利用者(委託者：持家高齢者)は，設定された融資枠の範囲内で借入を行い，生活資金や医療費，また介護費用などの支払いに充当することができる。

　また「リバースモーゲージ信託」の場合は，配偶者以外の家族が同居しているケースや，賃貸併用住宅の場合など，他のリバースモーゲージでは対応できない利用者側の条件であっても対応できる。また「リバースモーゲージ信託」では，任意後見機能も付与されているから，利用者が，万が一，認知症になった後でも，生活資金や医療費，また介護費用などを引き続き金融機関(朝日信託の場合は東京スター銀行)から借り続けられる。利用者の相続が発生した後は，その家を処分して借入金を返済し，余剰金は相続人に返還する。また利用者の相続発生後も，生存配偶者が金融機関の利用資格要件を満たしていれば引き続き「リバースモーゲージ信託」を利用することもできる。

「リバースモーゲージ信託」が他の金融機関のリバースモーゲージ商品と異なっている特徴は，次の通りである
　(1)　他のリバースモーゲージでは対応できない条件(配偶者以外の家族の同居や賃貸住宅併用)であっても利用できる。
　(2)　利用者の死後も生存配偶者が継続できる。
　(3)　利用者が認知症になった場合でも継続できる。
　(4)　利用者が認知症になった場合は，身上監護および財産管理に関して任意後見人と朝日信託が連携してサポートする。

8　民間制度リバースモーゲージ

　この先，平均的な日本人の高齢期は60代から90代にまで及ぶ。せん妄や認知症に陥る可能性は高まり，生活の自立能力は著しく弱まる。"住まい"の維持管理能力さえも喪失する認知症のリスクも高まる。高齢期では，持家であっても，その法制度上の財産権(所有権)を保持することよりも，むしろウェルビーイング・ライフ(Well-being Life)の確立に資する権利への転用の方が現実的であり優先的になる。すなわち持家の所有権を異種・異質の権利(居住福祉性サービス)に転換(分解・変換)する手法で形象できる。
　世界一の長寿国である日本のリバースモーゲージには，成年後見制度や信託契約など第三者管理機能を付帯・連携させる必要がある。個人資産(持家)の所有・管理でも，長命化と加齢に因る管理能力の衰耗とは背反的であることから第三者への管理委託(信託)は必至である。
　認知症などで判断力が衰えた高齢者の財産を守る成年後見制度が，2012(平成24)2月から信託契約を使った新しい仕組みの「後見制度支援信託」[18]として導入されている。大きな財産は信託銀行が預かり，家庭裁判所の了承がなければ引き出せない仕組みである。また厚生労働省は老人福祉法を改正して，貢献活動を適正にできる人材の育成・確保に乗り出す。まず先駆けて2011(平成23)年度に市民後見人の養成などのモデル事業を全国37以上の自治体で展開している。

売買契約　補佐・介入　売買契約
条件調整　　　　　　割賦販売　買い手

所有者　　　サポーター　　　最終所有者
(高齢者)　　NPO法人

図4-10　高齢者持家年金化スキーム(不動産割賦売買型)
出所：住宅資産研究所作成。

　古くからリバースモーゲージが利用されてきた欧米社会では，私財の利益を法的所有権から分離・独立させる「信託」の概念(Legal ownership from beneficial enjoyment)が英米法によって確立されてきた。英米法体系社会の伝統的な持家年金制度(リバースモーゲージ)を法体系(Legal System)の異なる日本(大陸法)に取り込もうと目論むならば，文化や法体系の垣根を超えたハイブリッド・コンセプトに基づいて日本版の仕組みを検討しなければならない。成熟社会の日本の場合，あらゆる局面において，既存・在来の社会的資本であれ，私財であれ，シェアする社会的概念が求められる。またその具現化のため基盤としてソーシャル・ネットワークも必要になる。

▼ **NPO法人と民間制度リバースモーゲージ**

　NPO法人とは，不特定多数のものの利益増進に寄与することを目的にして市民が行う自由な社会貢献活動(特定非営利活動)の健全な発展を促進させるべく，NPO法(特定非営利活動促進法)に基づいた法人格が付与された団体を指す。換言するならば，市民(民間)のオープンな団体であり，不特定多数のもののための利益増進に寄与するサービスを提供する活動を行い，なおかつ営利を目的にしていない，などの条件がNPO法人の要件となっている。したがって，民間制度リバースモーゲージの開発・実行に際して，NPO法人が「公正で善意の第三者」として関わることによって，民間制度リバースモーゲージが多様化し，また居住福祉性が拡大する。

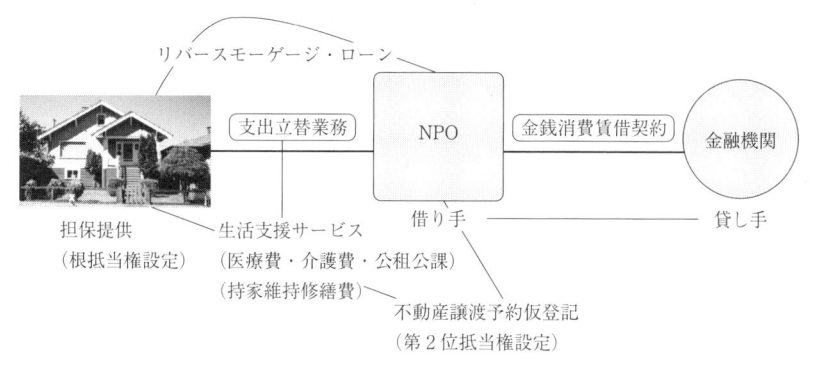

第4章 持家福祉のリバーシブル・ローン

図4-11 高齢者持家年金化スキーム(不動産担保提供型)
出所:住宅資産研究所作成。

　図4-10の「不動産割賦売買型モデル」と,図4-11の「不動産担保提供型モデル」は,筆者が提言する「民間制度リバースモーゲージ」であり,NPO法人が補佐・介入することによって,居住福祉システムの確実性と継続性が担保される。

　前者のモデルは,高齢者の住宅を取引の対象にした不動産売買契約の一種であるが,売買代金の支払(決済)方法が,長期間にわたる割賦払方式であることから,NPO法人が売り手と買い手の間に介在しながら,確実な契約履行をサポートしている。売り手が高齢者である点,超長期の分割決済(月賦)である点,売買物件の引き渡しまでの期間を売り手が継続的に居住する点など,一般的な不動産売買契約からすればイレギュラーな契約条件であるために,スムーズで完全な契約履行をサポートする立場でNPO法人が補佐・介入する。

　不動産担保提供型のモデルでは,NPO法人が,金融機関から借入(金銭消費貸借契約)を起こしながら,その借入資金の中から高齢者の生活支援サービスの諸費用を立替える。NPO法人は,利用者(持家高齢者)の住宅を担保提供(根抵当権設定)させながら,返済能力が乏しい,判断能力が逓減していく利用者の市民後見人となって,その生活全般をサポートする方法である。NPO法人の借入返済は,高齢者からの立替分清算金を充当する仕組みである。高齢者の住宅(担保)を売却処分するか,あるいは賃貸物件化して家賃収入で立替金を清算す

141

る。いずれにしても高齢者の持家を返済原資とするリバースモーゲージの仕組みである。

　セール・リースバック型の場合は，NPO法人が高齢者の住宅を買い取り，高齢者とは改めて建物賃貸借契約を締結して，賃借人とする立場でそのまま居住させる方法(取引)である。企業や個人が，高齢者の居住している住宅を取得するのと違って，NPO法人が貸主(家主)であった方が高齢者も不安がないはずである。民間制度リバースモーゲージの場合は，NPO法人の関与・介入によって平板的な不動産担保融資とは異なる，欧米型とも言うべき合理性と柔軟性，また多様性に富んだシステムが体現できることから，高齢者個々人の生活ニーズに対しても適応性が高められるメリットが大きい。

▼特定非営利活動法人リバースモーゲージ推進機構

　前述のような，現行のリバースモーゲージの限界を問題視した有志が，公的制度や金融機関，あるいはハウスメーカーのリバースモーゲージの他に，新たな民間制度としてのリバースモーゲージを研究し開発しようと結束して，2012(平成24)年2月に，特定非営利活動法人リバースモーゲージ推進機構(東京都千代田区内神田)を立ち上げた。このNPO法人リバースモーゲージ推進機構は，広く一般市民を対象にして，高齢期の"健康で文化的，かつ自立した生活"を維持継続させるために必要な家計の経済的自立を支援する「不動産(持家)担保型生活資金変換システム(民間制度リバースモーゲージ)」の研究開発を目的にしている。当該機構では，公的リバースモーゲージ制度では対応不能な，高齢者世帯の様々な生活ニーズに応えるべく，生活資金の調達から生活支援全般にわたって各種サービスを提供するプログラムを包摂したシステムの研究開発に取り組んでいく。また後述の協住型コミュニティ(コハウジング)やシニア・キャンパス・ビレッジ(Senior Campus Village)などの運営までも視野に入れている。さらに当該機構は，研究開発した民間制度リバースモーゲージの普及・定着に向けた啓蒙活動(出版・講演・研修)にも積極的に取り組み，全国各地でセミナーを展開していく。

ちなみに，アメリカの政府系リバースモーゲージについて，全米で，消費者や消費者団体，またカウンセラーなどに啓蒙活動（教育的な研修・セミナーを展開し，また政府関係や民間団体向けに情報提供）を行っている「ホーム・エクィティ・コンバージョン・ナショナルセンター（NCHEC ; The National Center for Home Equity Conversion）」は，1981（昭和56）年にウイスコンシン州マディソンに設立された非営利組織（NPO）である。

▼生涯型リバーシブル・ローン（年金予約付住宅）

　本書で提言する「生涯型リバーシブル・ローン」の構想は，簡単に言ってしまえば，住宅ローン（Foward）とリバースモーゲージ・ローン（Reverse）の2つのタイプのローンを"時系列的に一体化"させたスキームである。すなわち，資金の流れが正反対の，相反的な仕組みの融資をセットにした「リバーシブル・ローン（Reversible Loan）」の構想であり，「生涯循環型住宅担保融資（生涯型リバーシブル・ローン：Life-Time Home Reversible Loan ; LTHRL）」と，筆者は命名している。

　このLTHRLの場合は，最初は一般的な住宅ローンであり，一定の時期になると年金プラン（リバースモーゲージ）に切り替えられる点で特徴的である。LTHRLの場合は，利用者が設定年齢（65歳以上）に達した時点で，金融機関が，本人の意思を確認をした上で，それまでの住宅ローン（継続中であったら）を清算して，そこから以降は改めて利用者の持分（Home Equity）に担保（根抵当権）設定をした上でリバースモーゲージ・ローンに切り替えていく。

　LTHRLを利用して購入した住宅は，さしずめ「年金予約付住宅」ということになる。退職後の現金収入（年金）調達の方策（リバースモーゲージ）が，住宅購入の段階から予約設定されていると，生涯設計の資金的見通しがつきやすい，高齢期の経済的不安が軽減される，などのメリットが見込まれる。また「年金予約付住宅」ならば，その経済的合理性や居住福祉的効用は間違いない，ノーマライゼーションへの持続性も高まる，だから永住性も高まる，などの連環から，住宅資産としてのサスティナビリティも補強される。リバースモーゲージ・ローンに切り替わる際の住宅の鑑定評価に備えて，平素から良質の維持管理を心

掛けるモチベーションも高まる。結果として，コミュニティ全体のサスティナビリティまでも補強されていくことに繋がる。「年金予約付き住宅団地」の構想も面白い。また将来，年金予約付住宅を売却する場合でも，「年金予約付」の付帯条件は，住宅の付加価値ともなるはずである。次の購入者は，「年金予約」の承継と解約は自由に選択できるものとする。

　住宅の購入時(Save)から継続する「使用(居住)価値」は，住宅資産の「第一の価値」であり，高齢期から並走する「資産価値(Stock)の消費(Cash flow)」と合体すると，「第三の価値・効用」の享受となる。異なった種類の価値・効用を，時系列的・並行的に享受できる生涯型リバーシブル・ローンは，合理性が高く，また持家福祉性にも優れた「ライフサポート・ホーム・エクィティ・プログラム(Life Support Home Equity Program)」とも称するべき仕組みである。この仕組みは，住宅資産のサスティナビリティにまで繋がることから，持家高齢者ばかりではなくて，これから住宅を購入する若い世代にも推奨したい構想と自負している。

▼「介護家族コミュニティ」とリバースモーゲージ

　高齢社会において避けて通れないのが介護の問題である。『高齢者白書(平成21年度版)』によると，65〜75歳未満は要介護率が3.3％だが，75歳以上になると21.4％になる。80歳前後の要介護の親を介護する年齢は55〜60歳前後となり，老々介護の問題が指摘されている。

　2010(平成22)年8月公表の，セキスイハウスによる「介護と同居に関するアンケート調査」によると，中高齢層の4割が「介護経験あり」で，親の介護を担う中心世代が55〜64歳となっている。この世代は，「親の介護」と「自分自身の老後の住まいをどうするか」の2つの問題を抱えている。同調査によると，介護の問題点として，住宅の玄関や敷地・アプローチなど外回りの段差が使いにくく，不便と言われポイントであった。しかし住宅改修はともかく，外回りまでの改修は費用面でも負担が大きく，住み替えを検討する動機になっている。

　厚生労働所の調査によると，精神科病院に入院する認知症患者は1999(平成11)年に約3万7,000人だったが，2008(平成20)年には約5万2,000人に増加して

第4章 持家福祉のリバーシブル・ローン

おり，その半数が3か月以上の長期入院である。長期入院が必ずしも良い結果を生まないで，逆に本人の生活能力を落とす危険性さえある。その背景には，認知症患者の増加があり，在宅で介護を担う家族力が脆弱である点，老々介護，あるいは認々介護のケースさえ少なくない事情がある。こうした実態を踏まえて，厚生労働省は2012(平成24)年度の介護報酬を改定して24時間対応の訪問サービスを月額定額の利用料金で導入するなど在宅サービスを手厚くしたほか，医療との連携を強化している。しかし在宅介護は，家族の介護と失業に直面した中高年の「介護失業者」を増加させ，再就職を難しくしている。総務省によると，2006(平成18)年10月から2007(平成19)年9月の1年間に，家族の介護や看護を理由に仕事を辞めたり転職したりした人は約14万4,800人に上っている。また厚生労働省の調査では，同居の家族を介護する人の4割弱が40代，50代であり，男性も全体の28.1％に達していて，年々増加の傾向にある。家族を介護している世帯が，同じ場所に集まって住む(集住)，助け合いながら住む(協住)スタイルのコミュニティが必要な方向に社会が向いている。筆者は，こうしたタイプのコミュニティを，「介護家族コミュニティ(FCC：Family Caregiving Community)」と造語して構想する。

2010(平成22)年の国勢調査では，65歳以上人口は約3,000万人，高齢者の割合は23.1％になる。2012(平成24)年には団塊世代が65歳に達し始める厚生労働省の試算によれば2035年には国民の3人に1人が65歳以上になる。認知症を患う人は，2002(平成14)年の149万人から15年には250万人，2025年には323万人に上るとの予測もある。受け皿として，公的施設だけでは間に合わない感があるし，家庭と施設の中間的なポジションで，双方の機能・性能を兼ね備えたタイプのコミュニティが必要になるのは必至である。それが，本書で掲げる「介護家族コミュニティ(FCC)構想」である。まず東日本大震災の被災地でこの構想を実践してみてほしい。被災市街地復興特別措置法の下に試行錯誤を重ねて，超高齢社会の新しい居住モデルを探る好機としてほしい。

FCCの運営には，コミュニティ・ビジネスなどの事業体，地域包括支援センターや民生委員などとも交流しながらNPO法人が当たり，メンバーの「介

表4-5　民間制度リバースモーゲージのスキーム

不動産担保融資契約	
融資対象要件	・持家の世帯(本人・配偶者のいずれかが75歳以上) ・家族同居の世帯も可。
融資対象(物的要件)	・住宅(兼用住宅・連棟住宅も可) ・集合型住宅(マンション・コハウジング・コーポラティブハウス)
融資条件	・土地・建物とも担保評価(鑑定評価)・その他の融資条件(利用者の属性) ・融資限度額の審査(①3年毎の再評価、②固定評価))・死後元利一括返済 ・継続居住・任意後見人の選任・遺言信託の義務・建物の善意管理義務 ・第三者権利設定(債務)がない・リコース型とノンリコース型の選択 ・ローン保証保険加入(生命保険等の質権設定)・利息(変動・固定の選択) ・途中の一括返済可(代位・代物返済も可)・転居。売却などは解約条件
利用者の当初負担	・事前審査費用(不動産鑑定料)・公正証書作成・任意後見人選任等の諸費用,保険料(生命保険・建物保険)・その他,契約に必要な一切

民間制度リバースモーゲージのバリエーション	内容
標準型持家担保融資	・終身継続居住の義務 ・元利一括返済(死亡後・転居・他の解約条件)
アパート建て替え型融資	・建て替え工事資金融資(持家⇒アパート) ・アパートに終身継続居住の義務 ・リバースモーゲージ予約型融資も可
買い替え(住み替え)型融資	・住宅の買い替え(住み替え)資金の融資 ・死後元利一括返済方式 ・リバースモーゲージ予約型融資
コハウジング(協住型協同組合住宅)型融資	・居住区画(区分所有権)購入資金の融資 ・リバースモーゲージ予約型融資
ライフ・サポート・サービス型融資	・生活支援サービス全般(介護保険・医療費・その他)限定型融資(立て替え) ・リバースモーゲージ予約型融資
高齢者持家年金化融資(NPO法人介入型) ・住宅割賦売買型融資 ・住宅担保提供型融資	・利用者と融資側・買い手側との間にNPO法人が介入してスローな手引きを担保・保証する仕組み

注：リバースモーゲージ予約型融資(生涯循環型住宅担保融資)：一定の設定年齢(65歳以上)に達した時点から，死後一括返済型融資(リバースモーゲージ)に切り替わる条件変更を設定(予約)する融資契約。
出所：住宅資産研究所作成。

護と自立」を「協住」の中でスムーズに持続・継続させていく取り組みである。FCCへの参加(入居)費や維持管理費などの経済的負担は，一般社団法人移住・住み替え支援機構のリバースモーゲージを利用する方法，あるいは介護家族の

生活拠点の移動に向けた経済的支援策(「住み替え型」や「買い替え型」のリバースモーゲージ)を利用する。

(1) 住み替え型リバースモーゲージ

住んでいた住宅は，第三者と賃貸借契約を結んで家賃収入を得る。そして介護や生活に便利な場所(立地条件・居宅空間)に住み替える。この際，住み替えに必要な資金の調達方法として，家賃収入を返済原資として金融機関からFCCへの入居資金を借入する方法，あるいは持家に根抵当権を設定しながら金銭消費貸借で借入する方法などがある。いずれの場合でも，死後一括返済方式で，持家の売却で清算する方式ならばリバースモーゲージの一種と言える。公的なリバースモーゲージと違って，「持家に住み続ける」ことや，「夫婦以外の同居(介護する人)」を拒む，などの条件はない。

(2) 買い替え型リバースモーゲージ

住宅の買い替えに向けたリバースモーゲージであり，住んでいた住宅の売却金を頭金にしながら，不足分はリバースモーゲージで借入する方式で，その借入返済は死後一括返済とする。介護に便利な立地条件の中古マンションなどに買い替えたい介護同居の世帯向きである。

上記のプランは，持家高齢者向けの「住み替え・買い替え支援プログラム」であり，資金計画，不動産鑑定費用，耐震・改修工事，後見人の選任，公正証書の作成等々，煩雑な手続が多い。したがって当事者(高齢者世帯)だけでは難しいことから，NPO法人などによる協力が必要となる。

以上の民間制度リバースモーゲージの標準スキームについては，表4-5を参照してほしい。

▼介護家族コミュニティの立地条件

FCCの立地としては，夜間人口と昼間人口がほぼ均衡している地域が望ましい。図4-12で見る限り，FCCには大都市圏は不向きである。就業する場所(雇用)と介護の場所(居住)との間が，近距離であることが重要だからである。FCCの場合は，大都市圏でなくて，むしろ地方都市，商業施設や医療施設な

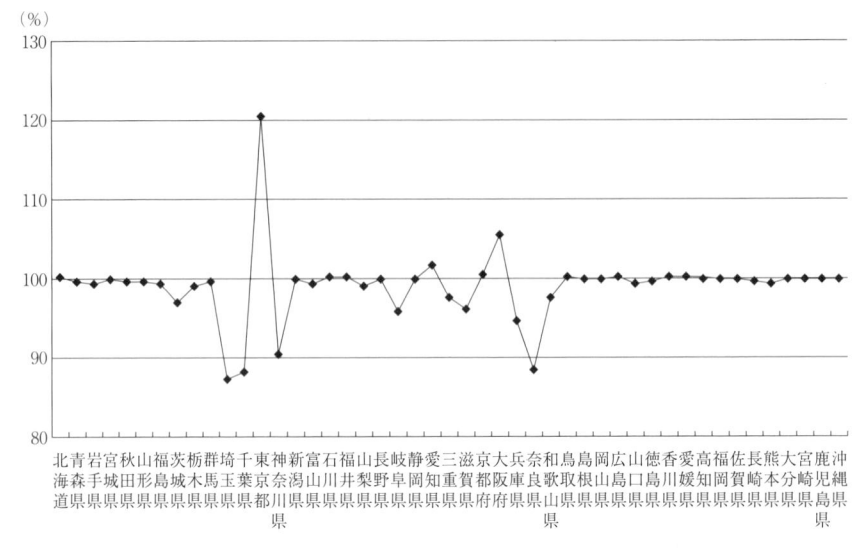

図4-12　都道府県別昼夜間人口比率(平成17年)

出所：国勢調査。

どが徒歩圏内にあり，あるいはバスでも比較的アクセスが容易な地域であり，日常生活に必要な店舗(食品・衣料・日用品等)や生活サービスなどが容易に利用できて深夜人口も安定的な地域でのライフスタイルを漠然と示している。

居住形態では，独立型の一戸建よりもマンションの方が大勢の地域の方が好都合である。各戸が分散して居住している地方(田舎)では，高齢者世帯が自立的生活は段階的に難しくなっていく。とりわけ移動手段を持たない世帯は問題が多い。自動車の運転も高齢になると危険である。ローカルな地域でも老朽化した戸建住宅から近隣のマンションに移り住む高齢者世帯は珍しくない。近年では高齢者世帯のライフスタイルも大きく変化(都会化)して，ファミリーレストランや回転寿司店などで食事(ランチ)をする生活スタイルは，地方ではほぼ常態化している。

FCCの場合は，行政主導で，街なかに，空き物件(借地・借家)を調達して造るとよい。財務省が国有財産の有効活用に乗り出している。不動産不況で未利用の不動産の売却が低迷していることから空き庁舎や宿舎を保育所や介護施設

に積極的に貸し出す方針である。この動きは，FCC の建設には順風である。また中古マンションの再利用も考えられる。NPO 法人全国マンション管理組合連合会が，2011(平成23)年4月に，国に「マンション再生法(仮称)」を提出している。既存マンションを30～40年で建て替えるのではなくて，適正な修理修繕を加えながら100年程度の長寿化を具現化しようとする動きである。

〈注〉
(1) 2010年8月25日，株式会社住環境研究所。
(2) 2006(平成18)年から2010(平成22)年2月10日までの利用件数155件。
(3) 「朝日新聞」2010年9月29日付。
(4) 拙著『少子高齢社会のライフスタイルと住宅』参照。
(5) アメリカでは reverse annuity mortgage，あるいは reverse loan とも。
(6) 滅失住宅の平均築後年数：日本30年，アメリカ44年，イギリス75年。中古住宅の流通シェア率：日本：13.1%，アメリカ77.6%，イギリス88.8%。中古住宅の流通シェア(資料：住宅産業新聞社『2006年度版住宅経済データ集』2006年，176頁参照)。
(7) 拙稿『リバースモーゲージ・システムの多元的効用に関する研究』愛知工業大学，2008年。
(8) 55歳から6万ドル，60歳以上8万ドル，65歳以上10万ドル，70歳以上12万ドルと段階的に軽減(2004年)。
(9) 専有部分と敷地利用権の分離処分の禁止は，規約で定めれば，分離処分できるようになる。これは小規模なマンション等では，分離処分を認めた方がよい場合もあるから。
(10) カナダやオーストラリアでは，住宅の持分の一部を担保にしたリバースモーゲージ・プランがあり最初から子供の相続分を留保している。借入金は少ないが家族の理解も得やすい。
(11) チャールズ・ユウジ・ホリオカ，浜田浩児『日米家計の貯蓄行動』1998年，日本評論社，104頁。
(12) 所得税法特別措置法第35条第1項。
(13) 40年寿命が当てはまらない「200年住宅」など長寿命の住宅であっても，住み手の高齢化に起因する住み替えの必要性については否定できない。
(14) 拙著『持家資産の転換システム』法政大学出版局，2007年，参照。
(15) 『季刊家計経済研究』2007，Spring，No.74。
(16) 任意後見人による詐欺などの犯罪が少なくない。「70歳後見人，勝手に2,000万円使う。」『毎日新聞』2008年1月13日付。一般市民が研修を受けて担うケースが出始めている。
(17) 新井誠『信託ビジネスのニュートレンド』経済産業調査会，2005年，参照。
(18) 高齢者の金融資産の内，日常生活に使う一般口座は親族・後見人が管理，当面使わない大きな資金は元本保証の信託契約を結んで信託銀行に預ける。住宅改修など大きな支出の場合は後見人が家裁に申請しチェックを受ける。本人のための支出と確認されたら家裁が指示書を発行して信託財産から引き出せる仕組み。三菱UFJ，住友，中央三井，みずほの4つの信託銀行とりそな銀行等。

第5章
不動産型終身年金契約

　フランス社会には，18世紀頃から現在まで続いてきている居住福祉プランで興味深い仕組みの「ビアジェ」がある。高齢者の住んでいる家を売買取引するのだが，買い手は，高齢者が亡くなるまで代金の月賦払が続く。売り手が亡くなった時に月賦払は終って家が手に入る仕組みである。その取引の射幸性を問題視する向きもあるが，合法的な不動産売買取引をベースにした個人年金契約，あるいは「民間制度リバースモーゲージ」とも考えることは現実的である。この仕組みの特徴とも言える「スローな取引」が，高齢者の生活や売却の目的にも相応しく，将来，成熟社会である日本に，やはり必要なビジネス・モデルとなるに違いない。

　日本の社会と経済に収縮・コンパクト化が進んでいる。その背景には，少子高齢化があり，人口減少がその長期化を示唆している。高齢者世代の生活環境にも，コンパクト化(集合化)が進む。政府は，サービス付き高齢者住宅構想を打ち出している。やはり高齢者が在宅で自立して生活できない事態に備えた居住環境のコンパクト化施策である。青森市や富山市のコンパクトな街づくりは一定の評価を得ているだけに，過疎化が進む地方にも展開される可能性は高い。しかしこうした取り組みは，住民流出による自治体の財政危機を一時的には救うかもしれないが，その奏功はあくまでも時限的である。逆に，過疎地であることを特性(資源化)として"売り"に転じる方策ならば，自然の豊かな(人の気配の少ない)環境がヒトにもたらす価値・効用を明確なコンセプトにしてアピールする発想の転換が必要である。雇用のない場所に永住することは難しいが，時々訪れて，非日常的な時間や空間を楽しもうと考えるならば，過疎地こそ最適の環境となるはずである。都市計画法第7条に市街化調整区域を定めた法意

は，無秩序な開発を拒み自然環境保護の必要性を掲げたはずである。かつて経済成長期の放埓なスプロールは社会経済の収縮で後退・衰退している。山野を，ヒトが切り拓き，イエを建てて住む。やがて時を経てヒトは去り，元の山野に再び戻ったと考えたならば，地方の過疎化は転換期であって大騒ぎする問題にはならない。

不動産型終身年金契約について，イエの世代間移動，すなわち高齢者のイエを次の世代に譲る仕組み（コネクション）として取り上げて検討してみたい。お年寄りたちが，住み手が減るばかりの場所から生活が便利な街に移る。自分のイエから，サービス付きの集合住宅に移る。若い世代が，高齢者のイエを，スローな契約で譲り受けていく。その契約では，お年寄り（売り手）が生きている間，家賃を負担するようなつもりになって月賦方式で購入代金を払い続ける。このスローな不動産譲渡取引は，西欧文化の色濃いフランスの伝統的な終身年金プランとして親しまれてきたビアジェ（Viager）であり，売り手が高齢者，履行期間が終身，契約の偶発性や射幸性，契約額が不確定性，等々の要素から，一般的な不動産取引とは明らかに異質である。ビアジェは，不動産譲渡契約でありながら，同時に終身年金契約とも言える内容であり，不動産型終身年金契とも称すべき仕組みである。高齢期の持家の居住福祉的価値・効用を形象できるビアジェの仕組み（契約）は，少子高齢化が進み，高齢者の持家率も高い日本社会にとっても，社会保障のセーフティネットともなるパーソナル・アニュイティ・プログラム（personal annuity program）である。いま一つ，既存住宅（高齢者の持家）を媒体にして，世代間の"つながり（connection）"が生まれるといった点でも検討に値する。

1　フランスの住宅事情と国際比較

フランスの高齢化は世界でもっとも早くから始まっていたが，20世紀に入ってからは次第に緩やかになってきている。平均寿命の国際比較（男女・2010〔平成22〕年）で見ると，日本は83歳で1位，フランスは81歳で9位となる。ちなみに

表 5-1　高齢者の住宅の国際比較

(%)

住宅形態	日本	米国	フランス
戸建住宅(持家)	86.9	73.8	59.2
集合住宅(分譲)	3.1	2.1	7.2
入居時期	—	—	—
1949年以前	19.0	1.7	4.4
1950年代	10.5	7.0	8.3
1960年代	12.7	14.7	16.3
1970年代	22.2	17.6	23.2
1980年代	13.8	18.1	20.1
1990年代前半	6.4	12.0	8.2
1990年代後半	7.5	10.9	8.2
2000年代前半	8.0	17.9	11.2

注：高齢者(60歳以上の男女)の住宅の国際比較(2005年)。
出所：内閣府「高齢者の生活と意識に関する国際比較調査」より，住宅資産研究所作成。

オーストラリアは82歳で3位，カナダ81歳で9位，イギリスは80歳で17位，アメリカは78歳で32位となっている。

　表 5-1 からも明らかだが，日本の高齢者は持家の戸建住宅に住んでいる比率がアメリカやフランスに比べて格段に高く，また同じ場所(住宅)に長く住む傾向がある。フランスでも戸建住宅に住んでいる高齢者は多いが，転居(住み替え)率は日本に比べて高い。アメリカの高齢者の住み替え率はさらに高い。長命な日本人の住み替え率が欧米に比べて低い理由として考えられる点は，環境の変化を嫌う，住み替えに伴う物心の負担を嫌う，住み替える必要がない，などである。日本の住宅寿命(建て替えまでの年数)がアメリカやフランスに比べて短いのだが(表 5-1)，住み替えの経済的負担がない分，建て替えサイクルを短いものにしている因果性も考えられる。アメリカやフランスの住宅寿命の方が，日本よりもずっと長く，また住み替え率も高いといった点から，彼らは既存住宅の間で住み替えすることが常態化していることが推測される。アメリカの高齢者の場合は2000年以降に現在の住宅に入居した者が17.9％と2割近くおり，

"高齢者は住み替えしたがらない"といった日本の常識は，アメリカ人には当てはまらない。

▼平均的住宅寿命

図5-1で見る限り，日本の住宅寿命は国際的にも異常なほど短い。火災による滅失の可能性を出火率(件／人口)の比較で調べてみると，日本の場合はイギリスの20分の1，アメリカの16分の1，カナダの5分の1程度の出火率であり，他の国に比べても焼失は相対的に少ない。日本の住宅の構造に特段の問題があるわけではないから，日本の住宅の建て替えサイクルの短さは利用上の問題や慣習的な理由によるものと考えられる。ならば，耐震補強や省エネ対策，超長期優良住宅促進政策などの構造的な補強や支援ばかりではなくて，中古住宅の取引を活発にする分かりやすい政策が必要である。空き家がこの5年間で100万戸も増えている。人口減少の日本では，この先も空き家は増える方向にある。既存住宅の買い手や住み手の循環性を高めるための具体的な方策を検討するべきである。中古住宅を購入して家計の住宅費比率を引き下げる，余裕ができた分を育児や教育関連に回すといった選択は，環境負荷を軽減し住宅のサスティナビリティまでも高められる。

住み替え(転居)率が低い日本では，同じ場所で，同じ住宅に30年も住んだら取り毀し，また新しく建て替えることを繰り返してきた。また日本の住宅の場合は，途中の修理修繕工事の規模や回数も，やはり海外諸国に比べて少ないのだが，割高な修理修繕よりも早目の建て替えを検討する傾向がある。こうした"一代限りの財産"とも言うべき時限的な住宅観が，住宅のサスティナビリティを脆弱なものにする最大の要因となっている。

この他にも，住宅寿命の短命化を助長させる要因がある。日本では，住宅産業による建て替えも含めた新築工事の営業活動が活発であり，消費者も歓誘される機会が多い。金融機関からも住宅ローン商品の競争的な販売攻勢を受ける。平均的な家計においても住宅費の設定額が大きいことは，融資側からすれば高い返済能力であり，さらに税法上の時限的優遇措置，伝統的な生活慣習，家族

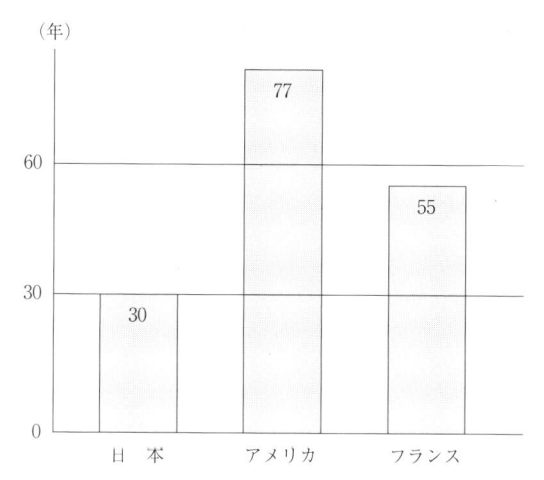

図 5-1　滅失住宅の平均築後年数の国際比較
出所:『2009 年度住宅経済資料集』より，住宅資産研究所作成。

の変化に対応する必要性等々がすべて新築志向を煽る要因となっている。

　もう一つ，狭小な住宅区画も建て替えサイクルを縮くさせている要因となっている。日本の平均的な戸建住宅の敷地には空間的余裕が極端に少ない点も，住宅の短命性(建て替えサイクル)と関係がある。例えば家族の変化に応じて増築するケースでは，敷地内に空間的余裕がなければ計画そのものが難しく，施工費も割高になるし工期も延びる。屋敷(敷地)内に空間的余裕がある地方の場合は，住宅寿命も相対的に長いことが明らかである。こうした事情については，拙著『リバースモーゲージと住宅』を参考にしてほしい。

　日本の平均的住宅価格は，相対的に海外諸国よりも高く，その使用年数を勘案する時，日本人の居住確保に要する生涯負担は不合理なほどに過大である。では現金収入が途絶える高齢期になったら，住宅に投じた生涯負担(投資)は取り戻せるだろうか。高齢者の持家を現金化させるリバースモーゲージを誰でもが利用できるだろうか。日本のリバースモーゲージ制度は，死後一括償還型の不動産担保長期生活支援資金貸付制度の名称の通り，困窮した家計の持家高齢者を対象にした生活保護的な融資制度であり，その利用はきわめて限定的である。

政府は，世界的にも短命な日本の住宅寿命をなんとか長期化させようと，短視的で姑息な施策ばかり打ち出している。しかし構造上の理由で住宅寿命が短いのではないことは既に述べた。むしろ日本の住宅市場の慢性的なショートサイクル基調を改めて，ロングサイクル化させるためのインセンティブを打ち出す施策の方が少子高齢社会には有効である。

　その具体的な施策としては，次の3点が挙げられる。

　(1)　無制限的な開発や新築を調整する。既存住宅の長期使用を促進させる分かりやすい政策を打ち出す。

　(2)　既存住宅の取引を活発化させる。現行の住宅履歴や中古住宅取扱業者認定制度などの他に，既存住宅を購入する側の経済的恩典の創設。

　(3)　取引税や一定の期間の固定資産税の軽減，購入資金調達の優遇的措置など直接的効果が明確な実利的促進策が必要である。たとえばオーストラリアのように，「最初の住宅(first home)」の購入に既存住宅を勧める施策などである。筆者が推奨する日本版ビアジェ「不動産型終身年金契約」などは，若い世代には適合性と合理性が高い仕組みである。親や祖父母から受け取る住宅取得資金の贈与非課税枠措置などはビアジェ型の住宅購入契約には順風となるものである。

▼中古住宅の流通シェア

　図5-2は，日米英仏4か国間における住宅取引全体の内の中古住宅の取引比率の比較である。日本の場合は，新築・既存住宅の取引全体が相対的に低調であり，中古住宅の取引比率は極端に低い。日本の中古住宅の取引が米英仏の住宅市場に比べても低調な要因として，以下の点が挙げられる。

　(1)　新築主流が大勢の市場では中古住宅ストックが少ない，だから取引の成約率も低く，結果として経済価値(担保力)も低下して，需要も減退する。

　(2)　"スクラップ＆ビルド"の住宅市場では，修理修繕のインセンティブが低い，だから建て替えに短絡しやすい。

　(3)　移動インフラが整備されていて移住する必要性が低い，だから中古住宅

第5章　不動産型終身年金契約

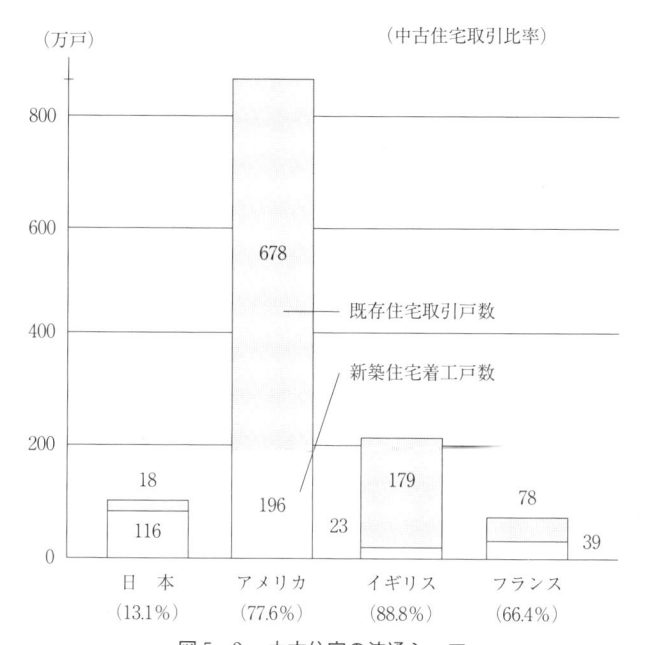

（万戸）　　　　　　　（中古住宅取引比率）

図5-2　中古住宅の流通シェア
出所：『2009年度版住宅経済データ集』より，住宅資産研究所作成。

ストックも少ない。

(4)　増改築の工事費も新築に比べて割高である。

(5)　中古住宅取引の消費税負担も新築並みだから建て替え志向が有利になる。フランスでは新築は課税されるが中古住宅取引は非課税であり，英米では，新築，中古住宅ともに非課税である。米国は，増改築工事も非課税であり，中古住宅取引の活発さと無関係ではない。

2　フランス人の暮らしと住まい

フランスの雇用をみると，労働人口の4分の1は終身雇用であり，公務員が多い。労働人口の半分は無期限の安定した雇用契約で働いている。残りの4分の1は報酬のばらつきのある短期雇用である。労働市場は大きく2つのグルー

157

プに大別されている。1つは身分が保障されていて、失業・病気・定年の際には連帯保護制度で守られている。もう1つは不安定な雇用契約で働くグループである。前者は、90年代末から週35時間労働制の恩恵に浴して追加休暇を取得している。後者には不安定な雇用の若い女性が多く、同制度によって労働時間が短縮されている。フランスの社会保障制度の特徴でもあるのだが、男性が働き女性が家庭を守るといった旧弊な家族モデルが基軸にあり、完全雇用を前提にした労働市場が不公正な雇用の2極化を進行させている。

　フランスの文化については、しばしばアメリカと比較されながら語られてきた。その対照性は食文化にも顕著であり、まずフランスの1日当たりの平均食事時間は約135分、アメリカはその半分程度である。ちなみに日本は100分以上であり、ニュージランドに続いて世界第3位である。こうした生活嗜好の特徴は労働時間にも反映されていて、フランスの法定労働時間は週35時間である。日本の場合は週40時間だがサービス残業などを考慮すると実際の労働時間はさらに長い。またフランスの年次有給休暇は5週間と法定されている。5月から10月までの間に、最低12日、すなわち2週間、最長4週間の範囲で休暇が法定されていて、夫婦が同じ職場で働いている場合は同時に休暇に入る権利も保障されている。夏の観光シーズンにフランスを訪れると休業している店が多いことに驚くが、実はこうした労働事情がある。

　しかしフランスも高齢化による財政的負担は次第に重く、サルコジ政権は、「もっと働き、もっと稼ぐ」をスローガンに掲げている。労働生産性についての国際比較では、アメリカが3位、フランスは6位、日本は20位である。フランス人の暮らしに、日本人にはない余裕を感じる所以である。

　オンライン旅行会社のエクスペディア・ジャパンが、2011(平成23)年9月から10月にかけて、世界20か国の有給休暇の実態調査(調査対象者は16歳以上の有職者男女、回答者数は7,803名)を行った。その結果、年間の有休消化日数は、日本が最も少なくて5日、次いで韓国が7日であり、30日の有休を消化するフランス(1位)やスペインなどヨーロッパ諸国との格差が大きいことが明らかになった。実際の有休消化率では、欧米諸国は有休消化率が86％～100％、韓国は70％で

あり，日本は45％と，もともと支給日数が少ないのに消化もしていない実態であった。また日本と韓国の場合は，回答者の3人に1人が，「有休が何日間支給されているかわからない」と答えていることからすると，"規則的に休暇を取る"生活文化ではないことも明らかである。

日本人が有給休暇を使わない理由については，「上司が協力的ではないから」が44％，「休みを取る余裕がないから」と「前もってスケジュールを組めないから」が19％，次いで「周りの目が気になるから」であった。ノルウェー人の場合は，回答者の88％が「上司が協力的である」と感じていて，有休消化率100％であることを考え併せると，日本の就業環境の窮屈な特性が見えてくる。また晴れて休暇が取れたとしても，「仕事のことが頭から離れることはない」と回答したのは，日本人が最も多くて約20％，「仕事を終わらせてから休暇に行く」という回答も日本人が一番多かった。しかし，そのうちの約90％が「休暇中に仕事関連のメールをチェックする」という結果であり，休暇中でも仕事のことが頭から離れないらしい。

日本生産性本部が，世界銀行のデータやOECDのデータなどに基づいてまとめた2009（平成21）年版「労働生産性の国際比較」によると，日本の労働生産性（2008〔平成20〕年）は先進7か国では最下位，OECD加盟30か国中においては20位といった結果である。有給休暇の消化率と生産性の間には因果関係が成立するようにも理解できる。日本の住宅価格は，国際比較においても最高位である。となれば住宅ローンの負担も重い，だから休暇どころではない，といった構図になるのかもしれない。家計における住宅関連費の占める比率を引き下げると，ワーク・ライフ・バランスやクォリティ・オブ・ライフが改善されるし，新たな内需の創出や拡大にもつながる。こうした点が，筆者がアフォーダブル住宅やセカンダリー・ハウスを推奨する所以である。

▼セカンド・ハウス

フランスの住宅の多くは都市部にあって，田園地帯にはその1割程度である。近年は人口10万人以上の都市に隣接する農村にも住宅戸数が増えてきている。

しかしフランスでも1戸当たりの住人数は減少傾向にある。1982(昭和57)年に1戸当たり2.7人が，1990(平成2)年には2.57人となって，家族の規模が縮小している。空き家も1982(昭和57)年では170万戸あったが，1990(平成2)年には180万戸に増えている。フランスも全体的には世帯数以上に住宅が存在する。1990(平成2)年では，100の世帯に対して120の比率で住宅が存在するのだが，それにはセカンド・ハウスも含まれている。フランス人の場合，セカンド・ハウスを，日本人のようにリゾート地に求めるのではなくて，地方に"第二のイエ"を所有して，そこでの暮らしをエンジョイしようとする自然派的なライフスタイルである。逆に，地方の富裕層は，パリなどの都市部にセカンド・ハウスを持ちたがる傾向がある。

1990(平成2)年の調査からは，それまでの「セカンド・ハウス」を，「仮住居」と改称して分類している。この場合の「仮住居」とは，バケーションばかりではなくて，所用でも時々利用する「主たる住居」以外の「住居」という括りである。フランスの場合も，「主たる住居」とは1年の半分以上を住んでいる住居を指している。フランス人にとってのセカンド・ハウスとは，バケーションだけの短期的なイエではなくて，2地域に居住するライフスタイルの体現に欠かせない資産となっている。複数の住宅を所有することは，住宅需要も倍加されることにもなるのだが，投機目的の富裕層に住宅が集中する懸念も拭えない。

▼建物の規制と現存性の価値

フランスの首都パリは，ヨーロッパの中でも伝統的な文化を誇り，今もなお革新的で創造的な変化と発展を遂げている。その食文化やファッションは世界中から羨望を集め，また芸術や歴史的遺産などの宝庫として観光客を集めている。したがってパリのアパルトマンはブルジュアたちの間では堅実な不動産投資物件として垂涎の的ともなっている。パリのアパルトマンのほとんどが19世紀後半から20世紀前半に建てられており，その後も何度となく修復工事を経ながら，いまなお現存している。その市場価値(相場)は，1割前後の変動を繰り返しながらも安定的に推移している。フランスは地震の心配がない事情もある

が，屋根裏部屋のついた伝統的な様式のアパルトマンは，その古い佇まいさえも貴重な観光資源であり，市の指定遺産として行政が厳格に規制しながら維持管理に努めてきている。パリ市内は景観保存地区として指定されており，新規の開発や既存建物の建て替え・変更なども厳しく規制されている点が建物の現存性の資産価値を形成している。言い換えれば，建物の経年が，減価要素ではなくて，歴史的価値(遺産)を形成している。現存の街並みや建物に加える変更にも一定の規制を被せてきた社会的拘束性(建築規制)が，建物の"第二の価値(経済的価値)"を高め，ひいてはサスティナビリティまで確かなものにしている好例である。

　アメリカの場合は，歴史的とは程遠い比較的新しい郊外住宅地でも，地域の新築を規制するゾーニングで既存住宅の値下がりを防ぎ，資産税の収入を確保しようとしている自治体が少なくない。人間社会に普遍的な経験則として，"制約・制限がつくる果実(利益)"がある。最近の日本の各地にみられるマンションの建設ラッシュは，市場の需給バランスを不安定にさせ，住戸の市場価値をきわめて脆弱なものにさせている。市場の均衡性を調整する機能が働かない社会(市場)は，時間を経て醸成してきた地域性(風土)といった，修復・再生が難しい環境資源までも破壊させてしまう。こうした顛末は，東日本大震災の津波による甚大な被害が実証するところであり，風土を顧みることなく，近視的な経済発展ばかりを追い掛けてきたヒトが招いた結果とも言える。

　日本国憲法に明記された財産権には，「公共の福祉に適合する内容」とした制約が付されている。世界的視点から俯瞰するに，日本社会の私財の権利主張が無制限(濫用)的であり，公益が損なわれている事象は枚挙に暇がない。住宅市場にも同じような問題が潜在していることに気づかなければ，"スクラップ＆ビルド"の風潮は改まらないし，環境破壊も止まらない。

▼高齢化と雇用問題

　世界的傾向とも言える高齢化は，フランスにおいても深刻な社会問題となっている。フランスの場合は，その高齢化は古くから始まっており，19世紀半ば

では既に65歳以上の人口比率が7％にもなっていた。しかし高齢化率で見ると，高齢化社会とされる14％を超える年数は，日本が24年であるのに対して，フランスは115年と，高齢化の速度は非常に緩慢である。ちなみに日本の2010（平成22）年の高齢化率は23.1％であり，超高齢社会（21％以上）となっている。フランスの場合は，75歳以上の後期高齢者比率は高く，層も厚く，その90％強が在宅で何がしかの福祉サービスを受けている。また65歳以上の94％が自宅に居住していて，しかも高齢者夫婦だけか一人暮らしの世帯がごく一般的である。

　フランスの高齢者（60～64歳）の労働力率は，日本が71％であるのに対して，19％であるが，最近まで，高齢者の早期退職が若年層の雇用機会拡大に結びつくものと考えられたからである。またフランス人の場合は，「働くことが生きがい」というよりも，むしろ「悠々自適の年金生活」を満喫したいといったライフスタイルが大勢であり，長期的なバカンスの国策的定着にもつながっている。こうした庶民の年金生活を支えるセーフティネットとしてビアジェが認知され信頼されてきたことは間違いない。

　フランスでは，高齢者対策の基本的スタンスとして，ノーマライゼーション[2]（normalization）の確立を目標に掲げており，経済的自立など自助努力を喚起しながら在宅生活の継続を図っている。フランス社会では，日本では次第に喪失しつつある家族や親族連帯による支援サービス（介護）がその中心となって，高齢者の在宅を支えてきた。しかし経済の長期的停滞や雇用問題の深刻化などから行き着く財政的圧迫は，フランスにおいても，その社会保障のあらゆる局面で縮小・削減化を促している。また，こうした財政事情だからこそ政府もビアジェがもたらす居住福祉的価値・効用を高く評価して，個人の自主性を尊重しながらも，その正しい契約履行を保護・支援する姿勢を打ち出している。ちなみに，フランス政府は，日本の介護保険制度に興味を示しており，将来，自国の高齢者介護制度の改革に役立てようとしている[3]。

　世界でも最も早く高齢化社会を迎えたフランスは，1968（昭和43）年には民法を改正して「成年後見制度」を制定している。ちなみに，イギリスの後見制度である「持続的代理権授与法」の制定は1985（昭和60）年であり，わが国の立法の参

考になっている。1950(昭和25)年には、ドイツで「成年者世話法」が制定され、カナダの場合は各州でそれぞれ別の法を制定しているが、オンタリオ州が1992(平成4)年に制定した「代行決定法」はその理念が世界から高く評価されている。アメリカの場合は連邦議会が制定した「統一貢献手続法」があるが、各州でも独自の成年後見法を定めている。

　日本の後見制度は、2000(平成12)年4月に、旧来の禁治産・準禁治産制度に替わってイギリスの持続的代理権授与法とドイツの世話法を参考にしながら制定されている。また市民後見人制度が2011(平成23)年からスタートした。税理士や弁護士などの資格者だけでは日常的な生活支援が間に合わない事態を迎えているからである。

3　個人終身年金プラン「ビアジェ」

　高齢者の生活困窮度の比較(2005〔平成17〕年)によると、日本の困窮層が13.4%に対して、フランスは40%、アメリカは27.6%である。フランスの場合は、1980(昭和55)年の困窮度は70.1%にも上っていることから、住んでいる家(持家)を年金に変換する終身年金プラン(ビアジェ)を利用する高齢者が多かった。このフランスのユニークな年金プランは公的なリバースモーゲージではないが、持家高齢者の間で古くから慣習的に行われてきた自由契約の不動産譲渡取引モデルの一つである。リバースモーゲージは、原則、高齢者の持家(住宅資産)を担保にした死後一括償還型融資制度であるが、ビアジェは高齢者の持家の譲渡契約であって、融資ではない点で特異なプランである。

　ビアジェは、退職した後の高齢者が、現金収入を調達する目的で、住んでいる持家(不動産)を第三者に売却する契約である。ビアジェでは、譲渡物件の引き渡しは売り手の死後であり、存命中の居住(終身の居住権)の留保が前提となっている。終身の居住権についてはリバースモーゲージも同じであるが、ビアジェが特異な不動産譲渡契約と言われる所以は、買い手は、売り手の生存中、購入代金の割賦金を、毎月、払い続ける義務を負う点である。しかし売り手が亡

くなると割賦金の支払いは終了する契約であり，その射幸性から「射幸契約」として，民法上，一定の制約を受けている。

また高齢者が持家の買い手を探す手段としては，新聞にビアジェの広告を掲載する方法が一般的である。買い手が知人友人であるケースも少なくないが，売り手にとって少しでも有利な条件の買い手を広範から探そうとする傾向が強い。買い手は債務保証のために生命保険加入義務を負い，また転売する場合は，次の買い手の連帯保証人となる。ビアジェの契約は公正証書を作成して締結する。その際，公証人は，住宅の時価評価や売り手の余命を，保険余命表を使いながら割り出し契約額を算定する。

フランス政府は，ビアジェの収入については，個人の不動産譲渡所得とみなして，申告義務と納税義務を課している。とは言え，高齢者の自助的・自衛的で，なおかつ伝統的な終身年金契約であるビアジェに対しては一定の理解を示しており，税法上の優遇措置を講じている。たとえばビアジェによる月次収入については所得控除がある。売り手は，毎年，不動産譲渡所得の申告義務を負うのだが，年齢による軽減措置が講じられている。売り手が，50歳未満ならばビアジェ収入の70％を，50歳から59歳までならば50％，60歳から69歳までの場合は40％，70歳以上になると30％相当を課税対象として，段階的に所得控除されている。

売り手は，ビアジェ契約の期間中，原則，持家の資産税や建物の維持管理に要する諸費用を負担するのだが，集合住宅の住戸の場合は大規模な修繕改装工事などの費用については買い手の負担と決められている。またインフレーションなどによって物価騰勢で生活費が嵩み，それまでの月次収入(割賦金)では売り手の家計が窮屈と判断された場合は，契約上に取り決め(特約事項)がなくても買い手に対して法定比率に則った増額を義務づける保護措置も法定されている。

フランスでは，ビアジェはリバースモーゲージの類型として位置づけられている。しかしビアジェは，当事者間で，個々の自由意思に基づいて取り交わされた合意(取引)であり，したがって契約の内容は必ずしも一律的ではなくて，

当事者同士の取り決め次第となる。

　1997(平成9)年の不動産シンジケーション協議会の調査報告書には，次のように報告されている。ビアジェの実態としては，売却人はそのほとんどが相続人のいない高齢者であり，相続人がいる場合は遺(のこ)したいとする傾向が顕著である。フランス人の不動産観(資産観)は日本人に酷似している。ビアジェは，契約期間が不確定であり超長期契約となる可能性もあることから，条件的には厳しい取引と言える。これまでのフランス全土の契約件数は年間約7,000件程度であったのが，最近では約4,000件程度にまで減少している。

　また同報告書によると，ビアジェの場合は，その譲渡物件(住宅)の所有権は，契約時に売り手から買い手に移転するが，売り手がそこに住み続ける用益権(オキュペ：占有)は保証される取引が多い。売り手が居住する場合は，市場賃料相当分を負担するのだが，実際には契約時に家賃相当分を一括控除されるケースが多い。また，売り手が用益権を行使しない方式の「リーブル(自由)」があり，空室ならば買い手は賃貸に供することができる。しかし，その家賃が月次割賦金よりも高額な場合は，ビアジェの法定解約要件となっている。

▼ビアジェの射幸性

　ビアジェは，そのほとんどが個人同士の取引である。売買代金(不動産対価)を一括支払うのではなくて，定額，あるいは物価スライド価格(増額)を，売り手が死亡するまでの期間，月次の分割払いを継続させる契約である。不動産の所有権移転は一般的な譲渡行為であるが，売り手の死亡時まで継続して代価を分割して払い続ける行為はビアジェ特有の契約履行行為である。この場合のビアジェは，二つの契約行為(譲渡・賃貸借)が合体していると理解できるが，売り手の死亡という予知不能な偶発性によって，最終的な「対価」が確定するという射幸性がある。ビアジェは，フランス民法で規定された射幸契約であり，契約上の不確実性がビアジェ契約の要件となっている。したがって，契約上の不確実性が失われると，裁判所の決定によりビアジェ契約そのものが無効とされるケースもある。また契約後20日以内の売り手の死亡は，自動的にビアジェを無

表5-2　ビアジェとリバースモーゲージの比較

契約内容	ビアジェ	リバースモーゲージ
利用者の立場	不動産の売り手	生活資金の借り手(債務者)
契約の目的	不動産売買射幸契約	死後一括償還型不動産担保融資契約
契約金額	契約金額は不確定	融資極度額内(担保見直しで変動)
支払(融資)条件	月賦払い・一括払い	選択可能(一括・月次・他)
長命リスク	買い手の負担	借り手の負担
不動産下落リスク	買い手の負担	借り手の負担
金利上昇リスク	買い手の負担	借り手の負担
終了後の不動産	引渡し義務	担保権の実行(売却処分)

出所:住宅資産研究所作成。

効とする。買い手は,売り手より先に死亡した場合の債務保証を,売り手を受取人とする生命保険契約加入の義務を負う。またビアジェは,税制上では不動産譲渡契約であり,譲渡所得税の課税対象となり,また推定相続人が不当に低い価格で買い手になる場合は贈与税の課税対象ともなる。

▼ビアジェが定着している理由

　ビアジェが終身年金契約(持家譲渡取引)としてフランス人の間で古くから利用されてきた背景として,次の要素が挙げられる。

(1) 当事者同士の自由取引であり,制約が少ない。
(2) 契約の内容や履行が単純でわかりやすい。
(3) 民法上で売り手の利益が保護されている。
(4) 公正証書による契約だから安全で確実である。
(5) 税制上の優遇措置が講じられている。
(6) 地方の高齢者の持家に需要(人気)がある。
(7) 住宅市場の需給バランスが安定的である。
(8) 単身者・夫婦の持家率が高い。
(9) 買い手の資金的負担が軽い(分割払い)。
(10) 長期的な不動産投資への関心が高い社会。

⑾　長期のバカンスが保証されている。

⑿　セカンド・ハウス選好が強い。

⒀　射幸性が魅力である。

⒁　若い世代にも利用しやすい。

　これらの各要素を日本のリバースモーゲージに当てはめて比較検討する時、国情や生活文化などの社会的環境がリバーシブル・プランの普及・定着のカギを握っていることに気づく。ビアジェが、イエの住み手の世代交代を、それぞれ異なる世代の生活ニーズに応えながら、スローな取引（スロービジネス）で体現させていることにも気づく。ビアジェの場合は、都市部よりもむしろ地方の持家高齢者が売り手となるケースが多い点でも他のリバースモーゲージとは異なっている。フランス人のライフスタイルの特徴として、「フランスの良さは地方にこそある」とするローカル志向が伝統的に強い。南西部フランスはとりわけ人気の高い地方であり、したがってビアジェの件数も相対的に多い。パリのビアジェの契約件数はビアジェ全体の10％程度であり、むしろ地方の都市やコミュニティに多い。高齢者の持家を購入するビアジェが全国的に普及・定着している背景には、キャピタルゲイン志向の都市型動機よりも、地方に安定的な住宅実需の存在があり、フランス社会のスローなライフスタイルも奏功している。

　フランス人は前述の通り、夏のバカンス・シーズンには、企業経営者から学生に至るまで4週間続けて休暇が取れる権利が1892（明治25）年から法律上で認められている国である。こうしたフランスの生活文化も、ビアジェの普及・定着と無関係ではない。ビアジェ契約の中で、買い手が高齢者とバカンスを一緒に過ごすケースなども珍しくないらしい。地方のセカンド・ハウスを、月々の家賃程度で購入できるビアジェ契約は堅実で魅力ある投資となっている。

　表5-3は、日米仏三国の代表的なリバースモーゲージについての大雑把な比較である。セール・リースバック[6]（SLB；Sale Leaseback）とホーム・エクイティ・コンバージョン・モーゲージ[7]（HECM；Home Equity Conversion Mortgage）は、アメリカのリバースモーゲージである。前者は、高齢者の持家を第三者に譲渡

表5-3　リバースモーゲージの比較

リバースモーゲージ	契約の種類	居住期間	転居	現金受給
Viager（仏）	売買（死後引渡）法的保護優遇	終身居住	自由	終身受給
SaleLease-back（米）	売買・賃貸借賃料負担	終身居住	自由	売却額内
HECM（米）	融資（ノンリコース）リスク保険	終身居住	不可	終身受給
生活資金貸付制度（日）	融資（リコース）戸建住宅のみ	有期限居住（貸付限度内）	不可	極度額内

注：HECM；Home Equity Conversion Mortgage.
出所：住宅資産研究所作成。

しながら、なおかつ賃貸借契約を結び、そのまま住み続けるプランである。後者はアメリカの代表的な公的リバースモーゲージの1つであり、低所得者層の利用者が多いプランである。「生活資金貸付制度」は、日本の社会福祉協議会が扱っている厚生労働省のリバースモーゲージ「不動産担保長期生活資金貸付制度」である。各プランの詳細については、本書では紙幅の都合から触れないが、拙著『リバースモーゲージと住宅』を参考にしてほしい。表5-3から、次の点を読み取ることができる。

(1) リバースモーゲージは、持家（不動産）の譲渡契約型と担保融資型の2つのタイプに大別できる。

(2) 制度上の「3大リスク（不動産価格、金利変動、長命）」に起因する負担を利用者（高齢者）側が負うのは「担保融資型」タイプである。アメリカのHECMの場合は政府系リスク保険で救済されているが、日本の制度は利用者がすべてのリスクを負担する仕組みである。これらのプランの中では、フランスのビアジェが"ハウスリッチ・キャッシュプア"な高齢者のセーフティネットとして、もっとも安全で安心な仕組みである。

以上の比較・検討からも明らかであるが、少子高齢社会の日本においても、

ビアジェの優れた「居住福祉性価値・効用」に刮目し，その取り込みを検討するべきである。

4 日本版ビアジェ「不動産型終身年金契約」

　「不動産型終身年金契約」の構想は，ビアジェの日本版とも称すべき長期履行型不動産取引モデル(居住用資産譲渡契約)であり，持家高齢者向けの持家年金化プランの一つとして少子高齢社会の日本には適合性と有効性が共に高い。

　その根拠とする点は，高齢者が終身(生存期間中)に及ぶ現金給付が確保できる点(終身年金)と，買い手の方も給付履行期間が未確定(偶発性)であるがスローな支払条件(割賦方式)で購入できる点で，通常の不動産譲渡契約とは異なったスロー・ビジネス・モデルであり，成熟社会に相応しいリバーシブル・プランとして評価できるからである。またこの構想は，あくまでも個人間の不動産譲渡契約であるからして，取引の消費税は非課税である。何よりも特筆すべき点は過疎地に住む高齢者の持家にも購入希望者が見込めそうなスロー・ビジネス・モデルとして，シニア層や若い世代の「二地域居住モデル」ともなる点である。この不動産型終身年金契約が普及すれば，世代を跨いだ中古住宅取引が活発になる，住宅市場の循環性が高められる，"スクラップ＆ビルド"の風潮も改められる，その結果として環境負荷の軽減にまで発展させられる。

　日本でビアジェ方式が問題視されるとしたら，まず契約上の射幸性であり，次に当事者の加齢に因る認知症など判断能力の喪失の問題が考えられる。後者については，契約時の任意後見人指名の義務付けによって解決できる。前者については諸説紛々であろう。と言うのも，ビアジェの場合は，買い手のなすべき給付(債務履行)が偶発性結果によって左右される内容の契約であり，好運(売り手の思いがけない早い死)の偶発を期待する射幸契約だからである。しかし生命余命表などから算出した給付履行期間を設定することで不確定性に因るリスクはある程度回避できる。さらに買い手には，生命保険と所得補償保険の加入を義務づけることで高齢者の受給権も保証される。

民法上では，私的自治の原則を採用しながらも，公序良俗に反する事項を目的にした法律行為を無効としている(同法90条)。しかしビアジェの目的は，あくまでも私的財産の売買であり，その対価は不確定であるが，売り手と買い手の双方に及ぶ偶発性に因る利益・不利益を契約上で明記している点，公証人の作成する契約書に基づいている点，そして高齢期の自発的，生存権的な自己救済手段である点などから，少なくとも不法性は否定されるはずである。

その傍証となるのが保険契約である。保険契約も，自ら，あるいは第三者の不慮な不幸に備える(賭ける)契約であり，常にモラルリスクを包摂しているのだが，その社会的有用性を重視している立場から，偶発性を射幸性に優先させている。偶発性についても，契約時に不幸な事態の発生・不発生が未確定なことであり，また不幸な事故が発生した場合でも買い手の意思に基づかないこと，などの点を契約の有効性の要件に据えたならば，ビアジェの日本版も法的な問題は不問となり現実的な構想となる。日本でも競輪場や競馬場が公設され，宝くじの収益も国庫に取り込まれていることからしても，自己資産を自発的に費消して高齢期の年金に転じようとする自衛的個人年金プランに対しては，政府の支援こそあっても異を唱える理由はない。

現行の公的リバースモーゲージ(不動産担保型長期生活資金貸付制度)の場合も，貸付限度額や貸付期間は不動産市場や金融市場に影響される不確定要素であり，そのリスク負担は利用者に設定されている。ビアジェの場合は，買い手がリスク負担を承諾している契約であり，リスク負担が契約当事者の片方である点では公的プランとの大きな相違はない。

フランス社会に古くから親しまれてきた持家高齢者の終身年金契約であるビアジェは，アングロサクソン・モデルのリバースモーゲージとは明らかに異質な不動産譲渡契約である。しかしながら，終身年金契約として持家の"第三の価値・効用"を形象させている点と，また個人の自助的年金契約として保護・支援に努めてきたフランス政府の姿勢は評価すべきである。ビアジェを日本に体現させようと目論むならば，まず法的な適合性や整合性を検討する必要があり，スローな投資を支援する金融制度なども必要になる。ビアジェの日本版と

なる「不動産型終身年金契約」の検討は，イエは精々が"一代限りの財産"といった，これまでの認識と住宅市場の常識や慣行を見直すきっかけになる。われわれは，イエを世代を跨ぐ社会的資本として維持継続させる環境主義的価値観を確立し，その周知化に努めるべきである。

▼東日本大震災の被災地と「日本版ビアジェ」

　東日本の大震災から学ぶ教訓は重い。住むイエを失うと，ヒトは生活できない。しかし住む場所が替わることを厭わなければイエ(空き家)はある。土地やイエは移動できないが，ヒトは移動できる。復旧・復興の目途が立たない地域のヒトは，自発的に新しい場所(イエ)に移り住むことを決断するべきである。また，こうした非常事態に有効なリバーシブル・プランの必要性は生存権であり，緊急性を帯びている。阪神淡路大震災では「不動産処分型特別融資」，中越地震では「不動産活用型融資制度」と，それぞれ被災者の救済に向けたリバースモーゲージの類型を用意してきた。しかし，その利用件数は多くないと聞く。いっそ被災地の私有地の譲渡を斡旋する「ビアジェ日本版」は如何であろうか。被災者の持家(宅地)の救済・支援的購入を，知人友人や親類縁者になどに呼びかける方策である。その不動産売買取引に必要な条件設定については，自治体が一定の標準的規約を示し，公証人役場で契約する。買い手が支払う割賦金(月賦方式)は被災者の直截的な経済支援になるはずである。しかも借入ではないから，利息負担も返済も無用である。リバーシブル・プランのバリエーションの一つとして検討する価値はある。そのバックアップは自治体や政府の責務である。問題視されそうな点は契約上の射幸性だが，損害保険や生命保険と敷衍して理解すれば公序良俗に反する特約にはならない。

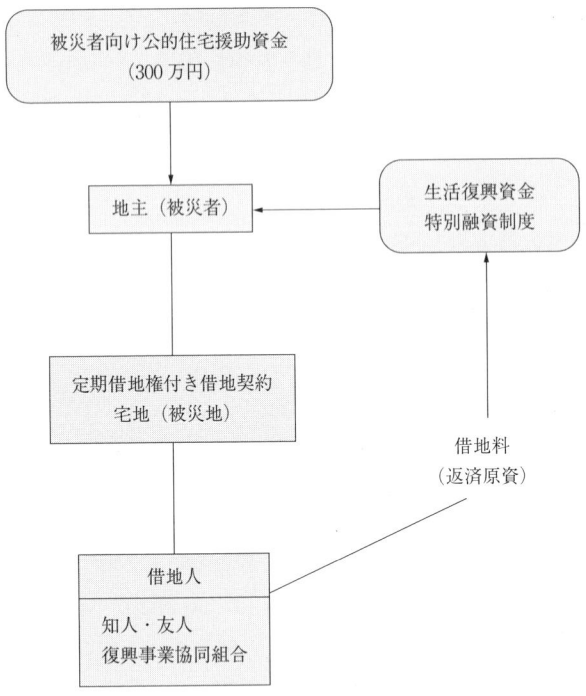

```
         ┌──────────────────┐
         │ 被災者向け公的住宅援助資金 │
         │    (300万円)      │
         └────────┬─────────┘
                  │
                  ▼
         ┌──────────┐        ┌──────────┐
         │ 地主(被災者)│◀──────│ 生活復興資金 │
         └────┬─────┘        │ 特別融資制度 │
              │              └──────────┘
              ▼
    ┌──────────────────┐
    │ 定期借地権付き借地契約 │
    │   宅地 (被災地)    │
    └────────┬─────────┘
             │                借地料
             │               (返済原資)
             ▼
    ┌──────────┐
    │  借地人   │
    ├──────────┤
    │ 知人・友人 │
    │復興事業協同組合│
    └──────────┘
```

図5-3　被災地向けの不動産型生活支援プラン
出所：住宅資産研究所作成。

〈注〉
(1)　飯島道夫『日本と海外における火災危険の比較考察』1999年。
(2)　2010年1月1日～2011年12月31日に20歳以上で，その年の合計所得額が2,000万円以下の者が，居住用家屋の取得や増改築等に充てるために父母または祖父母など直系尊属から受け取る金銭贈与は，2011年中は1,000万円まで贈与税は非課税。
(3)　1960年代に北欧諸国から生まれた社会福祉理念。障害者と健常者が区別なく社会生活を営むことが正しいとする考え方。
(4)　「フランスの高齢者」参照。
(5)　『英・仏の不動産投資事情調査団報告書』参照。
(6)　フランス民法では，「ビアジェ」の売買規定を第1582～1701条に，給付規定を第1968～1983条に定めている。射幸契約：[仏]偶然の利を得ることを目的とする契約。一定の限度を超えるものは違法となり，民法上(90)，無効であり刑法上も犯罪(賭博罪・富籤罪)となる。その限度は，一般的にいえば契約の全ての人が出資した金額だけは返却されるならば，違法性はない。これに対して，一部の人が出した金まで損するものは，とくに

法律によって認められた場合（競馬法・自転車競技法他）だけは違法性がない（我妻栄『新版・新法律辞典』有斐閣1957年，560頁）。
(7)　注記(5)参照。
(8)　拙著『持家資産の転換システム』参照。

第6章
協住する時代

　日本人は，比較的健康で長命である。したがって退職後の生活も長い。認知症も増えている。退職後の生活費も不安だが，「誰と，何処で，どう暮らすか」がもっとも深刻な問題となってきている。独居も，不便だし，孤独で，楽しくない。家族ではないけれど，親しく会話したり助け合ったりする人たちと同じ場所に生活する環境ならば，安心だし，楽しい。そこならば，プライバシーも護れるし，集まって食事もしたりする。そうしたコミュニティ（コハウジング）は，欧米社会にはすでに普及している。少子高齢社会の日本にも，間もなくコハウジングは必要になってくる。

1　「協住」の価値効用

▼コハウジングの社会的必要性
「住環境の名状しがたい無形の室に注目する」
　プライバシーと自立は私たちの社会において重要視されるようになってきている。しかし高齢者のための住宅の建設ラッシュにおいて，私たちは高齢者個人がたどってきた人生の道程，そして彼あるいは彼女のニーズ——とりわけ単なるねぐらを越えた居住環境にたいするニーズを見失っている。レンガとモルタルは私たちのシェルターに対する一時的なニーズを充足しはする。しかし人生に意味，目的，そして喜びをあたえるのはその無形の質に他ならない。基準に従うだけの居住環境には多様性と想像力が欠落している。私たちは高齢者個人の尊厳を回復し，軽妙洒脱な歓談，自然発露，そして創造的な課題追求を促さなければならない。私たちの持てるエネルギーを人々の生活リズムと生活パ

ターンの理解へと注ぎこみ，高齢期を成就の，優位の，魅惑の，そして比類なき自由の黄金期へと復位させなければならない。

　アメリカで福祉施設の設計に建築家として深くかかわってきたホグランド，デイビット(Hoglund, David)が，著書『世界の高齢者住宅(HOUSINGH FOR THE ELDERLY), 1985)』の中に記した一節である。高齢者向け居住環境としては，アメリカは，北欧諸国や英国に一歩遅れていると判断しているホグランドが，「高齢期を，成就，優位，魅惑の，そして比類なき自由の黄金期へと復位させたい」といった人間愛に満ちた職業的情熱をもって書き上げた書である。

　日本の場合，高齢者向けの施設として普遍的な居住環境は，事業者側の都合(経済的効率追求)に基づいたデザインであり，そこに画一的で制限的な関係法規や介護サービス報酬体系が，高齢者の個人的条件に配慮する余裕を関係者に失わせるのに一役買っている。高齢者に，人間らしい生活の品格や質(クォリティ)を諦めることを教え込む場所が高齢者施設であるとさえ思わせるような，無機質で非人間的な居住環境がコンクリートの床と壁で形象化されている。またそうした画一的でパターン化したデザインで建設しないと，公的な補助や恩典を享受することが難しいとさえされている，厄介で非人間的な法的枠組がある。高齢者が利用者である施設の場合は，現行の介護保険法において，外箱(ハード：構造・設備)ばかりが細かく厳格に規制していることから，肝心の働くスタッフの給与体系が貧弱なものになり，若い人たちの活力を取り込めない，モティベーションの低い不均衡な雇用体制が固定化している。この点は，これまでも何度となく国会でも問題として取り上げられてきた。しかし当局は，その都度，介護サービスの報酬を場当たり的に，申し訳程度に嵩上げしながら，抜本的な制度改革に正面から取り組むことを回避してきている。そうした政府の"臭いものには蓋"的な姿勢のしわ寄せは，小規模な経営体制で介護保険事業に取り組んでいる零細事業所に及んでいる。逆に，一定規模以上の施設を建設できる大手事業所に対しては手厚い補助金制度がある。時々，数億円単位の不正請求が露見して営業停止させられる事業所は大規模経営の事業所に多い。こうした問題の背景には，日本の行政の体系・体質の問題がある。その一つは，許

認可に際しても，事業所の規模(構造・面積)に関する基準が厳格であり，地域性と事業者の資質などを勘案しない集約的で一律的な基準が地域事情と施設規模のミスマッチを生み，結果として小回りの利く小規模事業所を排除する実態に結びついている。

いっそアメリカのオレゴン州(西海岸)のオレゴン方式のようなアットホームな老人介護システムの方が，肝心の利用者には，大規模な施設よりも細かい介護サービスを期待できる点で優れている。一般家庭の中で，利用者が，そこの家族と一緒に生活できる仕組みの方がより人間的であり，個人の事情にも相応しいサービスが受けられるだけでなく，財政上の負担も軽減させる可能性が大きい。こうした視点から適格な居住環境となれば，コミュニティ・タイプの「コハウジング(cohousing)」は間違いなく有力候補の一つに挙げられる。

長寿社会の日本では，100歳を超えた高齢者の生存未確認や家族による年金搾取，また増加する独居老人の孤独死など，超高齢社会ゆえの痛ましいニュースが多い。65歳以上の高齢者は，2009(平成21)年に比べて2011(平成23)年では46万人増えて2,044万人，総人口に占める割合は0.4ポイント増の23.1％となり過去最高を更新した。80歳以上の高齢者数も初めて800万人を超えた。

一方で，高齢者世帯が長命の果てに抱える老々介護や認々介護，また家族の介護同居や介護失業など，長寿社会の暮らしの問題は実に多岐にわたって複雑であり，また深刻である。しかし主とした問題は，「居住福祉」の範疇に収斂される。その「居住福祉」の問題の柱は，まず「住まいの安心・安全」であり，そして「家計の経済的自立」にある。

筆者の研究テーマでもある「リバースモーゲージ」は，持家に住む高齢者世帯に生活資金を融資する不動産担保年金制度であり「居住」と「福祉」の両輪的生活支援プランである。しかし，あくまでも自分の家に住み続けながら，その家を担保に生活資金を借りる仕組み(リバースモーゲージ・ローン)であり，居住環境(コミュニティ)との連環性まで包摂するものではない。誰もが望む"健康的で文化的，かつ快適な生活"とは，居住空間の確保と生活費だけの充足を以って実現できるものではなくて，いま一つの居住環境要件として好もしい隣人関係を育

み維持継続させるコミュニティとのつながり(絆)が欠かせない。

　日本では，高齢者の生活を，住まいの安定確保の住宅行政と，生活支援・介護サービスの福祉行政の両輪で支えている。武蔵野市の場合ならば，持家高齢者は自分の家に住み続けながら福祉資金貸付制度(リバースモーゲージ)を利用して介護サービスが受けられる「住宅と福祉が連携した生活支援プラン」がある。しかし，それだけでは人として生きるための最低限度(生存権的)の要件をかろうじて満たしているに過ぎなくて，人間的充足感まで約束する仕組みではない。その生活環境を共有する他者(家族ではなくても)とのスムーズな接触(communication)から感じ取るホスピタリティこそ，実は人の居住する場所に不可欠な要素なのである。多世代で，共通の生活価値観で協調しながら協同で生活する居住スタイルのコミュニティがコハウジングであり，そこに居住する高齢者たちは大家族(居住者たち)の中で各人が何らかの役割を可能な範囲で果たしながら自立している。

　ここでコハウジングの社会的な存在価値を俯瞰するならば，増え続ける高齢者に対する社会保障性負担の軽減への奏功であり，また高齢者を抱える家族の物心ともの負担も軽減する福祉性である。しかし，それはあくまでも副次的なものであって，本義的な価値・効用は，高齢者自身が，"健康で文化的，かつ快適なコミュニティ"に居住することでノーマライゼーションが維持継続できる点にある。換言するならば，コハウジングの資産性は「居住福祉性価値・効用」にあり，ソーシャル・キャピタルとも評価できる。[2]

▼コハウジングは「終(つい)の棲家」

　この数年更新されている日本人の長命化は，高齢者にも新しい問題を惹起し，その対応を迫るものである。そうした問題の大概は，加齢に因る認知症や知的障害などによる不十分な判断能力が原因であり，家族や地域社会(コミュニティ)とも繋がっていない無縁化が問題を拡大し深刻化させている。家族の収縮・分裂化で，家族力(扶養・介護)をさらに疎遠で脆弱なものに低下させている。家族力を当てにできない長寿化社会であっても，「ご近所の底力(絆)」を活用でき

たら，高齢者の生活上の問題でも軽減させ解決できる部分は少なくない。こうした視点から鑑みるコハウジングは，最近失われつつある"向う三軒両隣"的な地域力(絆)を備えた居住福祉型コミュニティとも理解できる。

またコハウジングを，「クリエイティブなコミュニティ」と表現することも適切である。トロント大学教授のフロリダ，リチャード(Florida, Richard)は，「クリエイティビティは人間として本質的なものであり，個人，コミュニティ，経済の，日常における決定的な資源である。クリエイティブなコミュニティは活気があり，人間を人間らしくする場であり，個人の成長を助け，文化的・技術的革新を引き起こし，仕事と富をつくり出し，多様なライフスタイルと文化を受け容れるものである」と述べていて，図らずもコハウジング・コミュニティのクォリティ(価値・効用)を的確に語っている。

アリゾナ大学総合医学部長のワイル，アンドリュー(Weil, Andrew)は，沖縄の高齢者が，その最後の時まで健康でいられるのは，多世代家族同居の生活スタイルと隣近所との親密なコミュニケーションのもたらすホスピタリティによるもと看破している。ワイルの指摘した二つの要素は，そのままコハウジングにも当てはまるものであり，高齢者のノーマライゼーションにも奏効するコハウジングの居住福祉性が実証されている。

長寿化社会の日本における「協住生活(Cooperative Living)」の必要性については既に社会的要請であると結論できる。またコハウジングが，その要請に相応した"第三の家族との協住する居住形態(コミュニティ)"であること確かなことである。コミュニティの一つとして，コハウジングを簡明に説明するならば，多世代のメンバー(居住者：大半がオーナー)が混住している，自主的で，相互扶助的で，クリエイティブな居住環境である。居住者個々人の，年齢や家族形態(単身，夫婦，母子・父子など)，また職業や収入などで生じる階層意識の格差は，居住者に共通しているスピリチュアル，エコロジカル，ソーシャルなどの要素で形成されるエコロジカル・ライフスタイルがソリューションとして作用して，分解・溶解させてしまい，コンフォータブルでフレンドリーな連帯感を抱く生活空間を体現させている。

179

コハウジングについて別の表現を試みるとするならば、「誰」とでも「家族」になれるコミュニティ、「擬似家族」、あるいは「第三の家族」との協住タイプの居住空間で、「大型家族」の方が気楽で快適な関係でいられる、生活の多様性(個性)がホスピタリティにも繋がっている居住環境、といったフレーズで紹介できる。マンションやゲイティッド・コミュニティ(Gated Community)を階層帰属意識の空間化であると位置づけるならば、コハウジングは無階層帰属意識の空間化であると言えよう。

コハウジング・コミュニティの非可視的な特長として、かつての日本に存在した隣組的なコミュニティ、あるいは「ご近所の底力」といった相互扶助的機能があり、高齢期のノーマライゼーションには最も必要とされる居住福祉性が包摂されている。自分の気に入った場所(家)に住み、隣や近所には知人友人が一緒に生活していて、一緒に料理や食事をするし買物にも行く。何か困ったことがあればお互いに相談し合う。有料老人ホームなどとは異なった自立的、自主的な生活が営めるのは、その生活環境に居住福祉性が包摂されているからであり、コハウジング・コミュニティの価値・効用と言える。

警察庁が2010(平成22)年10月14日に発表した調査結果によると、高齢者の万引き犯罪が20年前の7.4倍に増えている。その犯罪の動機として、24%が「孤独感」である。また文部科学省が同年に公表した「体力・運動能力調査」の結果では、高齢者の体力はこの10年ほど向上し続けている。健康ブームで60代以上の定期的に運動する人が増えていることが要因となっている。こうした調査結果から概括すると、活力ある高齢者層が増え続けているのだが、しかし社会的なネットワーク(コミュニティ)にリンクできない高齢者も増えているのが実態である。非血縁者(居住者:第三の家族)と協住するスタイルのコミュニティ・プログラムであるコハウジングは、成熟化が進行する日本の社会的要請を背景にしながら必然的に普及・定着する方向にある。

物質文明が先鋭化した現代社会においては、個人や家族は、これまで以上に、孤独感、疎外感、隔絶感、そして焦燥感などに苛まれながら、時間に追い立てられるような生活である。そうした社会環境の中で、人間的な「何か」が欠落し

第6章 協住する時代

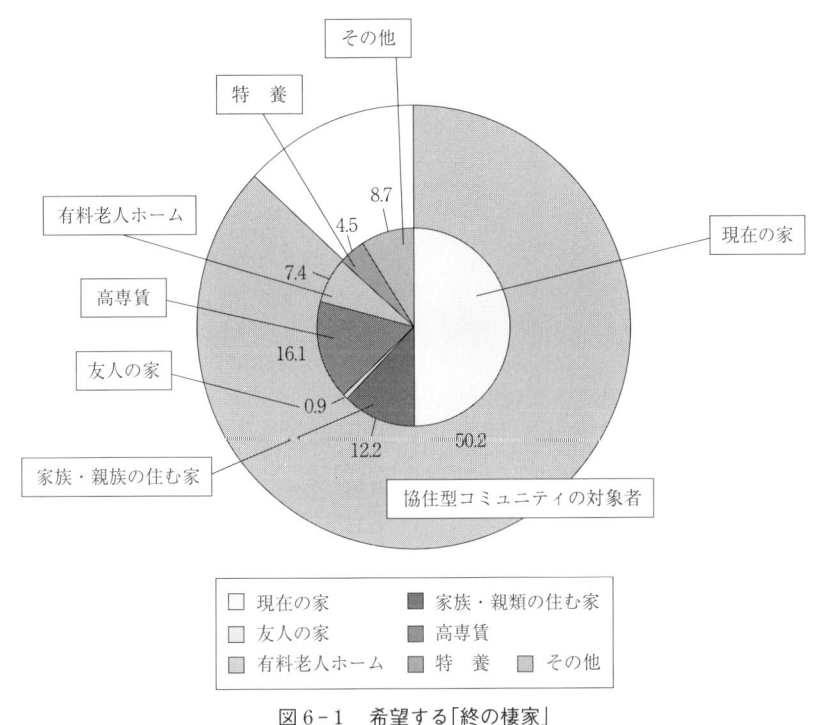

図6-1 希望する「終の棲家」
出所：『WEDGE』より，住宅資産研究所作成．

その他 8.7
特養 4.5
有料老人ホーム 7.4
高専賃 16.1
友人の家 0.9
家族・親族の住む家 12.2
現在の家 50.2

協住型コミュニティの対象者

□ 現在の家　　　　■ 家族・親類の住む家
□ 友人の家　　　　■ 高専賃
■ 有料老人ホーム　■ 特養　　■ その他

ていると感じていた人たちが，共通する価値観を絆にしながら協調して適度な規模の「模擬的大家族(第三の家族)」をつくろうと始めたコミュニティがコハウジングである．退職後は，それまで住んでいた家を返済原資にするリバースモーゲージを利用しながら，コハウジングに移り住む選択は「健康で文化的，かつ快適な生活」を自立しながら継続させられるリタイア・プランとなる。

図6-1は，日本経済新聞電子版による調査(2010〔平成22〕年5月24日発表)と厚生労働省資料を基にした図表(雑誌『WEDGE』掲載)を参考にしながら作成したものである．「特別養護老人ホーム(特養)」4.5％と「その他」8.7％を除いた8割強の「終の棲家」の希望に対して，コハウジングならば選択肢の一つになり得るも

図中のテキスト:

負担(高額)

有料老人ホーム

サービス付き高齢者住宅

軽費老人ホーム

グループホーム(認知症高齢者)

コハウジング
協住型コミュニティ

老人病院(療養型医療施設)

老人保険施設(老健)

特別養護老人ホーム(特養)

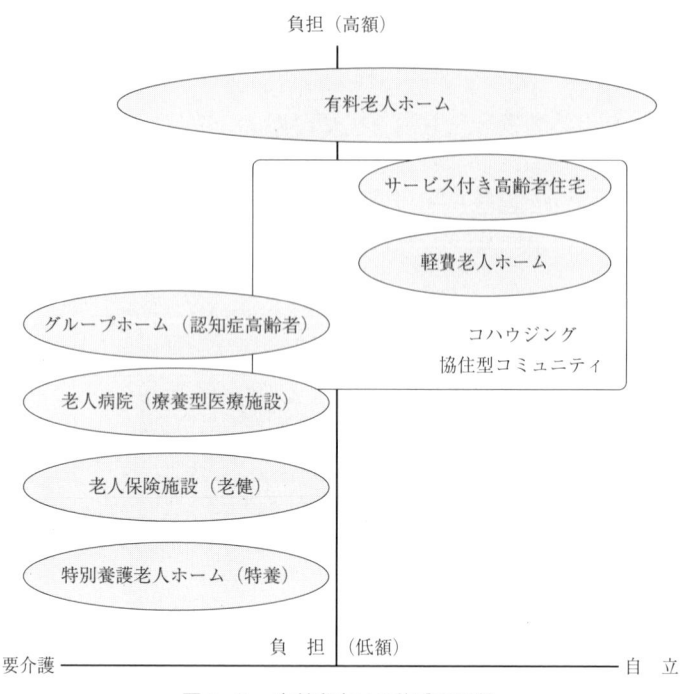

負担(低額)

要介護 ──────────────── 自 立

図6-2　高齢者向けの施設の種類
出所：住宅資産研究所作成。

のと言える。図6-2は，高齢者向けの施設の種類であるが，コハウジングの場合は，自立している健常者から要介護の高齢者まで，継続的な居住が可能なコミュニティであると位置づけられる。

▼コハウジングとマンション

　無機質な現代社会にあっては，隣近所の連帯感から生まれる相互扶助(隣保扶助；neighborhoods)の観念は希少であり，だからこそコハウジングの無形資産の価値・効用であると居住者たちは認識している。また最後まで自宅で自立的生活を望む高齢者の生活を支援するケア・サポート精神は，コミュニティの中で醸成されるボランティア・スピリッツに負うところが大きい。日常生活上の軽

第6章 協住する時代

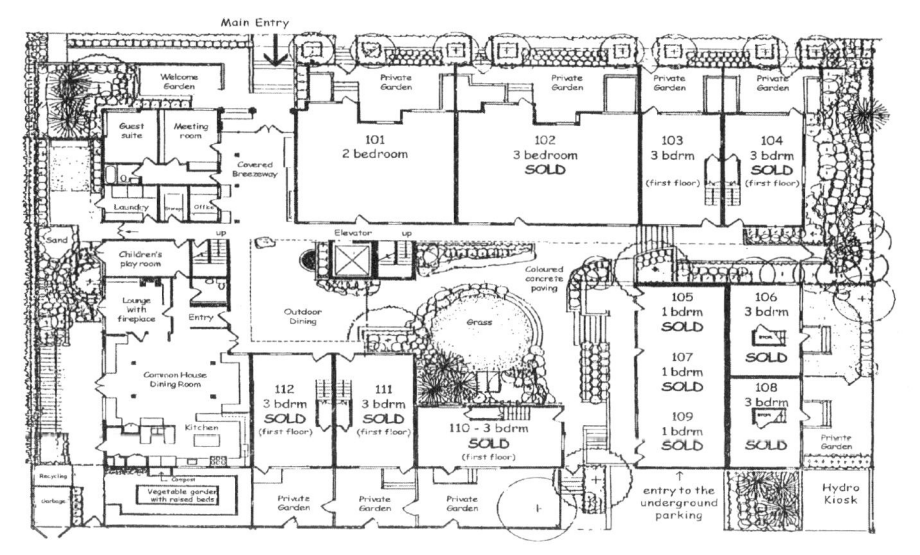

図6-3 **Cranberry Commons** 配置・平面図
出所：Matthew, Ronayer 提供。

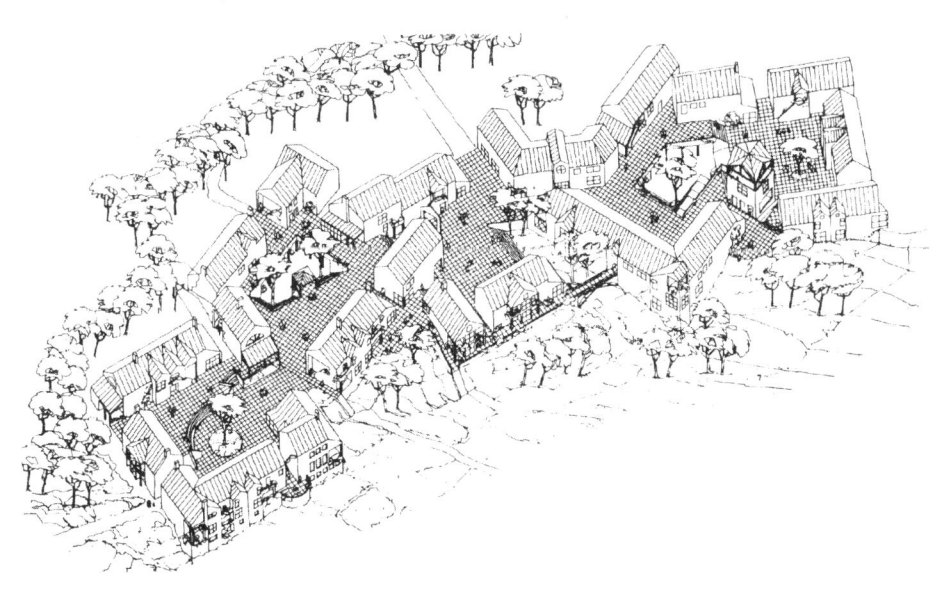

図6-4 コハウジング・ランド・プラン
出所：Senior Cohousing.

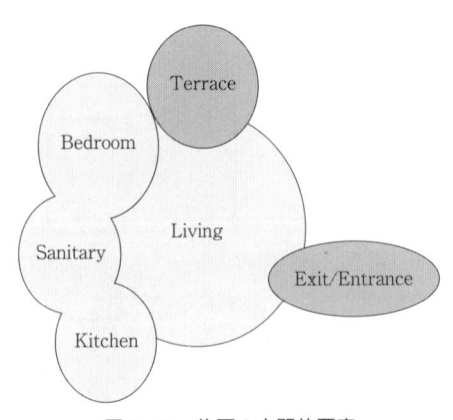

図6-5　住戸の空間的要素
出所：住宅資産研究所作成。

微なサポート(手助け)を受けながらでも，自宅で自立して生活したい高齢者にとって，コハウジングはアットホームなコミュニティであると言える。

　コハウジングの標準的なデザインの特徴とすれば，単身世帯や夫婦世帯，あるいは親子世帯や二世代世帯などに対応した住戸のバリエーションがあり，子供たちが安心して遊べる共用の広場(common space)を中央に配して，その周囲を取り囲むように住居が配置されている点であろう。その広場の近くには，共同で使用・管理する広いスペースの食堂や厨房，またランドリー，工作室，遊戯室，会議室，図書室，ゲストルーム，駐車場等々の共用部分が配置されている。図6-3は，クランベリー・コモンズ(Cranberry Commons)の配置・平面図である。住戸が中庭(コモン・スペース)を囲んで配置されている。1階は，小さい子供のいる世帯が，2階には比較的若い世帯，3階と4階には高齢者の世帯が住んでいる。上層階の場合はエレベーターを利用するから，かえって高齢者に向いている。図6-4のランド・プランでは，平屋や2階建の建物が独立して建てられていたり，連棟であったりしている。しかもその配置には建物が視界に入りやすいように意図的に工夫が施されている。外周には野菜畑や樹木が見える。

　コハウジングでは，共用・共有(share)することで享受できるメリットを，生

活のあらゆる面にわたってマキシマムに，フレキシブルに追求しながら，一方では，個人（家族）の生活の静逸とプライバシーも確保するといった目論見がある。したがって，共用設備として用意されている部分を各住戸の中に作る必要はない。来客用の部屋であっても，ゲストルームが別にあるから，予約しておけば使用できる。ランドリーやプレイルームなども共用できる。図6-5に明らかなように，単身者，あるいは夫婦であっても，生活に必要な最低限の要素は備えられている。もちろん土地の形状や立地条件などでグランド・デザインは制約されるから，必ずしもスタンダード・パターンに拘泥しないで柔軟に対応している。コハウジングは，そのハードでは，シェアリング・システムの推進で環境負荷や経済的負担を軽減させているエコロジカルなコミュニティでもある。

　ヨーロッパの都市を訪ねると，街路に沿って建物が連なっている風景に驚く。そこでは建物が敷地とほぼ一体化の様相だが，私的空間と公的空間は壁面を介しながら見事に区分されている。対照的に日本の標準的な住居は，前庭や通路を配しながら外部と内部の空間のつなぎに時間と距離を感じさせている。コハウジングの空間的な特徴として，住戸の外側と内側，敷地内のパブリックな空間とプライベートな空間，敷地の柵の外側と内側など，対立的空間をさりげなくだが，しかし明確に遮断している点にある。また住戸の外にある共用スペースを媒体にして，住民相互間に育まれる連帯感や親睦感を共有しながら，個々人のプライバシーも保持できる安心感（hospitality）が確保されている点も特徴である。

　図6-6は，マンションとコハウジングの街路（動線）イメージの対比である。マンションの住戸は，画一的で立体的配置（コーム型）であり，主としてエレベーターを利用したタテ移動になる。そのために居住者同士の匿名性も高いクローズ・コミュニティであり，その点が，マンションの価値の一つともされている。コハウジングの方は，大半が郊外であり，空間的余裕もあるから，各住戸の配置は平面的なクラスター型が多い。ほぼ中央に配されたコモン・スペースを介して居住者同士の自然な接触が起こりやすい（意図的なのだが）オープン・コ

マンション　　　　　　　　　コハウジング

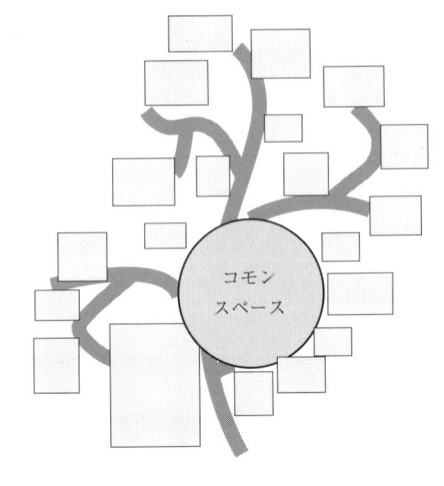

コーム・タイプ（comb type）　　　クラスター・タイプ（cluster type）

図6-6　コミュニティの街路（動線）の対比

出所：住宅資産研究所作成。

ミュニティであり，コハウジングの魅力の一つになっている。街路や通路が生み出すネットワークは居住環境では重要な非可視的価値の一つである。住戸の形状や配置などの対比からすると，住民同士のコミュニケーションがもっともスムーズで発展しやすいのはコハウジングである。

　コハウジングを語る時，その構造上の，またソフトとしての要素には，一つのコミュニティに備わっている基本的な要素が，より緊密性を保ちながら，よりコントロールされている。構造上の要素としては，集合，接近，分散，クラスターなど，地理地形に順応したランド・プランに基づいている。そこには，集合と共同と共用，そして相互扶助，交流（コミュニケーション），もちろんプライバシーなどの要素が，居住環境としての一定の方向性を内包させながら形象されている。

　「一かたまりの住宅が，家主全員で共有する公共地を囲む1つのクラスターを形成しない限り，家にいても居心地よく感じないであろう」。アレクザンダ

第6章 協住する時代

他人（第三の家族）との協住

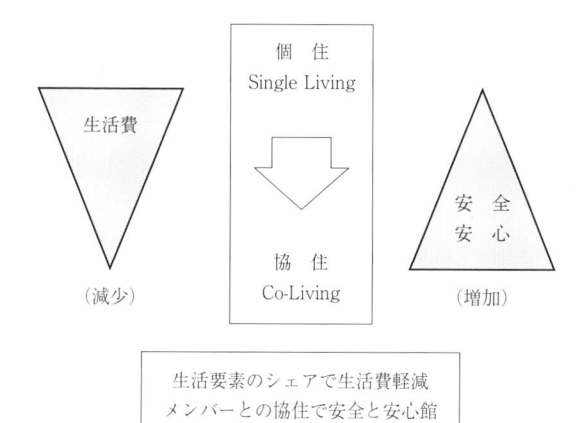

```
        個　住
      Single Living
            ↓
        協　住
       Co-Living
```

生活費（減少）　　　　　　　　　安全 安心（増加）

生活要素のシェアで生活費軽減
メンバーとの協住で安全と安心館

図6-7　コハウジングのメリット
出所：住宅資産研究所作成。

ー，クリストファー（Alexander, Chrisopher：1984）の著書『パターンランゲージ』の中の一節である。

バンクーバー市当局は，コハウジングの特徴とも言うべき友愛的なコミュニティと，その環境への配慮に共感を示して，いくつかの優遇措置を講じて支援している。またトリオドス銀行（Triodos Bank）でも，コハウジングの協住型コミュニティと好環境性の担保力を高く評価してコハウジングへの融資には前向きに取り組んでいる。同行は，EUでも指導的なソーシャル・バンクであり，その融資先は社会・環境・文化的な付加価値を達成させる事業に限定している。

図6-7は，他人（筆者はコハウジングの居住者を，「第三の家族」として擬似化している。）とメンバーとしての関係を築くことで，享受できるメリットについてイメージしている。単独で生活するスタイル（個住）から，コハウジングで居住するスタイル（協住）に住み替えすることで，生活の一定部分の経費が縮小・軽減する。またメンバーとして最低限度の相互関心を許容することで生活上の安全と安心感（独りではない）が認識できる点である。生活環境のあらゆる要素にシェア（共有・共用）が検討され，自然環境への配慮も講じられることから，エコロジ

カルな生活スタイルが展開される雰囲気が醸成されるようになる点もコハウジングのメリットであり，価値・効用にもつながっていく。個人的な生活ニーズと，自治体から受けられる公的サービスとの狭間となっている生活密着的な，きわめてプライベートなニーズを，あるいは緊急的なニーズに対しても，コハウジングでは「第三の家族」といったスタンスから対応できるコミュニティである。

▼コハウジングとマンションの相違点

　誰しもが，その自立した高齢期を維持継続させたい。しかし，その実現には相互扶助的な人的環境(コミュニティ)が欠かせない。マンションとコハウジングの，コミュニティとしての相違性は，それぞれのストラクチュアルな相異に基因している点も否定できないが，主として居住者のタイプ(ライフスタイル・家族・経済力・職業等々)の異質性が要因となっている。最近のマンション開発にも，成熟社会を反映させて従来の無機質な画一性から脱しようとする兆しが見える。そうした動向は，コミュニティ変革の端緒となって，居住者の自主的維持管理に向けた意識改革にも繋がっていく。コハウジングの居住者に共通している姿勢は，そこの場所が気に入って，自分の住む住居部分を自分がデザインする，そこの居住者全員が自由に使えるスペースを共有する，コハウジング全体の設備を共有する，お互いのプライバシーを尊重しながらでも，一緒に暮らす場所を心地良いものにしていく努力は惜しまないのである。居住者についても，単身者，夫婦，寡婦，母子家族，高齢者等々，職業，年齢，所得，そして家族構成もまったく多種混在で，そこには特段の制約はない。しかし，実はコハウジングは多世代混成・多階層混住の居住者構成を意図的に形成している。その理由は，相互性に富んだ，扶助的な居住環境の形成が実現し易いからである(図6-8参照)。

　「終の棲家」として，マンションを選択する人もいる。子供が成長して家を離れ，夫婦だけになって，生活環境も変えてみようと考える。老夫婦の世帯ならば，建物管理が他人任せで，生活面でも便利な場所のマンションに住み替えた

第6章　協住する時代

```
        高齢者世帯
   ┌─────────────┐
   │             │
 戸建         コハウジング      マンション
(個住)     (協住型コミュニティ)    (集住)
            多世代混住型
   │             │
   └─────────────┘
         子育て世帯
```

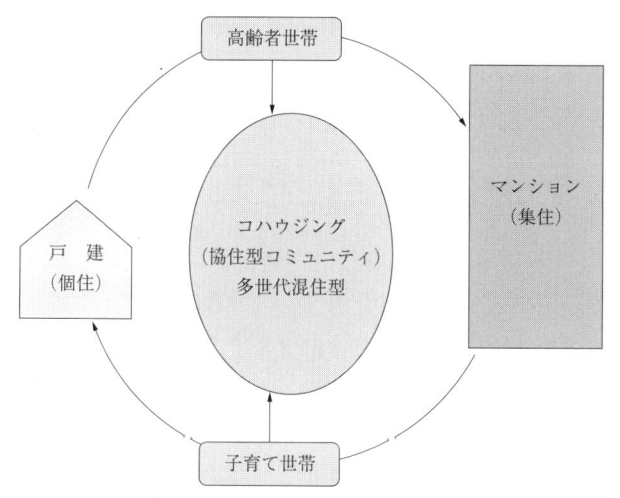

図6-8　コハウジングのイメージ
出所：住宅資産研究所作成。

い。一方，子育て中の若い世帯は，手狭なマンションから庭のある戸建住宅に移り住んで伸び伸びとした環境のなかで子供を育てたい。こうした相反した動機から，個住と集住の関係に世代間の交代（循環）が起きている。戸建住宅とマンションでは，居住環境として捉えても対照的な要素が少なくない。外観上の規模・構造はもちろん，「個住」と「集住」では，その居住スタイルが違うことから，住み方（ルール）も著しく異なっている。

　コハウジングは，その中間的な要素が比較的多い「協住」のモデルと言えよう。コハウジングの場合は，図6-8からも明らかであるが，世代間にみられる居住の交代ではなくて，「多世代混住型」の居住モデルであり，「共生」ということになる。コハウジングのイメージとしては，個住と集住といった異質な居住モデルの要素を併せ持った「ハイブリッド型」の居住モデルとも理解できる。コハウジングの場合は，戸建住宅やマンションよりも，他の居住者（メンバー）との関係は一定のルールの中で調整されている。プライバシーの確保と，スムーズなコミュニケーション（交流）とが，単純ではあるが明確にルール化されている点がコハウジングの"売り"の一つでもある。

表 6-1　建物の構造・配置・規模による分類

形　態	構　造	配　置	規　模
マンション	中高層集合型	コーム(櫛)	大規模
コハウジング	低層分散型	クラスター	中規模
戸建住宅	低層独立型	シングル	小規模

出所：住宅資産研究所作成。

　巷間で言う「ご近所の底力」とは，対等かつ開放的，多様で多数の住民間のネットワーク，つまりソーシャル・キャピタルであるが，コハウジングの場合も企画段階から設定されている優先的要件となっている。

　マンションも，この先はコミュニティを重視するリビング型と機能重視のステーション型など，特化がさらに進むであろうし，もちろん中間型もコンプレックス型も増えてくるに違いない。コハウジングの領域にまで接近を試みるマンション開発も珍しくなくなるだろう。アメリカのボストン郊外には，区分所有権付きの戸建住宅が散開する分譲地が点在している。一見したところでは，コハウジング風にも見えるのだが，そのコンセプトはまったく異質な個住志向のコミュニティである。外形だけを以って，コミュニティの種類や性格は捕捉できない好例である。

　以下の各項目は，日本のマンションと北米のコハウジングの対比である。

(1)　マンションの大半は中高層の集合型構造が主流である。コハウジングの方は様々なバリエーションがあり，戸建住宅の点在・分散型か，市街地では木構造で低層（2〜3階）型が多い（表6-1参照）。全体の規模としては，コハウジングは30〜60戸前後が適当とされているのに比べて，マンションの方は逆に大型建物の方が好まれる傾向にある。

(2)　マンションの場合は，内装も完成された住戸が一般的（時々，内装を選択できるタイプもある）だが，コハウジングの方は，居住者が，直接，建設にかかわり，住戸の内装も各自でデザイン・施工するケースが少なくない。コハウジングの場合は建設段階でもメンバー（居住者）の主体性が強いし，透明性も高いから合理的である。また居住者の生活条件に対する適応性にも優れている。

第6章 協住する時代

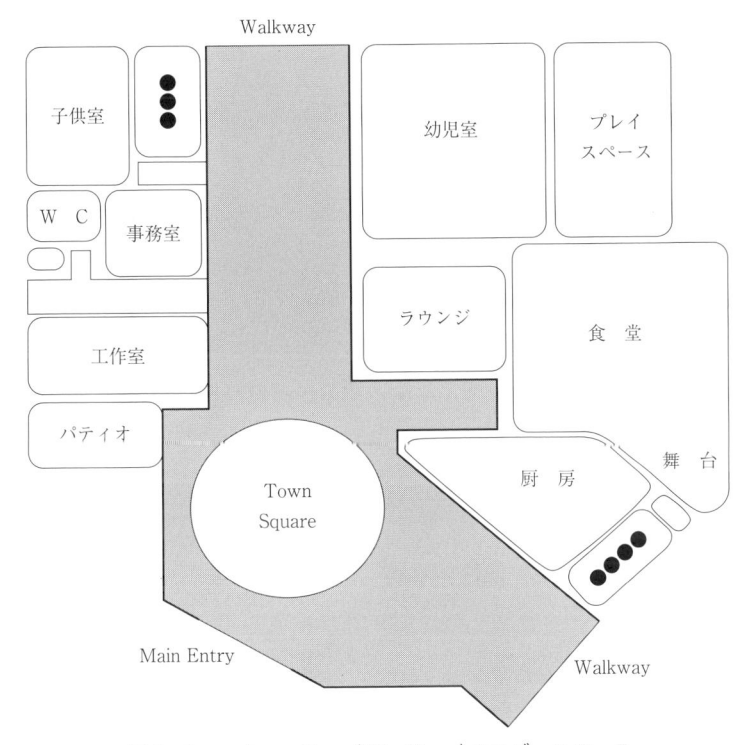

図6-9 コミュニティ (**WindSong**) のハブ・スペース
出所：住宅資産研究所作成。

（3）コハウジングの場合は，食堂，ゲストルーム，プレイルーム，オフィス，ランドリー，駐車場等は共用設備であるから，各住戸には備えない。共用スペースの利用でも，マンションとコハウジングでは根本的な部分で異なっている。コハウジングの共用スペースは「売り」の部分であるが，マンションの場合は利用上必要な最小限度の狭隘なスペースが多く，居住者のマナー・トラブルが頻発する場所にもなりやすい。図6-9は，コミュニティのハブ・スペース（Hub of the Community）とも言うべき共用設備（Common House）が集中している場所である。

（4）マンションを立体的なコーム型コミュニティと比喩するならば，コハウジングはフラットなクラスター型コミュニティと表現できるし，そのコミュニ

191

ティのオリジナル性に着目するならばクリエイティブ・コミュニティとも位置づけられる。

(5) コハウジングは，原則的には自主的な管理運営である。コハウジングのサスティナビリティは委員会による意思決定と全員参加型委員会の存在が形成する自治能力にある。マンションの方は，居住者の高齢化もあって部外者(専門業者)に委託するケースが増えつつある。

(6) マンションは，居住者については，原則として特段の資格設定はなくて暴力団関係者の排除くらいである。コハウジングは，協住型コミュニティであるために，居住者には，制限的ではないが，一定の要件が設定されている。

(7) マンションとコハウジングでは，居住者同士の意識・価値観から生まれ育まれるコミュニティのクォリティが異質である。

(8) 住戸の売却・賃貸の場合，マンションならば不動産業者に媒介を依頼するケースが一般的であるが，コハウジングでは，"口コミ"か，協会のネット上のサイトを利用して募集するケースが一般的であり，制約的条件が付与されている場合もある。

(9) コハウジングは，戸建住宅とマンションとの中間的なタイプのコミュニティである。アバウトなイメージの対比だが，これらの居住モデルの「品質」と「手軽さ」の関係には，図6-10のようなトレードオフが見られる。

(10) マンション建設は，最近の地価下落が追い風になって地方にも急増している。コハウジングの建設も，少子高齢化からの家族の収縮や土地の値上がり期待感の泡沫化，またライフスタイルの多様化などから安定的な動きがみえる。ただ日本の場合，コハウジングの認知度も低いことから急激な増加はみられない。日本では同質・同一世代型コミュニティが主流であり，欧米のような多世代混住型コミュニティは少ない。

(11) 北米のコハウジングは，原則，区分所有権の集合型住居(Strata lot, condominium)である。コハウジングの居住者は日本の「建物の区分所有権に関する法律」に相当する「Strata Property Act」に基づいた「Ownership」を原則保有し，その権利や義務なども「区分所有権」と類似している。

第**6**章　協住する時代

質（Quality）

コハウジング

戸建住宅

マンション

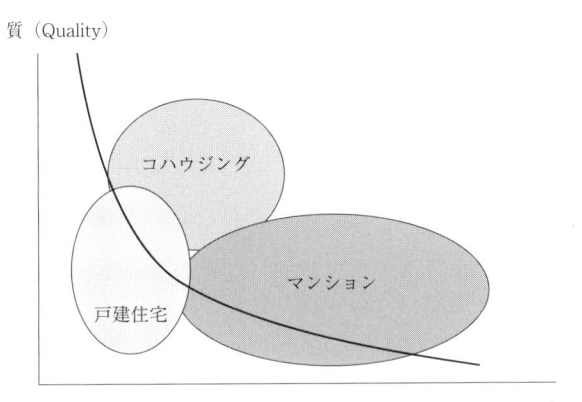

手軽さ（Affordability）

図 6-10　住モデルのトレードオフ
出所：住宅資産研究所作成。

(12) カナダのコハウジングの場合は，ハイクォリティなコミュニティを歓迎している自治体(City of North Vancouver)から緩和措置(Density Bonus)が供与されたりする。対照的に日本でのマンション建設では，近隣の環境保全に向けた行政指導などが厳しくなる傾向にある。

▼コハウジングの「居住福祉性」

コハウジングの価値・効用である「居住福祉性」のサスティナビリティは，以下の要素で構成されている。

【サスティナビリティの構成要素】
(1) 周辺環境(自然条件・人工的条件)的要素
(2) 近隣環境(住民の種類・人口・企業)的要素
(3) 市場(需給バランス)的要素
(4) 社会(行政・制度)的要素
(5) 構造(空間・設備)的要素
(6) 人間(多世代・多階層)的要素
(7) 非可視(価値観・ライフスタイル)的要素

コハウジングの建設場所(敷地)を探す場合，周囲の空間的余裕(山林原野や空き地など)が重要なチェック・ポイントとなっている。その理由として，将来，隣地に何らかの変化(開発)が起こるかもしれない懸念であり，コハウジングが直接的な影響から回避するための用心(リスク管理)でもあって，サスティナビリティの確保にもつながっている。この場合は，前記の(1)と(2)，そして(5)と(6)の要素が該当する。

　フロリダ，リチャードは，「生活の質」を求めるために欠かせない「場所の質」について，「建築物と自然が融合しており，クリエイティブな生活を求めるには最適な環境であり，さまざまな種類の人々がいて，だれもがそのコミュニティにはいって生活できるよう，互いに影響し合い提供し合う役割を果たしている場所」と定義づけて使っている。[(7)]

　コハウジングの場合は，居住者(メンバー)全員で，上記の各要素を，時間をかけて慎重に議論し検討を尽くして，全員一致を原則にしながら決定し，プロジェクトを進行させていく。したがってコハウジングの居住環境としての適合性(満足感)については安定的であり，サスティナビリティも高い。

　またコハウジングの居住者(メンバー)に共通するライフスタイルは，スピリチュアル，エコロジカル，ソーシャルの3つの価値観が織り合って形成されるものである。こうした観念的(非可視的)な姿勢(価値観)を理解し共鳴しながらコーポラティブなライフスタイルを選択・継続できるメンバーに絞って参加(居住)を呼びかけている。コハウジング建設プロジェクトの場合は——決して厳格なものではないにしても——メンバーには一定の価値観の同質性・共通性も求めていることから，ややもすると制約性や排他性を意識させてしまう懸念は拭えない。コハウジングが，スピリチュアルで，エコロジカルで，ソーシャルな協調性をメンバーに対して厳格に期待するとなれば，その市場流通性(売買難易度)とは乖離するといったトレードオフ(ジレンマ)も生じる可能性も完全に否定できない。

　しかし，逆にそのコハウジングのコンセプトが，共同集合型のマンションとの差別化につながる付加価値として評価されるならば，多様化社会におけるコ

ハウジングの居住福祉性を確立させるための効果的なポジショニング(特異性)ともなる。同世代が集住する同質的なコミュニティには，経験則的には多様性や選択性が失われがちであり，したがってコミュニティとしてのサスティナビリティも低下してしまいがちである。コハウジングの場合は，建設プロジェクトの運営上のコンセプト(戦略)として，多世代・多階層が協住するコミュニティの形象を掲げているからこそ，クリエイティブな居住空間とコミュニケーションがサスティナブルなのである。

　コミュニティの価値・効用を，経済的価値(換金性)に重きを置くか，非可視的な価値(ホスピタリティ)を重んじるのか，意見の分かれるところである。成熟社会においては，居住環境はライフスタイルの重要な基盤となるだけに，住戸(住宅)の価値についても，投機的な確実性よりも，むしろ居住福祉性をより高く評価する風潮が住宅市場にも徐々にではあるが顕在化し始めてきたように感じられる。物象・事象の「価値・効用」とは，その時代性や社会性に左右される流動的，変動的で，なおかつ相対的な要素だからである。

　ちなみに，地域社会に対してはオープン・システムのコハウジングとは対極的なコミュニティとして，クローズ・システムのゲイティッド・コミュニティ[8]も北米ではポピュラーである。ゲイティッド・コミュニティの場合は，そのランド・デザインや構想が備えている外部(地域)との遮断性と防犯性能が価値・効用として設定されているが，もう一つはその居住者の選別性がステイタスティックな価値(非可視的価値)を副次的にもたらしている。ゲイティッド・コミュニティの多くは，365日，24時間，高度なセキュリティでガードされている。ゲートの内にはコミュニティ・ハウスやプール，ショッピングセンター，またシャトルバスまで備えた大規模なコミュニティもあり，犯罪からの安全性も高く，リッチでステイタスなコミュニティとして各地で人気も高い。ゲイティッド・コミュニティの場合は，コハウジングとは対照的な居住環境そのものが売りであり，ラグジュアリーで特権的なコミュニティとして羨望を集めている。

2　コハウジングの嚆矢と伝播

　コハウジングの萌芽は，1960年代後期，デンマークで，子供の世話と夕食の準備をお互いに分担しようと考えた2組の共働き家族の試みから始まった。[(9)]1972年に建ち上がったコハウジングを嚆矢に，今日ではデンマークのポピュラーなライフスタイルとして普及・定着している。隣国のノルウェーでは，1950年代に，女性の労働市場への参入を契機にコレクティブ・ハウス(collective house)の建設が始まっていた。やがて1980年代に入ると，共同体型のコレクティブ・ハウスから協同体型のコハウジングへと移行していった。ノルウェーのコハウジングは，デンマークに比較した場合，全般的に小規模なプロジェクトが多い。その後，他の国にも波及したコハウジングは，各国独自のバリエーションを形成しながら発展していく。オランダ，ドイツ，スウェーデンなどにも同じようなコミュニティが多く見受けられる。

　スウェーデンの場合も，高齢期の住まい(居住)については，いつの時代でも大きな関心をもって取り組まれてきた。「シニア住宅」，「55歳以上住宅」，「シニア・コハウジング」などの，「高齢者住宅プロジェクト」の建設や改築には高齢者も関与して議論されてきている。高齢者は年老いて虚弱になる前に，適切な(相応しい)環境に移り住むのが，両国においても一般的なことである。コハウジングの居住者は他の高齢者と一緒のライフスタイルをつくり，快適に生活できる。人も環境も，個人の機能低下に備えて将来のために継続的に調整していくことができる。一般的には，住戸同士がいくぶん分離した配置の住宅を高齢者自身が選ぶことは悪いことではない。しかし，このような住宅のデザインとクオリティは，長い間，住み続けることを考えて注意深くチェックされなければならない。高齢者は本当にそこに住み続けることができるだろうか？　デザインが原因で高齢者が後になって引っ越すことを余儀なくされるという状況や問題が出てこないだろうか？　と言うのは，人はそれぞれが持っている社会的，経済的，文化的な条件が異なっていて，様々なライフスタイルや生活ニー

ズを持っているからである。とかく世間的常識は普遍的な全体の状況から発展することが多い。しかし，地域の状況と高齢者それぞれの視点と関与を出発点として多様な住宅の選択肢が発展していくだろうし，また発展させなければならない(ポールソン，ヤン：2000)。

　カナダでは，1994年8月，バンクーバーに完成した17世帯のカルディフ・プライス・コハウジングが最初のコハウジングであり，既存の建物を再利用した部分と新たな増築部分とが併設されている。住宅需要が旺盛なオーストラリアでも，コハウジングは彼らのスローなライフスタイルともマッチしたコミュニティとして普及していった。アメリカでも，1890年代に，コハウジングではないが，各地で，近所の家族が12～15軒くらいで集まって協同キッチン方式の「コミュニティ食堂クラブ」が始まっている。アメリカ全土で女性の社会進出が活発になり，いきおい協同家事の必要性が高まったからである。また多くの都心や小さな町に，調理済み食品の配達サービスもあり，「コミュニティ食事クラブ」よりも人気があった。欧米では協同家事の習慣が早くから定着していたことも，コハウジングの普及・定着と無関係ではない。

　現在では，各国でそれぞれのコハウジング協会が創設されて，会員の啓蒙と普及活動が続けられている。

▼イギリスのコハウジング

　1900年台初頭，イギリスのハムステッド田園郊外におけるイギリス最高傑作と評されるコミュニティ・スケールの都市計画は，自由主義者のビビアン，ヘンリー(Vivian, Henry)と，都市計画の父と称されたアンウィン，レイモンド(Unwin, Raymond)の共同作業によるものであった。また，そのコンセプトは慈恵家バーネット，ヘンリエッタ(Barnet, Henrietta)の「すべての階級の人々に，美しい健康的な住宅地を提供したい」とする夢でもあった。バーネットの構想した「混在社会」と，アンウィンの描いた「アメニティに満ちた心地よい住宅地」，そしてビビアンの描いた「協同するハウジング」には，「ヒト」，「モノ」，「カネ」の三つの要素が心地良いコンビネーションで紡がれて，この地に新たな「空間」

を創造したと言える。しかも，この「空間」は，「階級混在社会」であると同時に，「多世代混在社会」でもあり，「理想的なコミュニティは，あらゆる階級の人々，あらゆる年齢の人々の要望に答え得るものでなければならない。人々は共通の関心によって，様々に結びついていなければならない」という理念で貫かれていた。ここに描かれた理想的とも言うべきコミュニティは，イギリスの階級社会におけるリバウンド現象とも理解できる逆向性のものであったが，概念的スタンスとしては，コハウジングとほぼ一致したコミュニティと言えるものであった。1999年3月，イギリスにおいても最初のコハウジング協議会が開催されて，コハウジングのネットワークが立ち上がった。

▼日本のコハウジング

　日本は，古くから個住社会が伝統であり，我田引水的な処世術もその根源は土地の狭小さにあったようだ。大概の人が，土地の利用よりも先に，まず土地の取得に熱心であった。だから1990年代半ばまで土地神話が続いてきた。こうした社会風土の日本では，欧米社会で育まれた協住型コミュニティであるコハウジングをそのまま取り込むことには抵抗感があった。コハウジングの多くは，土地も区分所有権であり，生活設備もシェア(共有)するコミュニティであるから，その居住者の生活軽費は軽負担であるにも拘らず，受け容れられなかった。

　日本にも，古き時代は，路地裏に建ち並ぶ棟割家屋の路地には水場(utility)の空間があって，その中央の井戸の周りは住人たちの井戸端会議(communication)の場所となり，朝晩は住人たちで賑わった。そうした共用のユーティリティは，コハウジングならば「共用スペース」であり「共同食堂」にも相当するものである。また，コハウジングに類似する生活コミュニティとして，1940(昭和15)年に明文化された隣組制度があった。隣組とは，戦時体制下の銃後を守るといった共通の危機感を伴った生活意識で，町内会の下部組織として数軒の隣人同士のネットワークを構成した隣保組織であった。また江戸の当時は，市中のあちこちのコミュニティが木戸を使ってブロック化されていた。そこには木戸番も居たり，夜間は木戸が閉じられたりする気詰まりさもあったが，少なくとも住民た

ちの生活の安全は護られていた。海外のコハウジングでも、住戸への通路や駐車場の出入口は自動ロックがあるし、共用スペースも一定の外部遮断性を帯びている。コハウジングは、伝統的な日本人の暮らしと通底する知恵を随所に内包させているハンドメイドのコミュニティと言える。

　近年、日本社会は、その人口構造が大きく変化して、核家族化によって単独世帯が増加し、また長命化は自立困難な高齢期をさらに延伸させている。そこで初めて協住型ライフスタイルが注目されてきた。日本の場合、コハウジングとコーポラティブ・ハウスの区別が曖昧であり、明確な定義らしきものもない。コーポラティブ・ハウス(コープ住宅)は、40余年前に日本に誕生した。全国コープ住宅推進協議会(東京都)の集計(2006〔平成18〕年末)では9,150戸が建設されている。[13]

　2000年夏、バンクーバー郊外のクランベリー・コモンズ(Cranberry Commons)を訪れた際、現地を案内して頂いたマシュー、ロナイ(Matthew, Ronaye：コハウジング・コンサルタント)に、「定期借地権付コハウジング構想」について意見を求めてみた。彼女は、「カナダには借地方式のコハウジングはないが、コハウジングの魅力の一つは低価格な土地にある。だから土地代の負担が軽い借地方式は悪くない」と賛同してくれた。

　阪神・淡路大震災後の1997(平成9)年に、兵庫県営震災復興住宅として、独居の高齢者のために北欧型のコレクティブ・ハウジングが建設された。しかし構成員全員で成立させる集団コミュニティといった位置づけではあるが、コハウジングとは別のモデルである。コーポラティブ・ハウスは、この震災復興住宅のコレクティブ・ハウスとは居住者の所有権の有無で区別できる。

　カナダでは、コハウジングとコーポラティブ・ハウスの二つのタイプの領域は所有権(賃貸と持家)の有無で明確に区分されている。日本社会では、折衷型、あるいは"融通無碍で垣根なし"なのかもしれない。

　最近、日本でも会員制のコレクティブ・ハウスや生活支援サービス付アパートなど、協住型コミュニティの企画・建設の取り組みは耳目に触れている。子が自立している親夫婦などが中心になって、相互扶助的な寄り合い世帯(コミュ

ニティ)を体現していく取り組みであり,将来的にも増えていくものと予測されている。老後を生活する場所を,行政だけに依存しないで,あるいは行政に期待できないと見越して始まった自衛的な行動とみる方が正鵠を射ているかもしれない。また高齢者の共同居住施設として,グループ・リビングやコミュニティ・ハウス,サービス付高齢者向け住宅などと様々な種類・形態の施設が誕生している。しかし,これらの施設(コミュニティ)は,高齢者や障害者などに対象を特定した比較的クローズなコミュニティであり,多世代・多階層が協住するオープンなコミュニティのコハウジングとは明らかに異っている。前者は,効率性を重視した生活機能充足タイプの施設であり,後者は,スピリチュアル,エコロジカル,ソーシャルなど非可視的価値・効用を重視した協同生活タイプの集落だから,両者は明確に一線を画しているし,施設や住戸のデザインや権利関係なども異っている。

ボヘミアン指数やゲイ指数から掴み取る「社会的多様性」はフロリダ教授の理論だが,コハウジングのサスティナビリティにも欠かせない居住環境要件の一つである。ボヘミアンやゲイなど社会的異分子の存在もそのまま受け容れられるソーシャル・キャパシティは,居住環境の快適性にも連環する要素の一つだからである。日本の社会は,島国根性や根回しなどという言葉にも象徴されている通り同質均質性社会だから,その伝統的な生活文化の中に,多世代・多階層混住の協住型ライフスタイルのコハウジングが北米と同じ様に短期間に広範に普及していくとは考え難い。しかし,継続的な人口減少や少子化・長命化が惹起する社会や家族の問題に対峙するとき,これまでの俗習や常識だけを以ってしては解決できないことは誰もが気づいている。未体験的なライフスタイルでも容認する,新しい価値観の模索にも取り組むソーシャル・クリエイティビティ(社会的創造性)の必要性についても異論を挟む者はいない。

▼日本版コハウジングの構想

コハウジングは,少子高齢社会の日本に必要な居住モデルである。コハウジングの特徴でもある「居住福祉性」については本書においても,既に前述した通

第6章 協住する時代

表6-2 コハウジング日本版の構想

	コハウジング日本版の構想	
事業主	コハウジング建設協同組合(企画・建設・運営)	
居住者	居住者(メンバー)の資格：組合員とその家族	
立　地	平坦・緩傾斜地，沿岸部よりも山間部	
規　模	面積：戸数 × ○○○㎡(地形・立地条件による)	
土　地	原則，借地(定期借地権)	
住　宅	種　類	戸建，連棟，共同住宅，トレーラー・ハウス，ムービング・ホーム
		Aタイプ：建設組合が建設した住宅 Bタイプ：入居者(組合員)自らが敷地内に建設(移築)し，組合が買い上げた住宅 Cタイプ：可動式住宅(トレーラーハウス)
	賃　料	建設原価(土地賃料＋建築費＋諸費用)と契約期間などから，物価スライド方式で算出。
	権　利	所有権者：コハウジング建設協同組合 居住者(メンバー)：建物賃借権(定期借家権)
共用設備	食堂・ランドリー・図書室・遊戯室・プレイルーム・会議室・工作室・ストレージ・ゲストルーム・駐車場緊急時用備蓄(飲料水・食料・医薬品)・発電機・畜電機カー・シェアリング	
生活サービス	保健師(看護師)の常駐・介護保険法に基づくサービスの提供・市民後見人サービス・リバースモーゲージ・プラン(担保：組合出資金)	

出所：住宅資産研究所作成。

りである。しかし，現状ではコハウジングが日本に普及・定着しているとは言えない。その背景として，西欧と日本の社会的乖離性があり，また生活文化の異質性もあって，コハウジングは異文化の居住モデルであるという捉え方が大勢となっている。前述したように，実は日本社会に伝統的な「ご近所の絆」こそがコハウジングの「居住福祉性」の根源なのである。東日本大震災と福島第一原発事故を体験した日本人は，これまで経済成長を金科玉条として，自然環境の懐で生を営んでいることを失念し，放埓な開発を繰り返してきたことを悔悟している。震災や原発事故によって，日本社会が見失っていた「人の絆」の「居住福祉性の価値・効用」を改めて確信することができた。自然災害にも安心・安全な場所に，単独で住居を構えることは誰にでも叶うことではない。むしろ仲

間(メンバー)と一緒に取り組む方が，快適な居住空間の実現が確実になる。生活要素を，共有・共用(シェア)のシステムを使って軽負担で賄い，メンバー相互が支え合いながら協住するコミュニティならば，それこそがコハウジングなのである。コハウジング日本版の構想の詳細については，表6-2を参照してほしい。

〈注〉
(1) 拙著『少子高齢社会のライフスタイルと住宅』ミネルヴァ書房，2004年。
(2) 拙稿『リバースモーゲージ・システムの多元的効用に関する研究』愛知工業大学大学院社会科学研究科，2008年，参照。
(3) フロリダ，リチャード『クリエイティブ資本論』ダイヤモンド社，2008年。
(4) アメリカ合衆国の健康医学研究者でアリゾナ大学の総合医学部長。2002年11月，東京で開催された特別講演「自然浴生活セミナー」。
(5) 拙著『団塊世代とリバースモーゲージ』住宅新報社，2006年。
(6) クランベリー・コモンズの場合は土地利用規制緩和(common house・larger courtyard, elevator)。
(7) 前掲『クリエイティブ資本論』291頁。
(8) 拙著『少子高齢社会のライフスタイルと住宅』参照。
(9) 拙著『リバースモーゲージと住宅』参照。
(10) 今井一夫監訳・石黒暢訳『新しい高齢者住宅と環境』鹿島出版会，2000年。
(11) ハイデン，ドロレス／野口美智子他訳『家事大革命』勁草書房，1985年。
(12) 拙著『リバースモーゲージと住宅』参照。
(13) 「毎日新聞」2008年2月18日付。

あとがき

　今春，かねてから構想していた特定非営利活動法人リバースモーゲージ推進機構がスタートした。思い起こせば，リバースモーゲージを研究の柱に据えてから既に16年余の歳月が流れている。リバースモーゲージでは先進的と言われている北米には，住宅市場の調査や文献を求めて，何度となく足を運んだ。イギリスやオーストラリアにも赴いて，協住型コミュニティのコハウジングやリバースモーゲージ市場を書いてきた。しかし足元の日本には，リバースモーゲージが普及する兆しが見えてこないことには忸怩たる思いがあった。

　日本人の長命化は着実であり，単独では自立生活が難しくなる高齢者の数は増えている。このままでは，"長生きは不幸なこと"にもなりかねない。なぜならば，少子高齢社会の日本には欧米社会にみる「居住福祉」の体制が整備されていないからである。ここから先，筆者は，NPOの活動を通じて日本の持家高齢者世帯の実態と向かい合いながら，日本社会に適応する持家資産の転換システムを研究し，民間制度リバースモーゲージの開発と普及にまで漕ぎ着けたいと目論んでいる。

　また東日本大震災で被災した高齢者世帯の窮状も，やはり行動を起こすスイッチとなる衝撃であった。大震災の当日は，月刊誌『不動産鑑定』の「シリーズ・成熟社会の住宅資産」に掲載する原稿を書いていた。テレビに映る被災地の惨状は，アメリカの9.11同時テロ多発事件の衝撃とはまったく異質の，野放図な開発に反撃する自然界の怒りのように思えて，体の震えがしばらく止まらなかった。地震や津波の被災履歴を無視した安全基準に基づいて築いた楼閣は一瞬のうちに崩壊した。自然界への節度や畏敬の念を失った経済発展は物質的な充足感こそもたらしてくれたが，家族の安全や暮らしの安らぎまで保証するものではなかった。東京電力の福島第一原発事故は，居住と自然環境，経済成長と環境負荷などの関係に必要なバランス感覚と小さな声にも耳を傾ける謙虚さを，日本人がいつの間にか失っていたことへの警告である。日本の社会は，改めて

暮らしと経済のサスティナビリティを根底から洗い直す時点まで引き戻されている。

　筆者は，震災がもたらした未曽有なスケールのパニックを，放埓な消費社会から脱却して，新たな低エネルギー社会，またエコロジカル社会を想定した視点から「居住福祉」をデザインする好機と捉えて，準備不足の感は否めなかったが，思い切って本書の刊行に踏み切った次第である。NPO法人設立のタイミングや震災などの事情を斟酌されて，本書の刊行にご尽力くださったミネルヴァ書房の戸田隆之氏と，厳しい出版事情のなか，ご英断くださった杉田啓三社長には，衷心より感謝の意を表したい。

　最後に，読者には本書の説明不足な点についてはご寛恕賜りたく，また誤りなどあればご教示賜りたい。

2012年3月　沼津にて

倉田　剛

参考資料・文献

新井誠『信託ビジネスのニュートレンド』(2005)経済産業調査会
アレクザンダー, クリストファー(Alexander, Chrisopher)『パターンランゲージ』(1984)鹿島出版会
飯島道夫「日本と海外における火災危険の比較考察」(1999)損害保険料率算出機構
今井一夫監訳・石黒暢訳『新しい高齢者住宅と環境』(2000)鹿島出版会
岡本利久「フランスの高齢者」(2009) Web 資料
海外住宅・不動産税制研究会『主要先進『主要先進国における住宅・不動産保有税制の研究』(2011)日本住宅総合センター
草場安子『現代フランス情報辞典』(1998)大修館書店
倉田剛『リバースモーゲージと住宅』(2004)日本評論社
倉田剛『少子高齢社会のライフスタイルと住宅』(2004)ミネルヴァ書房
倉田剛『持家資産の転換システム』(2007)法政大学出版局
倉田剛『リバースモーゲージ・システムの多元的効用に関する研究』(2008)愛知工業大学大学院社会科学研究科
倉田剛「持家の権利転換と価値・効用」『不動産鑑定』9月号(2010)住宅新報社
倉田剛「持家の権利転換と価値・効用」『不動産鑑定』11月号(2010)住宅新報社
倉田剛「持家の権利転換と価値・効用」『不動産鑑定』12月号(2010)住宅新報社
倉田剛「持家の権利転換と価値・効用」『不動産鑑定』1月号(2011)住宅新報社
倉田剛「持家の権利転換と価値・効用」『不動産鑑定』2月号(2011)住宅新報社
倉田剛「持家の権利転換と価値・効用」『不動産鑑定』3月号(2011)住宅新報社
倉田剛「持家の権利転換と価値・効用」『不動産鑑定』4月号(2011)住宅新報社
倉田剛「持家の権利転換と価値・効用」『不動産鑑定』5月号(2011)住宅新報社
倉田剛「持家の権利転換と価値・効用」『不動産鑑定』6月号(2011)住宅新報社
倉田剛「持家の権利転換と価値・効用」『不動産鑑定』7月号(2011)住宅新報社
倉田剛「持家の権利転換と価値・効用」『不動産鑑定』8月号(2011)住宅新報社
倉田剛「持家の権利転換と価値・効用」『不動産鑑定』9月号(2011)住宅新報社
倉田剛「持家の権利転換と価値・効用」『不動産鑑定』10月号(2011)住宅新報社
坂本英樹『現代商学原論』(2004)千倉書房
白波瀬佐和子「高齢者福祉サービス」『フランス』(1999)東京大学出版会
鈴木亘「リバースモーゲージと高齢者資産の有効活用について」『季刊家計経済研究』(2007) Spring, No.47
治部れんげ『稼ぐ妻・育てる夫』(2009)勁草書房

G・カトーナ『欲望の心理学』(1977)ダイヤモンド社
チャールズ・ユウジ・ホリオカ、浜田浩児『日米家計の貯蓄行動』(1998)日本評論社
塚本一『個性大国フランス』(1993)講談社
樋口暁子「規制市街地における高齢者居住用不動産の活用対策に関する研究」『JICE REPORT』」Vol.3 / 2003.3
不動産シンジケーション協議会『英・仏の不動産投資事情調査団報告書』(1997)
フランス外務・欧州問題省(宝利桃子訳) 『最新フランス・ハンドブック』(2010)原書房
フロリダ，リチャード『クリエイティブ資本論』(2008)ダイヤモンド社
山田昌弘『パラサイトシングルの時代』(1999)筑摩書房
Broen, Azzby, *The Japanese House* (2001)講談社インターナショナル社
Wentling, James W., *Housing By Lifestyle* (1995) MaGrow-Hill,Inc.
Durrentt,,Charles, *Senior Cohousing*, Ten Speed Press

索　引

欧文

CLCタイプのコミュニティ　51
FCC　147, 148
Secondary Home　26
Sweat Equity　26

あ行

アカデミック・ビレッジ（Academic Village）　25, 26
アクセシビリティ（Accessibility）　41, 42, 47
旭化成ホームズ　108
空き家増加問題　103
朝日信託　138
アフォーダブル（affordable）でリーズナブル（reasonable）な住まい　50
アフォーダブル・ホーム（affordable home：ロー・コスト・ホーム）　38, 94
アフォーダブル住宅（Affordable Home）　61, 80
アメリカの政府系リバースモーゲージ　143
アメリカのリバースモーゲージ　116, 123, 128
アリコジャパン　136
アレクサンダー，クリストファー（Alexander, Christopher）　187
アンウィン，レイモンド（Unwin, Raymond）　197
アングロサクソン・モデルのリバースモーゲージ　170
イギリス　117, 135, 153, 163, 198
移住・住みかえ支援機構（JTI）　57
一般社団法人移住・住み替え支援機構のリバースモーゲージ　146
移動能力　85
井戸端会議（communication）　198
インターネット・ヴィレッジ・モトマン（Internet Village Motoman）　22
ウェルビーイング・ライフ（Well-being Life）　139

ウェル・ビーイング（Well-being）　47
エコ住宅　84
エコロジカル・スタンダード　85
エコロジカル・ハウス　77
エステイト・プランニング（資産管理）　135
応能負担原則　119
オーストラリア　132, 135, 153, 156, 197
オープン・システム　195
オープン・コミュニティ　185
オール電化住宅　2, 9, 83, 95
オランダ　196
オレゴン・システム（Oregon System）　38, 51
オレゴン方式　177

か行

カーシェアリング　40
買い替え型リバースモーゲージ　147
階級混在社会　198
介護家族コミュニティ（FCC：Family Caregiving Community）　145
──構想　145
介護付有料老人ホーム　43
家計の経済的自立　177
家産家消　84
家族間信託（family trust/discretionary trust）　135
家族制度　112
「価値（value）」の概念　112
ガッティング（Gutting）　66
可動産　19
可動住宅　13
可動性　19
カトーナ，G　59
家督制度　135
カナダ　117, 135, 153, 197, 199
借り戻し特約付き建物売買契約　123
カルディフ・プライス・コハウジング　197
環境共生住宅　19

207

環境共生的価値(サスティナビリティ)　3
環境リスク　5
韓国　159
鑑定評価基準に基づく評価(原価法,取引事例
　　比較法,収益還元法)　117
簡便性　19
疑似家族　180
帰宅難民　8
逆抵当権(リバースモーゲージ)　110
急傾斜地崩壊危険地域　7
協住化(collective living)　22
協住型コミュニティ(コハウジング)　100, 131,
　　142, 187, 192, 198, 200
協住型コンパクト・コミュニティ　38
協住型ライフスタイル　199
協住生活(Cooperative Living)　179
「居住」のサスティナビリティ（持続可能性）
　　3, 9, 18
共同管理型住宅　122
共同居住施設　200
協同組合型25年住宅　81
共同食堂　198
協同生活タイプの集落　200
「共有(share)」のコンセプト　40
共有・共用(シェア)のシステム　202
共用スペース　191, 198, 199
共用の広場(common space)　184
居住空間的効用　111, 112
居住空間の便益　126
居住権　45, 115
　　自衛的——　13
　　特権的——　45
「居住」のコンパクト化(集合化)　38
「居住の自由」の権利　13
居住のバックアップ　5, 18
居住福祉　177
居住福祉性　140, 193, 201
居住福祉性(の)価値(・)効用　169, 201
居住福祉的価値・効用　112, 123, 126, 131
居住福祉的効用　58
居住福祉の価値・効用　138
居住用資産　117, 121
金銭消費貸借契約　137

クォリティ・オブ・ライフ　159
区分所有権　120, 128
　　——付きの戸建て住宅　190
クラスター型　186
　　——コミュニティ　191
クランベリー・コモンズ(Cranberry Commons)
　　184, 199
グリーン・ハウス　88
クリエイティブなコミュニティ　179
グループ・リビング　200
クルマ市場　39, 40
グロウ・ホーム(Grow Home)　77
クローズ・コミュニティ　185
クローズ・システム　195
群馬銀行　108
経済的価値　126
経済的交換価値　117
ゲイティッド・コミュニティ(Gated Community)
　　195
軽費共同運営型コミュニティ　38
軽費性　19
減災社会　2
現存することの価値(現存性価値)　117
現存性価値　117, 118
憲法25条　107
交換　47, 49
　　——譲渡(売買)　48, 50
　　——の価値・効用　49
　　——のコンセプト　40
　　——価値(exchange-value)　112
　　経済的——価値　117
　　高齢者居宅——支援制度(案)　49
　　住まいの——　48
　　住まいの——プログラム　51
　　生存権的——　47
　　世代間——システム　49
　　ゾーン——(住み替え)システム(CZC：
　　Complex Zoning System)　45
　　等価——　49, 51
　　売買——　48
　　非——価値　4
　　物々——　48, 49
　　持家——支援システム(Home Equity Barter

索　引

Support System） *114*
好環境性住宅　*77*
交換取引　*50*
　　——モデル　*49*
後見制度支援信託　*139*
厚生労働省のリバースモーゲージ　*120, 130*
構造(空間・設備)的要素　*193*
交代(循環)　*189*
公的な居住福祉制度　*120*
　　——制度　*127, 142*
高齢者移住支援制度　*49*
高齢者居宅交換支援制度(案)　*49*
高齢者住宅プロジェクト　*196*
高齢者住み替え支援制度　*120*
高齢者世帯のライフスタイル　*148*
高齢者等の住み替え支援制度　*101*
高齢者の経済的困窮　*136*
高齢者向け返済特例制度　*122*
コーポラティブ・ハウス　*38*
コーポラティブなライフスタイル　*194*
コーポラティブ・ハウス(コープ住宅)　*199*
コーポラティブ方式　*45*
コール，レオポルド　*72*
ご近所の底力(絆)　*178, 180, 190, 202*
互恵交換　*48*
個住　*189*
　　——型ライフスタイル　*38*
55歳以上住宅　*196*
子育て世代のゾーン　*45*
戸建住宅，建て替え・定住型　*37*
固定資産税の担税力　*119*
好もしい小住宅(Well-designed small house)　*72*
子の連帯保証　*130*
コハウジング(Cohousing)　*22*
　　——のサスティナビリティ　*192, 200*
　　カルディフ・プライス・——　*197*
　　シニア——　*196*
　　定期借地権付——　*199*
コハウジング・コミュニティ(Cohousing Community)　*38*
　　——の価値　効用　*180*
コハウジング建設プロジェクト　*194*

コミュニティ・ハウス　*200*
コミュニティ・ビジネス　*145*
コミュニティ食堂クラブ　*197*
コミュニティのハブ・スペース(Hub of the Community)　*191*
コモン・スペース　*185*
混在社会　*197*
コンティニューイング・コミュニティ（Continuing Community)　*37*
コンティニューイング・ライフ・コミュニティ（CLC：Continuing Life Community）　*45, 46*
コンパクト化　*151*
コンプレックス・コミュニティ（Complex Community）　*56*

さ　行

ザ・ニュー・アメリカン・ホーム　*86*
サービス付き高齢者住宅　*92*
サービス付き高齢者住宅構想　*151*
災害対策基本法(災対法)　*2*
財産権　*115, 139*
財産的価値(換金性・収益性・担保力)　*112*
最初の住宅(first home)の購入　*156*
在宅サービス　*145*
在宅寿命　*154*
坂本英樹　*59*
サバイバル・ホーム(Survival Home)　*18, 22, 24, 94*
サバイバル能力(リスク管理，設備，対応)　*6*
残価設定型ローン　*45, 115*
シェアリング・コンセプト　*38*
シェアリング・システム　*185*
自衛的居住(サバイバル・ライフ)　*6*
自衛的居住権　*13*
自衛的な回避行動　*12*
敷地利用権　*120*
死後一括償還型　*47*
　　——不動産担保長期生活支援資金貸付制度　*114, 118, 155*
　　——不動産担保融資　*134*
　　——融資制度　*163*
私財の第三者管理(信託)　*136*
自主避難(自発的移住)　*12*

市場価値(換金性) 113
自縄自縛のジレンマ 113
市場流通性(売買難易度) 194
自助的な自己年金プラン 134
次世代型コミュニティ 45
シニア・キャンパス・ビレッジ 142
シニア・コハウジング 196
シニア住宅 196
シニア向けのコミュニティ 49
市民後見推進事業 99
市民後見人制度 139
市民後見人の養成 139
社会(行政・制度)的要素 193
社会権 121
社会的資本のサスティナビリティ 114
社会の多様性 200
射幸契約 166, 169
集合型コミュニティ 38
集合住宅, 住み替え・移住型 37
集住 189
集住型ライフスタイル 38
終身居住権(利用権) 123, 134
終身賃借権 123
終身年金契約(持家譲渡取引) 166
終身年金プラン 152, 163
終身の居住権 164
住宅供給組合(Home Head Quarters Inc)の住宅資産保証保険(Home Value Protection) 123
住宅金融支援機構 122
住宅減税措置 94
住宅減税特例 93, 104
　　新築—— 91
住宅資産のサスティナビリティ(持続可能性) 114, 135, 144
住宅寿命 156
住宅取得支援 91
住宅地担保生活資金長期ローン 117
住宅と福祉が連携した生活支援プラン 178
住宅のサスティナビリティ(持続可能性) 100, 154
住宅の下取り予約販売 114
住宅の平均寿命 128

住宅売買契約に基づいた前受金制度 134
住宅ローン(フォワード・ローン) 115
受益権(長期生活資金請求権) 115, 138
主たる住居(Principal home) 116
省エネルギー・モデル 95
生涯型リバーシブル・ローン 143, 144
生涯循環型住宅担保融資(生涯型リバーシブル・ローン：Life-time Home Reveresible Loan：LTHRL) 143
使用価値(use-value) 112
小住宅(Very Small Home) 72, 92
　　好もしい—— 72
譲渡益課税 125
商品価値 112
殖産銀行 111
所得格差(ジニ係数) 105
「所有」のコンセプト 40
人口オーナス 107
真正な資産(エクイティ) 61
信託契約 139
新築住宅減税特例 91
スウェーデン 196
スウェット・エクイティ(汗の資産：Sweat Equity) 104
スサンカ, サラ(Susanka, Sara) 75
スチールハウス工法 21
ステイタスティックな価値(非可視的価値) 195
スマート・ハウス 84
スマート・ホーム(Smart Home) 77, 84
スマートな高齢者福祉制度 119
住まいの安心・安全 177
住まいの交換 48
　　——プログラム 51
「住み替え(買い替え)」の支援策 36
住み替え・買い替え支援プログラム 147
住み替え型リバースモーゲージ 147
住み替え志向(ベクトル) 40, 42
住み替え社会 19
住み替えニーズ 50
住み替えリバースモーゲージ 102
住み方(ルール) 189
スミス, シンシア 71

索　引

スモール・エネルギー・ハウス(Small Energy House ; SHE)　*85, 96*
スモール・ホーム(Small Home)　*77*
スラム化(the new slums)　*88*
スローでエコロジカルなライフスタイル　*61*
スローな取引　*151, 167*
生活コミュニティ　*198*
生活支援型コミュニティ　*100*
生活支援サービス付アパート　*199*
生活支援サービス付き高齢者住宅　*112*
生活する場所(living place)　*117*
生活保護法のリバースモーゲージ　*130*
生存権　*115*
　　――的移住　*12*
　　――的居住用資産　*117*
　　――的権利(居住福祉の保障)　*117*
　　――的交換　*47*
　　――的な「自己年金プログラム」　*127*
　　――的要件　*115*
成年後見(任意・法定)制度　*99, 136, 139, 163*
政府系債務保証保険　*123*
政府系住宅資産価値保証保険　*134*
生命，自由及び幸福追求の尊重　*12*
生命保険信託商品(生保信託)　*136*
制約・制限がつくる果実(利益)　*161*
セーフティーネット　*100, 152, 162, 168*
セール・リースバック(SLB : Sale Leaseback)　*123, 142, 168*
セカンダリー・コミュニティ・ハウス(Secondary Community House; SCH)　*17*
　　――建設協同組合　*17*
セカンダリー・ハウス(secondary house)　*5, 13, 17, 95*
セカンド・ハウス　*160*
セキスイハウス　*111, 144*
世代間交換システム　*49*
背伸びしないイエ　*61*
相互扶助的な寄り合い世帯(コミュニティ)　*200*
ソーシャル・クリエイティビティ(社会的創造性)　*200*
ゾーン交換(住み替え)システム(CZC : Complex Zoning System)　*45*

損害予防的行為　*12*

た　行

第一の価値　*144*
第一の効用　*126*
第三者管理機能　*139*
第三の家族　*187*
第三の価値　*112 114, 122, 123, 125, 126, 131*
第三の価値・効用　*112*
退職後の現金収入(年金)調達の方策　*143*
第二の価値　*113, 126*
ダウンサイジング・コンセプト　*39*
多世代混在社会　*198*
多世代混住型　*189*
建て替えサイクル(寿命)　*65, 80, 154, 155*
担税力　*119*
　　固定資産税の――　*119*
「担保割れ」のリスク　*123*
中央三井信託銀行　*111, 136*
中古住宅市場　*113*
　　――の国際的格差　*117*
中古住宅(の)取引　*154, 169*
中古住宅の再販価格　*114*
中古住宅のサスティナビリティ　*56, 114*
中古マンションの再利用　*149*
中古マンションの流通性(換金性)　*121*
長期履行型不動産取引モデル(居住用資産譲渡契約)　*169*
超長期優良住宅　*54*
　　――促進政策　*154*
賃貸予約制(予約申込権)　*45*
使い捨て文化　*67*
低エネルギー・好環境性　*77*
定期借地権　*1*
　　――付コハウジング　*199*
　　――付き住宅　*83*
低コスト・低エネルギー住宅　*77*
定借住宅　*1*
定住型　*122*
定住社会　*19*
適正規模・適正技術　*85*
適正な規模　*70*
転居型リバースモーゲージ　*128*

211

デンマーク　196
ドイツ　163, 196
等価交換　49, 51
東京スター銀行　111, 122, 138
同居人（両親は可）を阻む規約　129
特定非営利活動法人リバースモーゲージ推進機構（東京都千代田区内神田）　142
特権的居住権　45
隣組制度　198
ドメスティック・リバースモーゲージ（Domestic Reverse Mortgage）　124
トヨタホーム　111
トランスポータブル・ユニットパネル（Transportable Unit-Panel）　24
トリオドス銀行（Triodos Bank）　187
取引（transaction）　48
トレーラー・ハウス　13, 14, 16, 64

な　行

長生き　123
ナチュラル・ハザード　6
25年住宅　77, 80, 83, 96
　協同組合型——　81
二地域居住　50, 51
　——促進政策　104
　——モデル　169
200年住宅　54
日本のリバースモーゲージ　128, 129, 131, 135, 139
　——制度　155
日本版ビアジェ（「不動産型終身年金契約」）　156
日本版リバースモーゲージ「不動産担保生活福祉資金貸与制度」　108
ニュー・コンセプト・カー　40
ニュージーランド　135, 158
任意後見付財産管理運用信託　138
人間（多世代・多階層）的要素　193
認々介護　145
年金（化）プラン（リバースモーゲージ）　45, 143
年金予約付住宅　143
「年金予約付き住宅団地」の構想　144
年収倍率　111

ノーマライゼーション（normalization）　43, 85, 106, 119, 143, 162, 178, 180
ノンリコース・ローン（非訴求型融資契約）　132

は　行

パーソナル・アニュイティ・プログラム（personal annuity program）　152
バーネット，ヘンリエッタ（Barnet, Henrietta）　197
売買交換　48
ハイブリッド・コンセプト　140
ハイブリッド・システム化　85
ハウスメーカー　131, 142
パニック・シェルター　71
パラサイト・シングル（Parasite single）　33, 87
　——現象　34
パラサイト・ライフスタイル　34, 35
ハンドメイドのコミュニティ　199
ビアジェ（Viager）　138, 151, 152, 162, 167, 169, 171
　——日本版　171
　日本版——「不動産型終身年金契約」　156
ビアジェ方式　170
非可視（価値観・ライフスタイル）的要素　193
非可視性価値　117
非可視的価値・効用　200
曳き家　20, 74
非交換価値　4
非自主的移住　12
ヒト・モノ・カネ・情報　41, 74
ビビアン，ヘンリー（Vivian, Henry）　197
100年住宅　83
風土　77, 161
　——順応型システム　76
複合的価値（ハイブリッド・バリュー；Hybrid Value）　112
復活性（サバイバリズム）　9
物々交換　48, 49
不動産（持家）担保型生活資金変換システム（民間制度リバースモーゲージ）　141
不動産型終身年金契約　152, 169, 171
不動産割賦売買型モデル　142

不動産活用型融資制度　*171*
不動産処分型特別融資　*171*
不動産信託型リバースモーゲージ　*136*
不動産担保長期生活資金貸付制度　*110, 168*
不動産担保提供型モデル　*141*
不動産売買契約(取引)　*115*
ブラウン，アズビー　*72*
フランス　*152, 153, 157, 158, 160, 162, 163, 165*
プルデンシャル生命保険　*136*
フロリダ，リチャード　*194*
分解・変換(転換)　*115*
ベルク，オギュスタン　*3*
防災ベッド　*71*
ホーム・エクイティ・コンバージョン・モーゲージ(HECM：Home Equity Conversion Mortgage)　*125, 168*
ホーム・エクスチェンジ　*48*
ホーム・スクーリング(Home Schooling)方式　*22*
ホーム・ステディイング(Home Steadying)　*104*
ホーム・エクイティ・ローン　*90*
ポールソン，ヤン　*197*
ホグランド，デイビット(Hogiund, David)　*176*

ま 行

牧紀男　*8*
マクマンション(Mcmansion)　*88, 89, 90*
マシュー，ロナイ(Matthew, Ronaye)　*199*
マネージメント・タイプ　*45*
繭籠り　*90*
マンション志向　*53*
ミティゲーション(Mitigation)　*12*
身の丈に合ったイエ　*61*
民間制度リバースモーゲージ　*140, 142, 151*
　──のスキーム　*146*
民主党税制調査会　*93*
ムービング・ホーム(Moving Home)　*19, 21, 25, 66, 74*
武蔵野市　*178*
持家交換支援システム(Home Equity Barter Support System)　*114*

持家高齢者の自助的な経済自立　*127*
持家推進政策　*112*
持家の福祉的価値・効用　*113*
持家福祉制度　*107*
持ちこたえ度(耐性)　*9*

や 行

遺言代用信託　*137*
ユーザビリティ(Usability)　*47*

ら 行

ライフ・ワーク・バランス　*159*
ライフサポート・ホーム・エクイティ・プログラム(Life Support Home Equity Program)　*144*
リアル・エステイト・マネージメント(Real Estate Management)　*132*
リサイクル・ハウス　*18*
りそな銀行　*136*
リタイア・プラン　*181*
リバーシブル・エネルギー　*107*
リバーシブル・システム(リバースモーゲージ；Reversible System)　*107, 115*
リバーシブル・プラン　*171*
リバーシブル・ローン(reveresible loan)　*45, 59, 97, 107, 114, 115, 123, 128, 143*
　──商品　*131*
　生涯型──　*143, 144*
リバースモーゲージ(Reverse mortgage)　*36, 50, 51, 99, 101, 104, 105, 107, 110, 112, 114, 117, 120, 122, 132, 133, 163, 177, 181*
　──市場　*35, 116, 117, 129*
　──商品　*116*
　──信託　*138*
　──制度　*119*
　──に対応した特典・恩典的措置　*118*
　──の三大リスク　*127*
　──の信託プラン　*138*
　──の対象　*128*
　──の認知度　*116*
　──の普及・定着　*117*
　──の利用者　*128*
　──・プラン　*81, 123*
　アメリカの──　*116, 123, 128*

アメリカの政府系―― *143*
アングロサクソン・モデルの―― *170*
一般社団法人移住・住み替え支援機構の―― *146*
買い替え型―― *147*
厚生労働省の―― *120*
公的―― *128*
公的――制度 *127, 142*
住み替え(型)―― *101, 146*
生活保護法の―― *111*
転居型―― *128*
特定非営利活動法人――推進機構(東京都千代田区内神田) *142*
ドメスティック・―― *123*
日本版――「不動産担保生活福祉資金貸与制度」 *108*
日本の―― *128, 129, 131, 135, 139*
日本の――制度 *155*
不動産信託型―― *137*
不動産担保提供型―― *141*

民間制度―― *127, 140, 142, 151*
民間制度――のスキーム *147*
リバースモーゲージ・ローン *35, 110, 123, 143*
利用権 *43*
　――方式 *47*
リンチ, ケヴィン(Lynch, Kevin) *16*
連帯保証人(推定相続人) *110*
老人福祉法 *47, 139*
労力資金(スウェット・エクイティ) *18*
老々介護 *145*
ロー・コスト・ホーム(Low Cost Home) *77*
ロバート, ウイリアムズ *23*
ロハス(Lifestyles of Health and Sustainability) *77*

わ　行

ワーク・ライフ・バランス(WLB) *41, 42, 62*
ワイル, アンドリュー(Weil, Andrew) *179*
和辻哲郎 *3, 76*

〈著者紹介〉

倉田　剛（くらた・つよし）
　　東京生まれ
　　日本大学法学部卒業
　　日本大学大学院法学研究科修士課程満期修了
　　法政大学大学院経営研究科博士学位取得
　　愛知工業大学大学院情報科学研究科博士学位取得
現　在
　　博士（法政大学・経営学）・博士（愛知工業大学・経営情報科学）
　　一級建築士・土地家屋調査士
　　国際ジャーナリスト連盟（IFJ）会員
　　法政大学現代福祉学部・同大学院人間社会研究科（非常勤講師）
　　NPO法人リバースモーゲージ推進機構（理事長）
　　住宅資産研究所（一級建築士事務所・代表）
著書・論文・エッセイ
　　『リバースモーゲージと住宅』(2002)日本評論社
　　『少子高齢社会のライフスタイルと住宅』(2004)ミネルヴァ書房
　　『団塊世代とリバースモーゲージ』(2006)住宅新報社
　　『持家資産の転換システム』(2007)法政大学出版局
　　『リバースモーゲージ・システムの多元的効用に関する研究』(2008)愛知工業大学大学院
　　『建築静岡』「シリーズ・ハイブリッド社会を生きる(2007年以降連載)」静岡県建築士会
　　『不動産鑑定』「シリーズ・成熟社会の住宅資産(2011～2012年12回連載)」住宅新報社

　　　　　　　　　　　　　新・MINERVA福祉ライブラリー⑭
　　　　　　　　　　　　　居住福祉をデザインする
　　　　　　　　　　　──民間制度リバースモーゲージの可能性──

　　　2012年5月30日　初版第1刷発行　　　　　　　　〈検印廃止〉

　　　　　　　　　　　　　　　　　　　　定価はカバーに
　　　　　　　　　　　　　　　　　　　　表示しています

　　　　　　　　著　者　　倉　田　　　剛
　　　　　　　　発行者　　杉　田　啓　三
　　　　　　　　印刷者　　林　　　初　彦

　　　　　　　発行所　株式会社　ミネルヴァ書房
　　　　　　　　607-8494 京都市山科区日ノ岡堤谷町1
　　　　　　　　　電話代表 (075)581-5191番
　　　　　　　　　振替口座 01020-0-8076番

　　　ⓒ 倉田　剛, 2012　　　　　　　　　　太洋社・清水製本

　　　　　　　　ISBN978-4-623-06354-3
　　　　　　　　　Printed in Japan

倉田　剛著
少子高齢社会のライフスタイルと住宅
――持家資産の福祉的選択

Ａ５判・320頁・本体3,200円

岡本祥浩著
居住福祉と生活資本の構築
――社会と暮らしをつむぐ居住

Ａ５判・244頁・本体3,500円

袖井孝子著
日本の住まい変わる家族
――居住福祉から居住文化へ

Ａ5判・224頁・本体2,000円

原　慶子・大塩まゆみ編著
高齢者施設の未来を拓く
――個室化，ユニットケアの先にある人間本位の施設

Ａ５判・226頁・本体2,500円

―― ミネルヴァ書房 ――

http://www.minervashobo.co.jp/